Herzlichst !

W0211935

Stefan Karwiese · Groß ist die Artemis von Ephesos

Stefan Karwiese

GROSS IST DIE ARTEMIS VON EPHESOS

Die Geschichte einer der grossen Städte der Antike

Phoibos Verlag, Wien 1995

Gedruckt mit Unterstützung durch den Otto Mauer Fonds

Die Deutsche Bibliothek – CIP-Einheitsaufnahme

Karwiese, Stefan:
Gross ist die Artemis von Ephesos : die Geschichte einer der grossen Städte der Antike / Stefan Karwiese. – Wien : Phoibos-Verl., 1995

ISBN 3–901232–05–2

Engl. Originalausgabe: Copyright © 1995 by DIPTYCH, London
Deutsche Ausgabe: Copyright © 1995 by Roman Jacobek, Phoibos Verlag, Wien
Printed in Austria: E. Becvar, A-1150 Wien
ISBN 3-901232-05-2

Inhaltsverzeichnis

Gewidmet der frommen Erinnerung an

Hermann Vetters (1915–1993)

und

Hedy Schindler (1897–1995)

Diese Ruinen ... haben den Stürmen getrotzt und Belagerungen von drei Jahrtausenden und wurden von so manchem Erdbeben erschüttert, und doch stehen sie noch.

Mark Twain, Die Unschuldigen unterwegs (1869) Kapitel 40.

Einleitung

Ephesos – ein Zauberwort aus Reiseprospekten, die mit romantischen Ruinen den modernen Touristen die längst überfüllten Hotelstädte an den anatolischen Küsten schmackhaft machen. Ephesos – ein Pflichtstop für die Kreuzfahrten durch die Ägäis und darum immer mehr überrannt und durcheilt von Gruppen, die den Fahrplan einhalten müssen. Ephesos – tagsüber längst wieder durchpulst vom geschäftigen Treiben der Fremdenführer, die babylonisches Sprachgewirr erzeugen, und umgeben von zahllosen Buden, in denen Händler alle möglichen Waren und Touristica marktschreierisch an ihre Laufkundschaft zu bringen suchen.

Ephesos – aber auch ein klangvoller Name unter Historikern und Archäologen, Kunstgeschichtlern und Numismatikern, Epigraphikern und Religionshistorikern. Ephesos – durch die jüngsten Forschungen im Artemision und die gehobenen Reste des Tempelschatzes in Fachkreisen wieder ein Focus und durch die wiederaufgestellten antiken Gebäude ein Ziel von Bauforschern und Photographen.

Ephesos fehlt in keinem Geschichtsbuch über die Antike, in keiner frühen Kirchengeschichte und keinem Buch zur griechischen Numismatik. Mit seiner zweieinhalbtausendjährigen Geschichte hat es Anteil an der großen Historie des Menschen, für deren wachsende Kenntnis es noch immer vielfaches Material bereithält. Erscheint einer oberflächlichen Betrachtung heute auch längst das Wichtigste erforscht und dem bisherigen Wissensstand kaum oder doch höchstens lokal noch etwas hinzuzugewinnen, so zeigt jede nähere Beschäftigung sogleich, daß diese Stadt mehr Geheimnisse bewahrt als sie bislang freigegeben hat: Geheimnisse, deren Entdeckung nicht allein ihre eigene Entwicklung und Geschichte erhellen, sondern auch über ihre Grenzen hinaus Geschehnisse und Vorgänge weitläufigerer Art verständlicher machen würden – wie z. B. die älteste Siedlung, das erste Heiligtum, das Gymnasion Strabons, die Synagoge, der älteste christliche Versammlungsraum, das Parthermonument, die erste Bischofskirche und viele andere mehr, die der Boden noch nicht freigegeben hat.

Seitdem der Engländer J. T. Wood zwischen 1863 und 1883 für das British Museum mit mehr oder minder systematischen Ausgrabungen, die einzig und allein der Suche nach dem Artemision gewidmet waren, begonnen hatte, und so das Wissen um Ephesos über die Berichte und Notizen der antiken Autoren hinaus erweitert wurde, ist hier archäologisch und wissenschaftlich sehr viel geschehen – zu viel, wie manche meinen, da kaum noch überschaubar, zugleich aber auch zu wenig, wenn es um ungeduldiges Gelehrtentum geht. Mit der Übernahme der Grabungslizenz durch

Österreich im Jahr 1895 (was 1898 zur Gründung des Österreichischen archäologischen Institutes führte) trat die „Wiener Schule" auf den Plan und damit eine spezifische Forschungs-Philosophie, die nicht auf die starre Erschließung von einem Punkt aus zielte, sondern den Spaten an den verschiedensten Stellen – oft gleichzeitig – ansetzen ließ. Nicht Aufrollen war und ist die Devise, sondern springendes Vorgehen, so daß wie durch einen diagonalen Schnitt rascher ein weitgehend verläßliches Kenntnisbild erreicht wurde. Daneben gab es natürlich auch Phasen, in denen die Arbeiten hauptsächlich nur einem Forschungsschwerpunkt bzw. Thema, wie den Thermen und Kirchen, galten.

So halten wir heute, nach 100 Jahren österreichischer Tätigkeit, auf einem Wissensstand, der sich gewiß sehen lassen kann. Freilich sind es keineswegs die ausgegrabenen und z.T. wiederaufgebauten Ruinen, mit denen mehr als touristisch Furore zu machen ist. Es sind die wissenschaftlichen Publikationen, die Grabungsberichte und Materialvorlagen, an denen der wahre Erfolg zu messen ist. Auf diesem Gebiet sind glücklicherweise in der jüngeren und jüngsten Zeit große Fortschritte erzielt worden, auf deren Grundlage weiter aufgebaut werden kann: Zu erwähnen sei hier als vorbildliches Beispiel das umfassende Repertorium der Inschriften von Ephesos.

Auch populärwissenschaftliche Bücher sind nicht zu kurz gekommen und haben dazu beigetragen, das öffentliche Interesse – durch das das Unternehmen ja getragen werden muß – wachzuhalten. Aber heute scheinen wir an einem Punkt angelangt, da Führer durch die Ruinen mit kurzem historischen Abriß oder prachtvolle Bildbände mit noch so präzisen Schlaglichtern auf das Wichtigste nicht mehr genügen. Denn selbst nach den großen enzyklopädischen Artikeln von L. Bürchner (1905) sowie W. Alzinger, St. Karwiese und D. Knibbe (1970), in denen sehr vieles aufgearbeitet wurde, liegt jetzt nicht nur eine bedeutende Summe an Neuem vor, sondern dieses ist auch geeignet, so manch scheinbar fixes Wissen zu verändern. Für Ephesos böte sich längst lohnend an, eine Enzyklopädie zur Stadt zu verfassen, in der alle bisher erfaßten Daten verarbeitet sind: Daraus ließen sich – nicht nur für die offiziell damit Beauftragten – gezielte Schwerpunkte für die künftige Forschung ableiten und das Bild von der erwähnten Diagonale her wissenschaftsökonomisch verfeinern.

Das Angebot aus Oxford, für die Studierenden der Geschichtswissenschaften ein Buch über Ephesos zu schreiben, mochte zunächst als eine Möglichkeit erscheinen, die Erfolge der österreichischen Ausgrabung auch im englischen Sprachraum besser bekanntzumachen. Als dem erwählten Autor hat sich mir jedoch sehr rasch eröffnet, daß damit eine besondere Chance gegeben war: Nämlich möglichst nach der spezifischen Art der Geschichtsschreibung der englischen und amerikanischen Kollegen einen globalen Rechenschaftsbericht über unser heutiges Wissen unter Einbeziehung eigener persönlicher Ansichten zu verfassen. Daraus hat sich für mich selbst ein geradezu unschätzbarer Gewinn ergeben, als ich nach heute 30-jähriger Tätigkeit in und um Ephesos nicht nur mein in dieser Zeit erworbenes Wissen mit einsetzen konnte, sondern auch ständig seine Grundlagen zu überprüfen gezwungen war. Wie gut auch immer ich dieses Ephesos, seine Geschichte und städtebauliche Entwicklung vorher gekannt hatte, ich habe es erst während der Arbeit an diesem Buch wirklich kennengelernt.

Das mag dem Leser ein Hinweis darauf sein, als was ich dies Werk verstanden habe möchte: als einen Versuch, innerhalb eines vorgegebenen Rahmens zumindest die historische Generallinie nachzuzeichnen und nur dort ins Detail zu gehen, wo dieses zur spezifischen Illustration dient. Damit scheint nun weiter nichts Besonderes und – abgesehen von der Einwebung jüngster Erkenntnisse – auch nichts Neues vorgelegt, denn Ähnliches haben zuletzt W. Alzinger (1972), W. Oberleitner (1978) und W. Elliger (1985) in ihren Büchern getan. Aber im Gegensatz zu diesen habe ich es vermieden, den Stoff in Themenkapitel zu gliedern und das Hauptgewicht auf einen Ruinenführer zu legen, sondern habe den rein historischen Weg beschritten: Auf diesem trifft der Leser ein Ereignis, einen Entwicklungs-Höhepunkt oder ein Bauwerk dann an, wenn sie chronologisch „an der Reihe" sind, oder ihr Endpunkt gekommen ist. Das Werden und Vergehen der städtebaulichen Phasen und geschichtlichen Strömungen vermeine ich auf solche Weise als einen kontinuierlichen Fluß dargestellt zu haben, der wie der Kaystros, der ephesische Mäander, die Geschicke der Stadt einmal in diese, dann in die andere Richtung trug, aber auch wie der Fluß des Herakleitos, der zwar immer gleich bleibt, dessen Wasser jedoch sich ständig verändern. Als die Ufer dieses Flusses habe ich nicht die materiellen Relikte wie die Bauten von Ephesos angesehen, sondern die literarischen Quellen und archäologischen Evidenzen; daß ich dabei erstere in prominentem und stärkerem Maße als meist üblich einbezogen habe, rührt daher, daß in vielen Fällen eine Modifizierung oder Korrektur bisheriger Interpretationen notwendig schien, freilich auch daher, daß die antiken Überlieferungen und Urkunden oft immer noch unsere einzige Grundlage sind und besondere Aufmerksamkeit verdienen.

Natürlich mußte ich dabei oft eine Auswahl treffen und konnte nur das berücksichtigen, was mir das Wichtigste schien. Der eine oder andere Leser wird manches vermissen und feststellen, daß z. B. die Kunstgeschichte kaum berührt wurde, und die Ruinen nur in einigen Fällen eine kurze Beschreibung erfahren. Für letztere sei auf die noch immer unübertroffene Zusammenstellung Alzingers bei Pauly-Wissowa (*RE Suppl.* 12 [1970] 1588 f.) sowie als vorläufige Ergänzung dazu die jährlichen Grabungsberichte von H. Vetters verwiesen, deren Resultate ich selbstverständlich verarbeitet habe. Erst jetzt kommt ein neuer Ephesos-Führer hinzu, der in Gemeinschaftsarbeit aller „Ephesier" entsteht.

Es sei auch nicht verschwiegen, daß das Buch des öfteren meine ganz persönliche Schau der Dinge enthält. Gerade eine solche ist, ja muß sogar unvermeidlich sein, wenn man aus der persönlichen Erfahrung langer Jahre heraus schreibt. Was dabei als subjektiv gezeichnet erscheinen mag, ist in Wahrheit Ausdruck eines unmittelbaren Gefühls, das einem der genius loci mehr oder minder stark aufzwingt. So könnte zwar ein Unbeteiligter, der die zugänglichen Evidenzen zusammenfaßt, als objektiver gelten, doch bleiben ihm viele kleine Details, in denen sich oft wichtige Schlüssel verbergen, unzugänglich, da er nicht selbst und subjektiv in die Stätte eingetaucht ist.

Ephesos ist selbst nach so langen Jahrzehnten intensiver Ausgrabungstätigkeit im Grunde noch immer erst teilweise erforscht – große Bereiche und ausgedehnte Flächen harren weiterhin des Spatens, vieles andere wieder bedarf fortsetzender Untersuchung oder neuer Bearbeitung nach modernen Methoden. Ephesos ist damit weiterhin eine gigantische archäologische Chance. Aber die Gunst der Geschichte, die über seinen Ruinen keine neue Stadt hat entstehen lassen, so daß hier die Archäologie nicht wie in Athen oder Rom Rücksicht auf rezente Verbauung zu nehmen braucht, fördert heute so wie dort ungebremst eine moderne Entwicklung, die längst als eine neue Art von Last erkannt ist: den Massentourismus. Die Myriaden von Besuchern, die – sich jährlich noch mehrend – durch die bequem hergerichteten Marmorstraßen der Stadt fluten, haben Ephesos einen neuen Stempel aufgedrückt, an dem die österreichischen und türkischen Archäologen nicht ganz unschuldig sind: Denn nicht so sehr durch die imposanten Freilegungen (mit Ausnahme der Luxushäuser am Hang) als durch die Reihe spektakulärer Anastylosen ist Ephesos zu d e r Pflichtstation für Türkei-Besucher geworden. Die Subkultur, die seit eh und je zu jedem Pilgerziel gehört, beginnt dabei etwas auszuarten.

Als eine Folge ist allmählich die Abnahme des Interesses an der reinen Wissenschaft zu orten. Zwänge sind entstanden, denen man sich nicht entziehen kann oder nicht entziehen zu dürfen glaubt. Ephesos ist drauf und dran, so wie einst seine frühchristliche Gemeinde, die „erste Liebe zu verraten" (s. X. 4. a), d. h. von seiner humanistisch-kulturellen „Bestimmung" abgebracht zu werden. Noch freilich gibt es eine bedeutende Gruppe, deren Interesse sich nicht im Vordergründigen erschöpft, und der das kulturelle Erbe der Stadt das erste und einzige Anliegen ist; noch gibt es die Wissenschaftler, die – vom faustischen Wissensdrang getrieben – ihre Aufgabe im methodischen Ausgraben, objektiven Erforschen und behutsamen Bewahren sehen.

Es ist also noch nicht zu spät. Ephesos erlebt bloß gerade eine andere Art von „Heimsuchung", wie solche es einst betroffen haben, ohne es gleich zu vernichten. Bebte sein Boden einst als Folge tektonischer Spannungen, tut er es heute unter hunderttausenden Füßen. Damit diese und ihre Spuren es nicht unterkriegen, sollte die Zahl derer, denen tieferes Wissen um den Ort am Herzen liegt, vermehrt werden.

So möchte ich schließlich mein Buch nicht nur als einen Beitrag zur Altertumskunde verstanden wissen, sondern auch als eine Werbung für ein „grünes" Ephesos: nicht so sehr wegen des heutigen politischen als des uralten Gehaltes dieser Farbe, die für Erneuerung stand und die Weisheit des Propheten.

Ephesos, im Juni 1995 *Stefan Karwiese*

I. Vorgeschichte. Die möglichen Anfänge

Wer heute von Westen her, von Kuşadası oder dem Pamucak-Strand kommend, über die Ebene, an den Ruinen von Ephesos vorbei, auf die moderne Bezirkshauptstadt Selçuk zufährt, wird kaum daran denken, daß er diese Strecke vor 3000 Jahren ausschließlich zu Schiff hätte zurücklegen können. Vollends dann, wenn er in das kühle Grün der Maulbeerbaum-Allee eintaucht, die hier kurz vor der Ortseinfahrt fruchtbare Felder durchschneidet, wird sich ihm umso weniger der Gedanke aufdrängen, daß einst eine tief eingeschnittene Meeresbucht nicht nur bis an den Fuß des Selçuker Burghügels heran, sondern noch über diesen hinaus nach Osten reichte. Es ist aber in der Tat selbst für denjenigen, der es weiß, schwierig, sich vorzustellen, wie der träge Fluß aus den Bergen im Osten unaufhaltsam und unverdrossen Jahrhundert um Jahrhundert seinen Sand in der Bucht ablagerte, einmal hierhin, einmal dorthin mäandrierend, und dabei die Fläche allmählich füllte. Er schob den Strand vor sich her nach Westen, über Ephesos hinaus bis zum Pamucak, und er ist immer noch dabei, das Meer zurückzudrängen, so als hätte er vor, die Ikarische Bucht bis hin nach Samos dem Reich des Poseidon zu entreißen. Geholfen haben ihm dabei tektonische Vorgänge wie häufige Schollenhebungen und -senkungen, die sich ab der römischen Kaiserzeit in zahlreichen schweren Erdbeben entluden[1]. Abb. 1

Dieser Fluß, der heute Küçük Menderes, also *Kleiner Mäander* genannt wird, hieß in der Antike KAYSTROS. Die alten Ephesier bezeichneten ihn als Vater des EPHESOS und diesen als einen der Gründer des Artemisions. Wenngleich ein solcher Heros späte Fiktion ist[2], kam damit doch das Wissen um die Natur des Ortes zum Ausdruck: Denn hätte der Kaystros seinen Sand nicht abgelagert, hätte hier das Heiligtum nicht Fuß fassen können[3].

Als zweiter Gründer des Artemisions galt den Ephesiern KORESSOS mit dem Beinamen *Autóchthonos*, was ihn als „Ureinwohner" ausweisen sollte. Aber auch dieser Heros entsprang späterer mythologischer Konstruktion, die eine Erinnerung daran bewahrte, daß der Ort Koressos, bevor es die Stadt Ephesos gab, über das Heiligtum wachte.

Die Frühgeschichte des Kaystrostales liegt in einem noch undurchdringlichen Dunkel. Die Menschen, die hier im 4. Jahrtausend (und früher) zunächst als Sammler und Jäger, dann als Ackerbauern gelebt haben müssen, gerieten im 3. Jts. wohl in den Einflußbereich der Trojanischen Kultur, freilich anscheinend ohne sich ein eigenes städtisches Zentrum zu schaffen. Nichts scheint von ihnen erhalten geblieben zu sein, nichts auch von den frühen Seefahrern, die von Ägypten und aus der Levante in die Ägäis und nach Troja segelten. Ihnen kann die geschützte Bucht kaum entgangen sein, die für die Küstenroute von Anbeginn stets einen sicheren Ankerplatz bedeutet hat.

Die ältesten Fundplätze in der Nähe der ephesischen Bucht datieren aus der Mittleren Bronzezeit, als sich die Beycesultan-Kultur in der Mitte des 2. Jts. s ausbreitete[4]. Ab der zweiten Hälfte dieses Jahrtausends bildeten sich im Westen Kleinasiens, am Rande des Hethiter-Reiches, mehrere Kleinstaaten aus, von denen einer *Arzawa* hieß und sich zwischen Mäander und Kaystros erstreckt haben könnte. Dieses Arzawa wird auch in ägyptischen Texten stereotyp genannt und war demnach keineswegs unbedeutend: Als seine, an der Küste gelegene, Hauptstadt wird in einem hethitischen Text *Apaša* vorgestellt[5].

I. 1. Apaša. Das Ur-Ephesos?

Nach diesem Bericht, der die militärische Strafexpedition des Hethiterkönigs Muršilis II. an die Westküste beschreibt, hatten sich Untertanen aus *Luqqa* (das heute als Lykien aufgefaßt wird) nach Arzawa, das nicht unter hethitischer Botmäßigkeit stand, ins Asyl begeben. Deshalb, aber auch aus dem Grunde, daß der Arzawakönig Uḫḫazitis das nördliche Nachbarland Seha an sich zu ziehen gewußt hatte, zog Muršilis mit seiner Armee gegen diesen los. Bevor er aber in Apaša eintraf, *ging auf dieses ein Phänomen nieder*, das nach allem ein Meteorit gewesen sein dürfte; Uḫḫazitis floh mit seinen Söhnen und einem Teil der Bevölkerung auf eine *Insel im*
Karte 1 *Meer*, während sich der Rest ins unzugängliche Gebirge Arinnanda, das ins Meer hinausragte, und die – offenbar weiter weg liegende – Stadt Puranda (Priene?) flüchtete. Apaša wurde von den Hethitern eingenommen und bestraft.

Das Land Arzawa erscheint in einem anderen hethitischen Texte zusammen mit Millawanda und Aḫḫijawa, unter denen die Forschung allgemein Milet und das Reich der Achäer (Mykene) versteht. Dazu paßte dann auch, daß der Name Apaša wie die Urform des Namens Ephesos anmutet: Arzawa wäre somit am Kaystros gelegen, und seine Hauptstadt auf ephesischem Boden zu suchen. Abgesehen von einer hethitischen(?) *Statuettengruppe*, die vor einigen Jahren hinter dem Stadion gefunden wurde[6], gibt es keinerlei Anhaltspunkte, vor allem topographischer Art, die einen wirklich dazu veranlassen könnten, Apaša in oder um Ephesos zu lokalisieren: Sämtliche Punkte, die für eine solche Siedlung, die ja gewiß kein Dorf war, geeignet schienen – allen voran natürlich der Burghügel von Selçuk – sind dazu bisher stumm geblieben, es sei denn, die Tatsache, daß man kürzlich bei Baggerarbeiten auf dem Burghügel auf eine Schichte des 2. Jts. s stieß, bedeutete, daß Apaša eben tatsächlich auf diesem prominenten Punkt zu suchen sei.

Die archäologische Evidenz für eine Identifizierung von Apaša mit Ephesos, wie sie immer wieder vermutet worden ist, bleibt also vorläufig weiterhin aus. Solange eine Lokalisierung aber nicht anderswo überzeugend gelingt, mag die Gleichung hypothetisch bestehen bleiben, zumindest gestützt auf die geradezu verblüffende Namensähnlichkeit:

Über die Form *Aphesos*, die allerdings erst im 2. Jh. n. Chr. und in etymologisierendem Zusammenhang überliefert wird[7], käme man dabei auch schon zu größerer Affinität. Bezieht man das vorlateinische Wort *apis* (Biene) ein, die als das uralte heilige Tier der ephesischen Göttin in ihrem Kulte und damit in der Stadt immer eine bedeutende Rolle spielte, würde Apaša als „Stadt der Bienen(göttin)" deutbar werden. Bienenzucht war bei den Hethitern schon früh bekannt (und die Biene tritt im Mythos des Telepinu prominent entgegen); sie wurde im Zweistromland erst spät eingeführt, und der akkadische Name der Biene *ḫabu-beti* „Summerin" weist in den Nordwesten (Urartu). Der Umstand, daß *apid-* (etwa gar aus **habubet-* entstanden?) noch vor dem Labialwechsel von *p* zu *ph* nach Italien gelangte, bedeutet, daß dies vor 1000 v. Chr. geschah – nach Latium kamen also schon vor dem Trojanischen Kriege Flüchtlinge aus Kleinasien, vielleicht sogar aus Arzawa?

I. 2. Mykenäer. Der erste Hinweis auf eine Siedlung

Das Interesse an den anatolischen Küsten wurde von Hethitern und Mykenäern geteilt, wobei es diese mit ihren Schiffen leicht und letztlich auch näher hatten, sich an günstigen Punkten festzusetzen und ihre Handelskontore zu eröffnen. Ein solches oder aber zumindest einen maritimen Stützpunkt für die mykenischen Seefahrer gab es wohl auch an der Kaystrosmündung, auf jeden Fall sind die Reste von mykenischen *Gräbern* auf dem Südhang des Selçuker Burghügels[8] die ältesten authentischen Funde, die wir aus der gesamten ephesischen Gegend besitzen. Wo jedoch die zugehörige Siedlung lag, ist bis heute unbekannt (wenn nicht die S. 14 erwähnte frühe Schichte dieselbe anzeigt). Abb. 3

Die einheimische Bevölkerung, mit der diese frühen Griechen Handel betrieben und die sie vielleicht sogar lokal beherrschten, bestand aus Karern und Lelegern, nicht-griechischen ethnischen Gruppen vermutlich nicht-anatolischen Ursprungs.

Die große Bewegung der „Seevölker-Wanderung", die im ausgehenden 2. Jts. über Kleinasien hinweg bis hin nach Ägypten brandete, und deren Aggression die Reiche von Mykene und Ḫatti zum Opfer fielen, strömte gewiß auch an der Kaystros-Mündung vorbei (wenn das ganze nicht eine allgemeine soziale Revolution war, deren Anstoß die Invasion fremder Landsuchender bildete). Ob sich hier dadurch viel änderte, läßt sich nicht sagen, aber die mykenischen Kaufherren werden damals verschwunden sein. In das politische Vakuum, das sich jetzt über Kleinasien ausbreitete, drangen neue Gruppen wie die Phryger ein, die sich in Ostanatolien niederließen. Der Westen scheint dabei zunächst eher sich selbst überlassen geblieben zu sein, so daß sich kleinere „post-hethitische" Herrschaften entwickeln konnten. Eine solche entstand im Hermos-Tale, nämlich Lydien, das bald ein mächtiges Königreich wurde, von wo aus sich kultureller und ethnischer Einfluß bis ins Kaystrostal zu erstrecken begann.

I. 3. Ephesische Amazonen. Der andere Gründungsmythos

Ephesos ist als einer der wichtigsten *Amazonen-Orte* bekannt. Es wäre denkbar, daß bestimmte Einzelzüge der verzweigten Legenden über sie, die sich insgesamt als zumindest historisch inkompatibel erweisen, doch Erinnerungen an die unruhige Zeit nach 1200, vielleicht aber sogar auch davor, bewahrt haben. Vielerorts galten die Amazonen als Städtegründer, wobei auffällt, daß die meisten dieser Ortsnamen eine Zugehörigkeit zur „ägäischen" Schichte des 3. Jts. s verraten, und zwar jener mit den Suffixen *-rn-* und *-n-*; selbst Ephesos mit seinem *-s(s)- [-s-]* -Suffix (das als solches in die gleiche Zeit gehört; es kommt auch noch vor in Koressos [s. II. 1] und dem nahen Bergnamen Solmissos), soll von einer Amazone EPHESOS gegründet worden, dann aber von einer Amazone SMYRNA beherrscht worden sein[9]. Beachtung verdient hier die Notiz bei Cl. Aelianus (um 200 n. Chr.), wonach der Name Ephesos (so wie auch jener von Milet, Priene u. a.) aus der vorgriechischen *barbarischen* Zeit stamme[10]. Schon früh wurde tradiert, daß auch das ephesische Heiligtum eine Amazonengründung sei, bzw. daß Amazonen auf der Flucht vor Herakles hier Schutz gefunden hätten; eine andere, späte Überlieferung behauptete, daß das Artemision von Amazonen zerstört worden sei – eine eindeutige Vermengung mit dem viel späteren Kimmerier-Einfall (s. III. 1).

Das kriegerische, angeblich matriarchalische, Reiter-„Volk" der Amazonen (nach J. Pokorny aus dem iranischen Volksnamen **ha-mazan* „Kämpfer"[11]) stand vermutlich für viele verschiedene Gruppen ebenso vielfältiger Genese – also möglicherweise für Minoer, Hethiter, Mykenäer, „Seevölker" u. a. m., als eine unhistorische Kontamination historischer Ereignise, die niemand mehr auseinanderzuhalten vermochte. Dazu gesellten sich religiöse Vorstellungen: Für Ephesos war dabei von Bedeutung, daß die Amazonen die Artemis verehrt haben sollen, und zwar offenbar in ihrer Gestalt als *Mondgöttin* (was natürlich auch eine der Facetten der ephesischen Göttin war), wie die eindeutig lunaren Formen von Amazonenschild und Doppelaxt bezeugen.

Gerade die Axt, die Herakles der Amazone Hippolyte entriß und der lydischen Königin Omphale übergab, erinnert stark an das hethitische Königszeichen, den *kalmuš*, der in den Händen der Königin lag. Deshalb ist es nicht unerheblich, daß Ephesos als Hauptort der Amazonen im Westen galt: Bezieht man dabei ein, daß Luqqa-Leute sich vor den Hethitern nach Apaša geflüchtet hatten (S. 14), könnte hinter letzterem sogar echter historischer Bezug stecken, der umgekehrt die Apaša = Ephesos-Gleichung bestätigte, da dies deutlich an die Flucht der Amazonen vor Herakles erinnert. Hethitisches mag vielleicht sogar hinter den in der Antike berühmten *Ephésia grámmata,* merkwürdigen und unverständlichen „Zaubersprüchen", verborgen sein, die zum Artemiskult gehörten: Der bekannteste Spruch – *áskion katáskion lix tetráx damnameneús aision* – bleibt nämlich trotz des Daktylennamens Damnameneus aus dem Griechischen unübersetzbar, während eine Interpretation aus dem Hethitischen möglich erschiene[12]. In diese Richtung wies schon Klemens

v. Alexandreia (2. Jh. n. Chr.), den allerdings bloß die phrygischen Daktylen inspiriert haben mögen[13]; vielleicht zeigt aber deren Zusammenhang mit dem ephesischen Priesterkollegium der Kureten (s. V. 2), daß diese weniger aus dem kretischen (minoischen) als dem anatolischen Bereich stammen. Auf jeden Fall wußte man noch im 2. Jh. n. Chr., daß das Heiligtum der Ephesia aus der Zeit vor der jonischen Landnahme datierte[14]. Und die *grámmata*-Sprüche waren auch gar nicht auf Ephesos beschränkt, denn der Lyder(!) Kroisos soll sie auf dem Scheiterhaufen ausgerufen haben[15]: Da sie aber kaum lydisch waren (denn diese Sprache verstand man gerade in Ephesos, s. III. 1 und S. 41), werden sie zum traditionellen Zeremoniell anatolischer Fürstenhöfe gehört haben, die auf die eine oder andere Weise auf die hethitische Zeit zurückgingen.

Daß auch der Meteorit, der vor dem Eintreffen des Muršilis II. auf Apaša fiel (s. I. 1), in Ephesos erhalten geblieben sein könnte, geht wohl aus der Nennung des *diopetés*, des „vom Himmel Gefallenen“, hervor, das neben der Artemis verehrt wurde[16].

Im 3. Jh. v. Chr. sang Kallimachos davon, daß Amazonen in Ephesos ein Bild der Artemis unter einer Buche aufgestellt hätten[17] (vgl. S. 130). Da jedoch dieser Baum so weit südlich nicht vorkam, ist dies entweder ein Irrtum des Dichters, oder aber die Amazonen brachten Buchenholz aus dem Norden mit. Daß sie jedenfalls (auch) aus dieser Himmelsrichtung stammten, zeigt eine ihrer Hauptstädte, Themiskyra an der Schwarzmeer-Küste; und eine andere, *Chadesia*, könnte sogar auf die hethitische Hauptstadt Ḫattuša zu beziehen sein.

I. 4. Das frühe Heiligtum. Kein Ortskontinuum?

Abgesehen davon, daß die lokale Göttin, die Ephesia, wegen ihres Namens als „Bienengöttin“ aufgefaßt werden zu können scheint (S. 15), hat ihre wahre Bedeutung wohl von Anbeginn etwas ganz anderes ausgemacht: Ausgehend von der idealen Position der geschützten Bucht für die Seefahrer, die an ihrem Ende das kostbare Süßwasser des Kaystros vorfanden, mag sich hier schon sehr früh der Gedanke eines „freien“ Platzes ausgebildet haben, wo jeder vor jedem sicher war. Dieses *ásylon*, über dessen Unverletzlichkeit natürlich eine Gottheit wachen mußte, hat derselben im Laufe der Zeit zu einer enormen Berühmtheit verholfen und blieb bis zum Ende der zentrale Fixpunkt des Heiligtums, zugleich aber auch die wichtigste Quelle wirtschaftlicher Prosperität.

Wenn die Deutung richtig ist, haben hier dann schon im 14. Jh. v. Chr. die Luqqa-Leute und (später?) Amazonen, also gentile Gruppen aus dem Landesinneren, das Asylrecht in Anspruch genommen.

Daß dieser unverletzliche Platz jedoch nicht an der Stelle des späteren Artemisions, südwestlich des Selçuker Burghügels, gelegen haben kann, geht schon daraus hervor, daß hier die baulichen Befunde kaum über 800 zurückreichen, wengleich mit den

Funden der jüngsten Zeit inzwischen schon das 10. Jh.(?) erreicht worden zu sein scheint. Vor allem ist zu bedenken, daß das Areal des Heiligtums zumindest teilweise auf vom Flusse angeschwemmtem Boden liegt: Obwohl noch unbekannt ist (da ein entsprechendes Netz an Tiefbohrungen gerade erst gestartet worden ist), welchen Verlauf die Verlandung tatsächlich nahm, ist wahrscheinlich, daß dieses Gebiet, das vor allem vor der Einmündung des von Süden kommenden Marnas-Flusses liegt, relativ spät angeschüttet wurde.

Nun hat Plinius d. Ä. im Jahre 77 n. Chr. in seiner Naturgeschichte festgehalten, daß das Artemision *conplexi* (sunt) *e diversis regionibus duo Selenuntes*[18], also zwei Selenus(-Bäche) aus „verschiedenen Richtungen umflossen" hätten. Diese merkwürdige Angabe ist mit R. Graves allein so zu verstehen, daß die beiden Selenuntes *einmal in die eine, dann in die andere Richtung flossen*: Dies führt uns eindeutig auf eine Flußschleife (wo der Lauf umgedreht wird), wie sie der mäandrierende Kaystros heute noch bildet, und damit fort vom klassischen Heiligtum, wohin der Fluß selbst aus topographischen Gründen nie direkt gekommen sein kann. Beruht des Plinius Notiz auf einer authentischen ephesischen Überlieferung, müssen wir den ursprünglichen Asyl-Ort nordöstlich des Burghügels suchen, wo sich die Bucht ehemals noch weit nach Osten erstreckte, und der Fluß ebenso ungehindert seine Schleifen ziehen konnte.

Der vergleichbare, sonst häufig auftretende, Gewässername Selinous wird gewöhnlich vom griech. *sélinon* „Sellerie" abgeleitet, doch erschiene eine Deutung aus der indoeuropäischen Wurzel **u̯el-* „krümmen, winden" für einen sich schlängelnden Fluß passender: Das würde bedeuten, daß es in Ephesos gar keinen Selinous/Selenus-Bach gab, sondern dieser Name für die Mäanderschleifen des Kaystros galt, und auch die Selinous-Seen (S. 69 f.), wohl später abgeschnittene Schleifen, von daher benannt waren. Der ursprüngliche Name wäre also etwa **felenunt-* gewesen.

Damit würde auch noch wahrscheinlicher werden, daß sich das weltliche Zentrum, das sich notwendigerweise neben dem Heiligtum entwickeln mußte, auf der kontrollierenden Höhe des Burghügels etablierte.

II. Historischer Beginn

II. 1. Die jonischen Einwanderer. Der erste Eingriff

Geschichte im Sinne greifbarer Daten gibt es für unseren Raum bis zum Ende des 2. Jts.s also noch immer kaum. Solche treten erst um 1000 allmählich aus dem Dunkel, als eine – archäologisch vielerorts gut faßbare – weitere Wanderung in Szene ging, die der anatolischen Westküste neue Impulse brachte und für eine lange Zukunft die entscheidenden Weichen stellte: In drei großen Wellen zogen Äoler, Jonier und Dorer vom griechischen Festland über die Ägäis und besetzten günstige Punkte. Diese Griechen waren jeweils auf Landsuche, und als einzig erstrebenswertes Ziel erschien ihnen offenbar die reich gegliederte Küste zwischen der Troas und Karien.

Die jonische Flotille, die unter ihrem Führer ANDROKLOS, einem Sohn des Königs Kodros von Athen und Nachfahren des legendären Nestor von Pylos, nach einer zwanzig Jahre dauernden Suchfahrt in den Kaystros-Golf einfuhr, wird dessen geographische Vorteile sogleich erkannt haben. Was für diese Auswanderer, die sich eine neue Heimat aufbauen mußten, aber Vordringlichkeit besaß, war ein sicherer Platz, wo sie, die Eindringlinge, sich gegen die neue Umwelt zu schützen vermochten. Unter all den möglichen Örtlichkeiten, die man dafür ins Treffen geführt hat, gab es hier jedoch nur einen e i n z i g e n, der ihren Vorstellungen entsprochen haben kann:

Während die (heute nordwestlich von Selçuk zwischen Feldern aufragende ehemalige) Insel *Syrie* zwar günstig und geschützt lag, hatte sie vermutlich schon damals kein Wasser, wie ihr türkischer Name Kuru Tepe „Trockenhügel" beredt dokumentiert. Besser war schon der Burghügel von Selçuk geeignet, zu dessen Füßen es eine Süßwasserquelle gab[19], aber damals lag dieser offenbar nicht mehr direkt am Meere (was indirekt daraus hervorgeht, daß das Heiligtum der Ephesia, das an seiner jetzigen Stelle allerfrühestens im 10./9. Jh. faßbar wird, schon 300 m westlich des Südausläufers des Burghügels liegt, die Küstenlinie also längst von diesem weggerückt war). Für die Griechen war jedoch ein Hafen in unmittelbarer Nähe zu ihrer Siedlung unerläßlich, denn rasche Erreichbarkeit ihrer Schiffe war eine zusätzliche Sicherheitsgarantie. Als der beste und geeigneteste Ort erwies sich nach allem am Südufer der Bucht ein hakenförmig ins Meer reichendes, niedriges Kap mit einem dahinter aufsteigenden Hügel, der durch eine Rückfallkuppe wieder vom Berge darüber (dem Panayır dağı) abgesetzt ist: An drei Stellen vom Wasser umspült und gegen die Landseite hin leicht zu verteidigen, muß er die Vorstellungen der Androklos-Leute auf das genaueste erfüllt haben; und diese waren in nichts verschieden von denen jener Immigranten, die damals ganz ähnliche Plätze – wie Kyme, Alt-Smyrna, Myonessos, Abb. 2
Lebedos, Myos, Milet und Iasos – besetzten, alles gegen das Hinterland zu gut verbarrikadierbare Promontorien bzw. Paeninsulen, die jedesmal durch einen Isthmos vom Festland abgesondert sind[10].

Muß des Androklos Wahl also notgedrungen auf dieses Kap gefallen sein, scheint seine Besetzung nicht ohne Schwierigkeiten abgelaufen zu sein. Denn wenn auch nicht direkt von Kämpfen die Rede ist, geht aus der ephesischen Tradition wohl hervor, daß es hier einheimische Besiedlung gab: Da es dort heißt, daß Androklos die Karer und Leleger vertrieb[14], kann das nur von jenem Orte sein, wo er sich festsetzte. Die Jonier waren, wie auch aus späteren Ereignissen hervorgeht, militant und aggressiv, sie waren als Eroberer gekommen, nicht als Asyl-Suchende. Und so wird Androklos den hier Ansässigen ihre Siedlung und Burg im Kampfe weggenommen haben. Wie diese bis dahin geheißen hatte, wird kaum zu beantworten sein, sicher dürfte nur sein, daß es nicht Apaša war.

Während wir Androklos und seinen Überfall als historisch hinnehmen können, scheinen andere Details seiner Geschichte, wie sie in Ephesos erzählt wurde (von Athenaios im 3. Jh. v. Chr. nach Kreophylos, um 400, aufgeschrieben), reine Phantasieprodukte[20]: Wir lesen da, daß die Jonier sich nach der Landung Fische brieten, wobei einer davon plötzlich zusammen mit glühenden Kohlen aus der Pfanne in ein nahes Gebüsch gesprungen sei, das Feuer fing, wovon ein darin schlafender Eber aufgeschreckt worden sei; dieser sei, von Androklos verfolgt, losgestürmt, aber der Grieche habe ihn im Laufen gespeert; danach sei das Wild noch eine Weile weitergelaufen, bis es schließlich an einem bestimmten Punkte zusammenbrach, wo dann ein Tempel zu Ehren der Göttin Athena errichtet worden sei.

Ist das nur eine aitiologische Erklärung dafür, daß Leute vom Meer (Fische) die Bodenständigen (Eber) unterworfen haben? Berücksichtigt man aber, daß dem Androklos vorher durch ein Orakel offenbart worden war, daß er sich mit den Seinen dort niederlassen solle, wo sie auf einen Fisch und einen Eber stoßen würden, daß er also keinesfalls einfach ins Ungewisse, sondern bestimmten „Angaben" folgend losgesegelt war, erhält das ganze ein völlig anderes Gesicht. Solche Orakel waren ja nicht aus der Luft gegriffene Phantasiegebilde, sondern entstammten meist einer faktischen und reellen Grundlage. Wäre es so nicht denkbar, daß es damals, selbst nach dem Zusammenbruch der mykenischen Zentren, in Griechenland noch genügend Kenntnis von den einstigen Außenposten gab, die ausreichten, einen bestimmten Platz wiederzufinden? So gesehen, hätte Androklos als Ziel einen Ort gesucht und gefunden, der einst unter den Zeichen von Fisch und Eber bekannt gewesen war. Beide sind als Schild- und Hauszeichen etc. gut vorstellbar, obwohl sich dahinter auch etwas ganz anderes verbergen kann, wie etwa ein falsch verstandener Ortsname. Das Orakel wird sich jedenfalls auf einen ehemaligen mykenischen Stützpunkt im Kaystros-Golf bezogen haben.

Nach einer anderen, allerdings späten, Überlieferung um 200 n. Chr. wurden die Jonier von den Musen in Gestalt von Bienen über die Ägäis geführt[21]. Wegen der Bedeutung dieses Insektes für Ephesos bzw. seine Göttin ist dies wohl eher auf die Androklos-Flotte als auf Nachbargruppen zu beziehen. Darin einen Hinweis darauf sehen zu wollen, daß die Emigranten einem weiteren Orakel gefolgt seien, das ihnen den Weg zur „Bienengöttin" wies, ist wohl abzulehnen; eher war dies eine frühestens von den Joniern post festum aufgestellte Schutzbehauptung, die ihre Okkupation legitimieren sollte.

Der Name des Platzes, den Androklos eroberte, war nun nicht, wie man erwarten möchte (und wie dies meist als gegeben angenommen wird) Ephesos, sondern KORESSOS. Denn nach Kreophylos[20] hat die Eberjagd auf dem Berge *Tracheia* stattgefunden, den die Jonier zusammen mit dem Gebiet *gegen den Koressos hin* besiedelten. Strabo berichtet, daß sie sich beim Athenatempel und der Quelle *Hypelaia* (d. i. „die mit dem öligen Bodensatz" [s. auch S. 22]) niederließen unter Einbeziehung des Koressos-Kaps[22]. Nun ergibt sich aus dem Namen Tracheia (oder *Trecheia*), der ähnlich auch anderswo auftritt, daß es sich dabei – gemäß dem griech. *trachys* „rauh, zackig" – nur um den Panayır dağı mit seinen auffälligen Spalten und Schründen handeln kann; und da nach den antiken Aussagen der Koressos gleich in der Nähe liegen muß, ist dieser einzig und allein mit dem, ehemals wie eine Zunge ins Meer reichenden Ausläufer an der Nordwestflanke des Panayır dağı zu identifizieren, der heute als Hügel westlich des Stadions zu erkennen ist. Damit läßt sich die, schon oben aus topographischen Gründen für Androklos als zwingend postulierte Platzwahl gut in Einklang bringen; es werden aber im folgenden noch weitere Fakten beigebracht, die die Korrektheit dieser Lokalisierung bestätigen. Abb. 4

Was nun den Namen Koressos anlangt, so weist ihn das *-ss*-Suffix in die sog. ägäische Ortsnamenschichte und an die Seite von Städten wie Knossos und Halikarnassos. Ist er tatsächlich so alt, dann muß er mindestens karisch-lelegisch sein. Da es neben unserem Koressos jedoch noch eine ganze Reihe von ähnlichen Ortsnamen gibt (wie Korasion, Korassiae, Korese und Koresia), außerdem ein zweites Koressos auf der Insel Keos – also an jener Strecke, die die Androklos-Flotte gesegelt war –, wird man hier vielleicht ein gemeinsames Grundwort als Nomenklator annehmen dürfen: Als solches bietet sich am besten das (mit unserem „Kurve" verwandte) griech. *korṓne* „Krähe, Krähenschnabel" an, das wie *kórax* „Rabe" aus der indoeuropäischen Wurzel *(s)ker- „krümmen" stammt, da die Form des ephesischen Koressos-Kaps geradezu verblüffend dazu paßt. Damit wäre der Name trotz des Suffixes griechisch und jonischer Import, also eine Neuschöpfung; es ist deshalb in diesem Zusammenhang interessant, daß die Ortsnamenreihe Koressos-Ephesos-Kenchrios (Bach) sich mit anderen „ägäischen" Suffixen in Kori*nth*os-Ephy*ra*-Kenchreai wiederholt, also auf der Peloponnes, von wo die Vorfahren des Androklos gekommen waren: Sollte das auf einen uralten (mykenischen) Besitz-Zusammenhang weisen?

Für Androklos und die Seinen muß es lebensnotwendig gewesen sein, ihre neue „Stadt" zu befestigen bzw. die älteren Burgmauern, wenn es solche gab, auszubauen und die Anlage womöglich zu erweitern. Daß wir darunter tatsächlich einen Ort in Höhenlage zu verstehen haben, geht nicht nur aus Kreophylos und Strabo, sondern auch Pausanias hervor, der von einer *áno pólis,* also einer Akropolis, spricht. Die Besiedlung erfaßte dabei nicht nur das Krähenschnabel-Kap mit seinem steilen Hügel

(Seehöhe 30 m) an der Landseite und den beiden Kuppen auf der „Schnabelspitze" (SH 8 m) im Meer, sondern auch die nördliche Flanke des Panayır dağı, welcher Bereich dann später bei Strabo folgerichtig als *außerhalb der jetzigen Stadt* (d. h. des zu seiner Zeit gerade entstehenden römischen Ephesos) liegend bezeichnet wurde[22] (s. X. 1).

Nach Pausanias hatte es vor Androklos einheimische Ansiedlung nicht nur auf der Akropolis, sondern auch *rings um das Heiligtum* der Göttin gegeben. Die Leute von hier hätten sich den Joniern *durch Eide verbunden* und seien *außerhalb des Krieges* geblieben[14]: Dieser Ausdruck reflektiert auf anschauliche Weise die Funktion des Asylon, dessen Wirkung sich danach anscheinend auch noch auf eine Zone über den eingegrenzten Bereich hinaus erstreckte. Andererseits hat wohl Androklos jene Ureinwohner, die seinen Angriff überlebt hatten, in der Niederung neu angesiedelt und sich die Anführer mittels entsprechender Schwurformeln vasallisch verpflichtet.

In jener Zeit hatte der Kaystros den Ostrand der Bucht vermutlich bereits bis zum Selçuker Burghügel vorgeschoben, so daß es zu einer Verlegung des heiligen Bezirkes kam (s. I. 4), der ja für die „internationale" Schiffahrt erreichbar sein mußte (wenn diese Übersiedlung nicht schon vorher vorgenommen worden war). Darauf mag sich die Bemerkung bei Athenaios beziehen, wonach die Ephesier *den Tempel der Artemis auf der Agora begründeten*[20], worunter natürlich nicht ein Marktplatz, sondern ein ebener *Festplatz* zu verstehen ist.

Außer dem schon erwähnten Athenatempel (der freilich nicht mehr als ein Kulthain mit Altar war) errichteten die Jonier (wiederum nach Athenaios) ein ähnliches Heiligtum dem pythischen Apollo (dessen Orakelspruch sie ja geleitet hatte) *über dem Hafen.* Während das Athenaion sich irgendwo am Nordhang des Panayır dağı befunden haben muß, ist der Kultplatz für Apollo doch wohl nur auf dem Koressos-Kap zu suchen, umso mehr als hier immerhin die Reste eines jüngeren Apollo(?)-Tempels liegen (S. 54). Seit damals gab es auch zwei Häfen, den jonischen am Koressos und den Heiligen beim Ephesia-Sanctum; hier befand sich die Quelle Hypelaia (S. 21), die nach dem Lexikon des Hesychios von Alexandreia (5. Jh. n. Chr.) *gloiós* „klebrig, ölig" war und also nur sehr mindere Trinkwasserqualität besessen haben kann: Die Angaben zur Lage – am Heiligen Hafen und nahe beim Athenaion – führen uns vom Koressos fort in die Gegend zwischen Panayır dağı und Artemision. Eine zweite Quelle heißt bei Pausanius *Halitaía*[23] (was wohl als „die Salzige" verstanden wurde, weshalb sie der Perieget unter den *jonischen Merkwürdigkeiten* anführt), bei Plinius jedoch *Callippia*[9] (was „Schönpferd" bedeutete); offenbar handelt es sich dabei um ein und denselben Namen in verderbter Form, welcher Umstand ins Kalkül ziehen läßt, daß doch wieder die Hypelaia gemeint sein dürfte. Die Namen dieser Quellen können freilich aus älterer Form gräzisiert sein, so wie der Gewässername Marnas sicher vorgriechisch ist.

Der schon beschriebene Eberlauf mag zwar in dieser Form gar nicht in die Androkloszeit gehören und erst später erfunden worden sein, doch haftet ihm so viel Altertümliches an, daß er in gewissem Sinn ernst genommen werden muß: Denn einmal scheint er das Vorbild für die späteren Prozessionen vom Artemision, um Trecheia-Panayır dağı herum und zum Artemision zurück, abgegeben zu haben; zum anderen konnten archaische Gesellschaften mit solchen, alljährlich wiederholten, Umläufen ihren Gebietsanspruch manifestieren und speergewonnenes Land in einen magischen Kreis stellen – eine Vorgangsweise, die den frühen Joniern zusätzliche Sicherheit gegeben haben wird. Und schließlich war der Eber wegen seiner halbmondförmig gebogenen Hauer als *lunares* Tier der Großen Göttin in ihrer Gestalt als Todesgöttin heilig, weshalb er in vielen Mythen und Legenden – anders als in Ephesos – als Töter von Heroen auftritt. Der Umstand, daß der Eber später im Artemision offenbar keine Rolle mehr spielte, scheint dabei gerade auf eine sehr frühe Schichte zu weisen, die dann verdrängt wurde. Andererseits zeigt die Prozession um den Berg herum, daß dieser damit auch irgendwie in den Bann des Asylon einbezogen wurde.

Androklos jedenfalls ging als heroischer Ebertöter, als *Syagros* („Saufänger") in die ephesische Geschichte ein. Von seinen sonstigen Taten dagegen ist nur bei Pausanias eine „Erinnerung" erhalten geblieben, wenn diese überhaupt hierher gehört: Danach habe er Samos erobert und sei anschließend, als er den Prienern gegen die Karer zu Hilfe kam, gefallen, wonach man ihm ein Grabmonument (also einen *Tumulus*) errichtete[23]. Pausanias sah ein solches auf dem Wege zwischen Artemision und Magnesischem Tor, doch war dies mit Bestimmtheit nicht ein früheisenzeitlicher Grabhügel, sondern ein Denkmal, das die Ephesier viel später künstlich erbauten (S. 80, 134). Die Geschichte von Androklos' Tod könnte immerhin insoferne auf historischen Fakten beruhen, als die Jonier weiterhin für ihre Sicherheit kämpfen mußten.

Was nun die archäologische Evidenz zu der auf dem Stadion-Hügel postulierten, jonischen Akropolis anlangt, so muß zugegeben werden, daß diese bisher eigentlich noch immer aussteht. Zwar wurden hier einige Scherben der spätgeometrischen Zeit (8. Jh.), jedoch noch keinerlei frühe Siedlungsspuren entdeckt. Dies liegt in erster Linie daran, daß der Hügel im Zuge bestimmter Ereignisse und vor allem der städtebaulichen Entwicklung (S. 33, 104) mehrmals stark verändert wurde; zudem hat die archäologische Erforschung erst einen geringen Teil der Hügelflanken erfaßt. Die topographischen Überlegungen, die der Identifikation dieses heute noch als Promontorium zu erkennenden Punktes mit der Koressos-Akropolis zugrunde liegen, erscheinen allerdings stichhaltig genug: Dabei ist freilich entscheidend, daß man nicht nach einem jonischen Ephesos Ausschau hält, da dieser Name damals keinen profanen, sondern einen sakralen Ort bezeichnete. Und daß sich der Koressos nirgendwo anders als eben auf dem Krähenschnabel-Kap befand, wird endlich aus der Überlieferung zur Kroisos-Zeit deutlich werden (s. III. 3).

II. 2. Die Zeit nach Androklos. Beginn einer Konsolidierung

Die Situation in der ephesischen Bucht war während der jonischen Frühzeit nach allem also folgende: Im ummauerten Koressos, halb im Meere an einem sicheren Hafen gelegen, saßen die griechischen Androkliden und bildeten aufgrund ihrer militärischen Überlegenheit die lokale Oberschicht; zur weiteren Sicherheit hatten sie den gesamten Panayır dağı magisch einbezogen oder durch die Priester der Ephesia einbeziehen lassen, wohl aber auch seine nördliche Flanke zumindest z.T. befestigt. Im Osten siedelten die einheimischen Karer ungeschützt in der Ebene an einem Orte, der bald den Namen Ephesos im Sinne eines Stadtnamens erhalten haben mag – nach der alten Göttin Ephesia (und dem längst untergegangenen Apaša?). Als dritter Ort ist wegen seines Amazonennamens das schon erwähnte Smyrna anzuführen, das gemäß der Angabe bei Strabo (nach Hipponax[9]; zu diesem s. V. 2) zwischen Panayır und Bülbül dağı lag, also entweder in der Gegend der römischen Oberstadt oder am lysimachischen Hafen, wo jüngst ebenfalls reichlich spätgeometrische Keramik und Ovalhäuser entdeckt wurden; auch hier werden zunächst nur Einheimische gewohnt haben, ebenso wie in dem ephesischen Dorfe Larisa (auch dies ein „ägäischer" Name)[24] im oberen Kaystrostal (S. 101). Andere Ortsnamen, die wohl auch Siedlungen bezeichnen, weisen dagegen eher auf griechische Bewohner: so *Ptelea* („Ulm", S. 130) und *Amorges* („Preßhaus"?) sowie *Alope* („Fuchs-")[25]. Freilich ist nicht klar, wie alt diese Namen sind.

Abb. 5

Pausanias nennt Androklos einen *basileús* (König)[14], als welcher er den Stammbaum der Kodriden fortsetzte. Ihm folgten seine „Söhne" nach, die die Dynastie der *Basiliden*, also der Königssöhne, begründeten. Das Königtum, das sie verkörperten, war anders als jenes, das man in Kleinasien kannte: Es waren nicht die Frauen, die als Königinnen das Szepter „führten" bzw. weitergaben, wie bei Hethitern und Lydern; die Macht lag in den Händen von adeligen Herren, die freilich weniger als Könige denn als „Grafen" zu bezeichnen sind – anders als die homerischen Könige haben sie in den Traditionen keinerlei Eindruck hinterlassen, waren demnach insgesamt unbedeutend und kaum viel mehr als primi inter pares. Dennoch werden auch sie bestimmte Funktionen des bereits verschollenen „Heiligen Königs", und sei es auch nur in noch so deteriorierter Form, erfüllt haben müssen: Fruchtbarkeits- und Regenzauber sowie Sicherheitsmagie. In letzterem Sinne mag der Eberlauf entstanden und gepflegt worden sein, vielleicht sogar in einer Form ähnlich dem Laufe des lydischen Königs, der alljährlich einen Löwen um die sardische Burg herumtrug, um diese uneinnehmbar zu machen[26]. Es wäre auch denkbar, daß der Eber das totemistische Clan-Zeichen der Basiliden war (oder wurde), und die ganze Gründungslegende danach konstruiert wurde. Auf jeden Fall spricht sehr viel dafür, daß der Lauf des Ebers – möglicherweise in Form einer Scheinjagd – einmal im Jahr wiederholt wurde, auf welche Weise das ursprüngliche Territorium der griechischen Eindringlinge immer wieder neu „besetzt" und in Erinnerung gerufen werden konnte. Solche mythischen Wiederholungsrituale waren nichts Ungewöhnliches und sind ein weit verbreitetes Kulturphänomen.

Über die soziale Gliederung der Jonier läßt sich aus den überlieferten Namen für die einzelnen Stammesteile wenigstens so viel ableiten, daß an der Emigration Angehörige der vier alten attischen (mykenischen?) *Phylen* („Stämme") teilnahmen: *Aigikoreis* (als „Ziegenzüchter" verstanden), *Hopletes* („Krieger"), *Argadeis* und *Geleontes* (beides „die Glänzenden"), zu denen durch Aufnahme nicht-jonischer Elemente später die *Oinopes* („Weingesichter") und *Boreis* („Nordleute"?) kamen, womit also ethnische Gruppen integriert wurden, deren Namen auf ihre geographische Herkunft weisen dürften. Die Phylen zerfielen in einzelne *Phratrien* (Bruderschaften), die der eigentliche entscheidende Verband für das Individuum waren. Im späteren Ephesos tritt uns als älteste Phyle die der *Ephesioi* entgegen, in deren – nun zu *Chiliastyen* (Tausendschaften) herabgesunkenen – Unterabteilungen sich Argadeis, Boreis, Geleontes und Oinopes finden, ergänzt durch *Lebedioi* (aus Lebedos nordwestlich von Ephesos) und *Salaminioi* (aus Salamis auf Zypern). Während hier also fremder Zuzug bezeugt ist, tauchte eine Phyle „Koressites" naturgemäß nicht auf, da ja die Bewohner von Koressos den alten Stammesverbänden angehörten. Daß dafür jedoch die Phyle Ephesioi alle anderen umfaßte, ist nicht als Beweis dafür anzusehen, daß hier die von Androklos umgesiedelten Ureinwohner nach attisch-jonischem Muster organisiert worden seien, sondern diese Phyle ist nur als aus späterer Sicht geformter Sammelbegriff zu verstehen.

Nach Epheros von Kyme (um 400 v. Chr.) sollen die „Ephesier" nach der Hilfsexpedition für Priene, wo Androklos und viele „Ephesier" gefallen seien, sich gegen dessen „Söhne" erhoben und dabei Leute aus Teos und Karene zu Hilfe gerufen haben[27]. Diese Geschichte ist für die Frühzeit eher unwahrscheinlich, ebenso wie jene, nach der eine Tausendschaft(!) samischer Sklaven die Urväter der Ephesier gewesen seien[28]: Beide werden sich auf viel spätere Ereignisse beziehen, so wie die Revolte gegen die Könige erst ins 8. Jh. gehören kann. Ähnliches gilt auch für die Behauptung des Pausanias, daß Androklos Samos auf zehn Jahre besetzt habe[29].

II. 3. Erste greifbare Spuren. Beginn der archäologischen Evidenzen

Haben wir bisher – von den erwähnten mykenischen Grabfunden (I. 2) und der „hethitischen" Statuettengruppe abgesehen (I. 1) – alle Deutungen zur frühen Geographie unseres Gebietes in der Hauptsache aus topographischen Überlegungen heraus entwickelt, die zwar so bereits in erklecklichem Maße auf den einzig richtigen Weg geführt zu haben scheinen, werfen erst 200 Jahre nach der jonischen Einwanderung die ersten Fundzusammenhänge Licht in die historischen Schatten.

So beginnt die lange Reihe der Funde im Artemision zwar, wie schon angedeutet, nach den neuesten Entdeckungen bald nach Androklos, doch setzt die Bautätigkeit erst um 800 v. Chr. ein. Eine Fortsetzung der sensationellen Ausgrabung der älteren Tempelbauten durch D. G. Hogarth (1904/5) ist jetzt wegen des wieder gesunkenen Grundwasserspiegels A. Bammer geglückt, der unter den Fundamenten von Ho-

garth's Bau „A" doch noch ältere feststellte: Kommen wir dadurch mit der Chronologie des Heiligtums zwar weiter als bisher zurück, so reichen die baulichen Evidenzen dennoch nicht über jene Zeitgrenze hinaus, die schon durch die Untersuchungen Bammers im Bereich des Altares westlich des Tempels deutlich geworden ist, nämlich das späte 9. Jh. So hat es den Anschein, als sei der Kultbezirk auch nicht früher an dieser Stelle zu Füßen des Burgberges angelegt worden. Da uns jetzt aber die keramischen Funde schon fast bis in die Androkloszeit zurückführen (es soll auch spätmykenische Ware darunter sein), ist davon auszugehen, daß die Überlieferung des Athenaios, die Jonier hätten das Sanctum in der Ebene gegründet (S. 22), bald auch archäologisch bestätigt wird: Allerdings ist dann wohl höchstens mit den Resten von
Abb. 8 sehr einfachen Bauten zu rechnen.

Angesichts der Evidenz, wie sie nun vorliegt, ist trotz der Möglichkeit tatsächlicher mykenischer Funde wohl dennoch eher anzunehmen, daß das Asylon an diesem Platz nicht in die Zeit vor Androklos zurückgeht, sondern daß sich ältere Scherben auf den zu postulierenden mykenischen Handelsposten beziehen, von wo sie – da dieser nach den Gräbern auf dem Burghügel nicht weit entfernt liegen wird – leicht hierher gelangt sein können. Noch ältere, also bronzezeitliche, Spuren werden sich an diesem Orte wohl kaum finden lassen: Das vorjonische Heiligtum, der Hain der mindestens ins 2. Jts. zurückreichenden Gottheit, die am ehesten eine Hypostase der uralten anatolischen (Mutter-)Göttin darstellte, muß – wie schon gesagt (I. 4) – anderswo gesucht werden. Die Interpretation der Evidenz würde jedenfalls ergeben, daß die Verlegung des Asylplatzes – die so überhaupt erst augenfällig wird – im Zusammenhang mit der jonischen Okkupation zu sehen ist: So wäre es denn Androklos gewesen, der den bei seiner Ankunft schon längst nicht mehr in Ufernähe gelegenen Hain, der zu Schiff also nur noch durch eine eher gefährliche Fahrt flußaufwärts zu erreichen war, wieder ans Meer und zu einem Ankerplatz holte, womit auch das Kontinuum des Asylon bewahrt wurde.

In diesem Sinne ist auch zu unterstellen, daß die Jonier den Hügel über dem Heiligtum zumindest mit einem Posten besetzten, um zu verhindern, daß etwa andere dieses strategische Gelände und damit letztlich auch die Göttin beherrschten.

Daneben wäre freilich immerhin auch denkbar, daß das *Meterheiligtum*, das ca. 600 m östlich des Stadions (und damit gar nicht weit vom Koressos) am Nordosthang des Panayır dağı liegt, schon in der Frühzeit eine Rolle spielte, ganz abgesehen davon, daß ein Bezug zum Athenaion vorhanden sein könnte. Während zwar die hier entdeckten Reliefs erst aus dem 4. Jh. v. Chr. stammen (S. 62), und ein Altar für Zeus Patroos schon im 5. Jh. geweiht wurde, könnte der Platz selbst viel älter sein. Er liegt schließlich an der zerklüfteten Flanke des Tracheia-Berges, dessen tief eingeschnittene Schründe und Kluften, Grotten und Höhlen kultisch geradezu verlockend gewesen sein müssen. Hier fehlt allerdings noch jegliche Erforschung, die weiterhelfen könnte; Geröll und dschungelartiger Bewuchs, von mancherlei Getier bevölkert, haben bisher offenbar abschreckend gewirkt. Dabei zeigt doch gerade das nahe frühchristliche Siebenschläfer-Coemeterium (s. XI. 2) an, daß diesen Bergspalten Besonderes innewohnt.

Die Scherben von der Anhöhe des Koressos und rings um diesen herum sind zwar keine eindeutigen Belege für eine Besiedlung, d. h. eine Akropolis, aber doch die letzten Zeugen dafür, daß sich hier zumindest im 8. Jh. Menschen aufhielten. Insgesamt scheint sich jedenfalls feststellen zu lassen, daß säkulares und sakrales Zentrum jetzt näher zusammengerückt waren, und daß damit auch die Kultprozession um den Panayır dağı eine neue Dimension erhalten hatte. Die ältesten Funde, die bisher vom Prozessionsweg stammen, datieren aus dem 8. Jh., über das wir – außer jetzt im Artemision – sonst offenbar nicht hinauskommen. Dies bedeutet aber sicher nicht, daß die Interpretation der antiken Quellen, wie sie oben vorgenommen wurde, völlig irre sei, und daß sich dann auch Tracheia-Koressos auf einen ganz anderen Punkt beziehen müßten, weshalb die Androkliden erst um 800 zusammen mit dem Heiligtum übersiedelt wären, denn es gibt für die Identifikation der Tracheia sonst überhaupt keine passende Formation in der Nähe, so daß das Fundloch zwischen 1000 und 800 auf der vermuteten Akropolis und an der Heiligen Straße eher auf den bisherigen ungünstigen Fundzufall zurückzuführen ist.

Die Aufnahme der Prozession, die in dieser Form wohl hauptsächlich unter jonischer Regie stand, bedingte, daß die Ephesia für die Griechen nicht nur in ihrer „internationalen Funktion" als asylgebende Göttin akzeptabel war, sondern nach dem – überall anders ebenso gehandhabten – Muster der kultischen Überschichtung die zumindest äußerliche Verwandlung in eine griechische Göttin erfuhr. Nun lehrt die Identifikation der Ephesia mit *Artemis*, daß erstere vordergründig nicht als Muttergöttin aufgefaßt wurde: Die Jungfräulichkeit der griechischen Jagdgöttin paßt zur Unberührbarkeit des Asylon, ihr Bogen, der sie zur Herrin über Leben und Tod machte, weist sie in den *lunaren* Kreis. Andererseits war das vorklassische Bild der Artemis keineswegs einheitlich, sie galt vor allem als eine *Göttin des Draußen* (U. v. Willamowitz), als unnahbar und auch gefährlich und war darum geeignet, mit gentilen Gottheiten geglichen zu werden. Denn es ist ja davon auszugehen, daß das Kultbild der Ephesia zunächst äußerst primitiv war – nur ein *Pfahl* (vielleicht sogar in den Meteoriten [s. I. 1] gesteckt ?) oder eine sannis (Brett) ohne jeden Schmuck; zu einem solchen scheint dann freilich die Biene nicht recht zu passen, aber wäre nicht gar vorstellbar, daß man z. B. die Stele mit Honig bestrich, um wilde Bienen anzulokken und derart die Unnahbarkeit realiter zu unterstreichen? Vielleicht jedoch hatte sich in dem Urpfahl (etwa einem Baumstrunk ?) ein Bienenstock befunden oder später eingenistet. Seine Behängung, wie sie uns dann sehr viel später entgegentritt, könnte freilich auch schon in der Frühzeit vorgenommen worden sein, als „Amazonen" ein „Artemisbild" an eine „Buche" hängten[17].

III. Die archaische Zeit

III. 1. Lyder und Kimmerier. Abgewendete Gefahren

Wir wissen nicht, wann die Zeit der koressischen „Könige“ zuende ging, sie werden aber wie auch sonst überall im Laufe des 8. Jh. s vertrieben oder einfach in der Versenkung verschwunden sein. An ihre Stelle traten nun adelige Grundherren, die eine oligarchische Kaste bildeten und die Macht über Stadt und Land unter sich aufteilten. Da sie vom Streitwagen auf das Pferd „umstiegen“, wurden sie zu Rittern, als welche sie beweglicher und damit unternehmungslustiger wurden. Doch während damals – nicht nur als Folge dieser neuen Mobilität – von vielen anderen Städten aus Expeditionen gerüstet, und Kolonisten in die Ferne geschickt wurden, beteiligten sich die Koressiten an derlei anscheinend nicht. Denn für sie lag der Hauptgrund für die Kolonisationswelle während des 8. und 7. Jh. s – wirtschaftlicher Niedergang und Verarmung der Bevölkerung – offenbar nicht vor, was vermutlich daraus resultierte, daß es in der Umgebung des reichen Heiligtums den Leuten im Schnitt besser ging als anderswo; deshalb brauchte sich hier niemand auf das riskante Abenteuer der *apoikía*, des „Exils“, einzulassen, wie diese angeblich so großartige Bewegung damals in Wahrheit genannt wurde.

Neben der Prosperität, die aus dem Tempelbetrieb erwuchs, wird auch eine wichtige Rolle gespielt haben, daß es in Koressos schon früh eine lydische Schichte gegeben haben dürfte, die aber eher nichts mit jenen Protolydern zu tun hatte, deren Vertreibung durch Androklos später Kroisos zum fadenscheinigen Anlaß seines militärischen Vorgehens nahm. Vermutlich hatten sich Vertreter der oppositionellen Mermnaden-Dynastie, die bis zur Machtübernahme durch Gyges um 680 anscheinend vorwiegend im Exil lebten, hier eine Art von Hauptsitz geschaffen. So verwundert auch nicht, daß unter den keramischen Funden im Artemision lydische Ware so gut vertreten ist. Im gleichen Sinne wird verständlich, warum Gyges im Zuge der lydischen Expansion zwar etliche jonische Städte angriff, Ephesos-Koressos aber in Ruhe ließ: Offenbar war wegen der verläßlichen pro-lydischen Lobby bewaffnete Intervention nicht vonnöten, da Stadt, Heiligtum und vor allem Hafen den sardischen Interessen offenstanden. Wäre dies nicht der Fall gewesen, hätten Gyges und seine Nachfolger unseren Raum ebenso ständig heimgesucht, wie sie die benachbarten Milet und Smyrna attackierten.

Woran die sardischen Könige nicht interessiert waren, wurde kurz nach der Mitte des 7. Jh. s für andere zu einem wegen seiner Schätze verständlicherweise sehr begehrten Ziele: So wandten sich die kimmerischen Reiterhorden, die nach 800 in Anatolien eingefallen waren und hier zunächst das Phryger-Reich des Midas zerstört hatten, immer weiter nach Westen und erreichten in den 60er Jahren des 7. Jh. s Lydien; obwohl auf der Suche nach einer neuen Heimat, gingen sie – ihrer verheerenden Wirkung gemäß – als die ersten großen Plünderer und Räuber, die Asien ausspie, in die Geschichte ein. Sardes fiel 652, und auch das dortige Heiligtum der

Artemis wurde nicht verschont. Wenig später, i. J. 645, waren die Kimmerier unter ihrem Führer LYGDAMIS wieder in Sardes und zogen anschließend ins Kaystrostal, ganz offensichtlich von den im Artemision deponierten Reichtümern angelockt.

Was sich hier aber damals wirklich abspielte, scheint nicht ganz klar: Während spätantike Autoren[30] davon berichten, daß das Heiligtum durch Amazonen zerstört worden sei, die mit den Kimmeriern mitzogen, weiß Strabo nichts Derlei. Und der Alexandriner Kallimachos sang im 3. Jh. v. Chr. in seinem Hymnus an Artemis nur von der Drohung des Frevlers Lygdamis und davon, daß er zwar viele *Streitwagen auf der kaystrischen Wiese versammelt* habe, daß jedoch *die Pfeile der Göttin Ephesos immer beschützten*[31]. Trotz der alleinstehenden Angabe des Hesychios, wonach Lygdamis *den Tempel der Artemis* niedergebrannt habe[32], werden wir dies nach allem vielmehr auf Sardes beziehen müssen! Ephesisches Heiligtum und koressische Akropolis blieben nicht nur verschont, sondern man könnte aus den Dichterworten des Kallimachos sogar einen erfolgreichen militärischen Gegenschlag der Koressiten herauslesen oder aber, daß die schamanistisch eingestellten Steppenleute – anders als in Sardes – einfach Scheu davor hatten, den berühmten umgrenzten heiligen Bezirk der unheimlichen Göttin zu verletzen: Ein Scholion zu Aristophanes[33] widerspiegelt dies fast wörtlich, wenn es betont, daß *die Barbaren die Artemis-Selene scheuten und deshalb ihren Tempel in Ephesos verschonten*! Es darf auch die gewiß damals schon propagandistisch weithin getragene Unverletzlichkeit des Asylortes in ihrer Wirkung nicht unterschätzt werden.

III. 2. Politischer Umbruch. Der Einzug der Tyrannis

Da sich allerorten gezeigt hatte, daß die adeligen Oligarchien insbesondere dann zu versagen neigten, wenn Gefahr im Verzuge war und die Gemeinschaft von außen bedroht wurde, kam dem – infolge der zunehmenden Eisenindustrie – neu entwikkelten Truppentypus der „bürgerlichen" Hopliten-Phalanx immer mehr Bedeutung zu. Und wenn den Kimmeriern vor dem Artemision bewaffnete Kontingente entgegentraten, könnten auch schon Hopliten darunter gewesen sein.

Eine andere Invasionsgruppe, die *Treren*, zerstörte Magnesia am Mäander. Dessen Katastrophe wurde nun den Herren von Koressos zum willkommenen Anlaß, rücksichtslos magnetisches Territorium zu annektieren, nachdem solche Landvermehrung vorher stets fehlgeschlagen hatte[34]. Ob es dabei einfach nur darum ging, Hinterland zur besseren agrarischen Versorgung zu gewinnen oder aber das Territorium der Göttin zu vergrößern, muß dahingestellt bleiben. In diesem Zusammenhang fällt jedenfalls auf, daß in späteren Zeiten die Grenzziehung im Hinterland immer Besitzungen der Artemis anzeigte, so als hätte nur diese über solches verfügt.

Der Kimmerier-Schock wurde – abgesehen von den z.T. extrem ungleichen sozialen Verhältnissen – zum letzendlichen Anlaß dafür, daß man die Oligarchie überall verdrängte, an deren Stelle ein neuer Herrschertyp trat: der *Tyrann*. Alles andere als wütende Despoten waren dies zunächst politische Persönlichkeiten verschiedenster Genese, also auch aus nicht-adeligem Stamm, die sich jetzt auf die breite Masse stützten und ihre Befugnisse im Besonderen dazu einsetzten, daß der Niedergang der Städte aufgehalten und in einen Aufschwung verwandelt wurde. Das beste Beispiel dafür war Athen, wo durch die oppositionelle adelige Propaganda aber auch gleich unser negativer Tyrannenbegriff vorgeprägt wurde.

In Ephesos hat sich diese Propaganda, wie sie von der lokalen Geschichtsschreibung tradiert wurde, zumindest posthum gegen seinen ersten Tyrannen Pythagoras gerichtet, an dem kein gutes Haar gelassen wurde: Baton v. Sinope berichtet uns (um 200 n. Chr.), daß er seine Gegner, die sich ins Artemision geflüchtet hatten, selbst dort nicht in Ruhe ließ – seine Häscher lauerten vor den Toren des Sanctums; so soll sich eine verzweifelte Asylantin im Tempel das Leben genommen haben, woraufhin eine Seuche ausgebrochen sei[35]. Da der Tyrann (der seinem, wie in Samos auch in Ephesos häufigen, Namen nach dem jonischen Griechentum angehörte) auf Anraten des Orakels zur Sühne einen Tempel erbauen mußte, sieht die Geschichte vielmehr nach einer deformierten Gründungslegende aus, die den Pythagoras in Wahrheit als Tempelstifter ausweist; gleichzeitig verdeutlicht sie das Asyl (das in diesem Fall noch nicht unmittelbar verletzt wurde), möglicherweise auch einen weltlichen Versuch der Koressiten, im Heiligtum gewisse Einflußnahme zu erlangen, was zu dieser neuen Zeit gut gepaßt hätte. Den Pythagoras-Tempel möchten manche mit dem von Hogarth als Bau „C" bezeichneten Fundament in Zusammenhang bringen, doch bestehen hier große Unsicherheiten vor allem in der Chronologie, da Pythagoras zeitlich nur vage einzuordnen ist (2. Hälfte 7. Jh.).

Ein zweiter Tyrann war Melas, mit dem die lydische Lobby in der Stadt obsiegte: Denn nicht nur ist sein Name *lydisch*, sondern er war auch ein *Schwiegersohn* des lydischen Königs Alyattes, wonach er um 600 in Koressos herrschte. Wie schon unter Gyges (S. 28) blieb unser Gebiet von den Angriffen verschont, die Sardes gegen die anderen Griechenstädte führte – sie waren hier ganz offensichtlich nicht nötig, da die lydische Überschichtung weiterhin friedlich vor sich ging. In Sardes hatten sich die politischen und sozialen Verhältnisse freilich nicht geändert, hier gebot weiterhin der König an der Spitze einer reichen und selbstbewußten Adelskaste über ein „Feudalreich". Diesem scheint Koressos jetzt in gewissem Sinne angehört zu haben, wie vor allem aus einem ganz bestimmten Zusammenhang hervorgeht:

Unter den 98 blaßgoldenen *Elektron-Münzen*, die Hogarth im ältesten Teil des Artemisions barg, und die noch immer zum bedeutendsten Material gehören, das dem Erforscher der frühen Münzprägung zur Verfügung steht, befindet sich eine Reihe von winzigen Stücken gleichen Typs: Entsprechend einer numismatischen Regel, wonach die kleinsten sowie die in einem Hort am häufigsten auftretenden Münzen aus der Fundgegend stammen, müssen die insgesamt 31 Exemplare (= 31.63%), die eine *Löwenpranke* zeigen, lokal sein und demnach von den Einheimischen, den Koressiten, der Göttin gestiftet worden sein. Nun ist bekannt, daß die

Münzen von Ephesos bis um 400 v. Chr. ausschließlich die Biene tragen, weshalb man die Löwenpranke mit diesem Ort gar nicht in Verbindung brachte. Da der Hort andererseits keine einzige Bienenprägung aufweist, wäre darin demnach auch keine lokale Stiftung enthalten. Auf der Suche nach einer solchen, die ja logischerweise zu erwarten ist, konnte ich bei der Untersuchung der Löwenpranken-Elektra feststellen, daß eine der verschiedenen Rückseiten-Punzen auch auf sardischen Geprägen mit Löwenkopf (die übrigens in etwa gleicher Dichte im Artemision-Hort vertreten sind) erscheint; daraus erhellt, daß die Löwenpranken in der selben Münzstätte (zu jener Zeit richtiger: Schatzkammer) geprägt oder zumindest punziert wurden. Abb. 6

Diese Evidenz führt zu dem naheliegenden Schluß, daß die – wegen ihrer Kleinheit schon als lokal zu bezeichnenden – Löwenpranken-Stücke in Sardes für Koressos, d. h. also für den Tyrannen Melas, erzeugt oder geprüft wurden. Angesichts der Tatsache, daß letzterer Schwiegersohn des Lyderkönigs und mit seinem Herrschaftsbereich gewiß in dessen „feudales" Reichssystem eingebunden war, wird auch die Löwenpranke verständlich: Im Sinne einer peripheren Teilhabe am lydischen Löwen-Clan wäre so dem „Grafen" von Koressos gestattet gewesen, in seinem Wappen einen Teil des Clan-Zeichens zu führen. Dabei wäre allerdings das Prägerecht („Münz-Regal") zumindest teilweise an Sardes gebunden geblieben. Auf jeden Fall ist so der Nachweis der ältesten ephesischen (= koressischen) Prägung gelungen.

Der realpolitische Hintergrund, vor dem sich die historische Entwicklung Westanatoliens auch nach den Kimmeriern abspielte, wurde vom lydischen Faktor geprägt: Die für Sardes wichtigen Zugänge zum Meer und die damit verbundene direkte Partizipation am internationalen Handel waren einer der Hauptgründe für die gegen die Griechenstädte gerichtete Aggression, von der nur die Kaystros-Bucht ausgenommen blieb, da ein pro-lydischer Hafenort wie Koressos selbstverständlich keinen Anlaß zu militärischem Vorgehen bot. Hier wird es damals von prunkvoll gekleideten und parfümierten Sardern und ihren Parteigängern nur so gewimmelt haben, deren Taschen voller Gold den örtlichen Wohlstand gewiß vermehrten. Und die luxuriöse, von den griechischen Quellen als dekadent angeprangerte lydische Lebensweise wird auch hier fleißig kopiert worden sein.

III. 3. Kroisos. Der zweite Eingriff

Auf Melas folgte sein Sohn Pindaros, mit dem die erste „ephesische" Tyrannis endete. Um 560 kam es auch in Sardes zum Thronwechsel, als Alyattes starb: Sein Sohn Kroisos, dessen Anwartschaft aufgrund von Hofintrigen gefährdet war, hatte um sein Recht kämpfen müssen. War er zunächst als Statthalter weitab nach Adramytteion in Sicherheit gebracht bzw. abgeschoben worden, wo er verschwenderisch lebte, kam seine Schicksalsstunde, als ihn sein Vater zur Teilnahme am Krieg gegen die Karer befahl, was natürlich bedeutete, daß er an der Spitze eines Heerhaufens zu erscheinen hatte. Der abgebrannte Kroisos wandte sich an den reichen Lyder Sadyattes, dem Namen nach offenbar einen königlichen Verwandten, doch dieser verweigerte ihm den Kredit; da half ihm aus seiner Not der Priener PAMPHAES, der eine hohe Anleihe bei der *Bank von Asia,* also aus den Reichtümern des Artemisions, vermittelte, so daß Kroisos seine Söldner anwerben konnte. Als Sicherheit bot er das Versprechen, das als heiliger Eid an die Ephesia überliefert wurde, nach seiner Krönung zum Lyderkönig das gesamte Vermögen des Sadyattes der Göttin zu übereignen[36].

Kroisos hat sein Versprechen gehalten und mehrere Wagenladungen an Schätzen in das Heiligtum schaffen lassen. Wurde dessen Schatzkammer dadurch vermutlich entscheidend reicher, müssen die Resourcen der Priester schon vorher beachtlich gewesen sein, wie der Kroisos-Kredit bezeugt. An diesem ist jedoch vor allem interessant, daß er für die „Bank" ein deutliches, wenn auch kalkulierbares Risiko barg, das ganz auf den Erfolg des Prinzen setzte: Mag man darin auch die prophetische Gabe der Göttin erkennen wollen, die des Kroisos Aufstieg voraussah, muß einen die finanzielle Spekulation (die geradezu an moderne Verhältnisse erinnert) am Beginn des 6. Jh.s wundernehmen. Sie war jedenfalls nur möglich, wenn die Ephesia sich derlei bequem leisten und einen eventuellen Verlust auch verschmerzen konnte. Das Risiko lag darüber hinaus noch in einer Rufschädigung, die die Göttin bei einem solchen hätte in Kauf nehmen müssen.

Als Kroisos die Herrschaft über das Lyderreich schließlich gewann, machte er sich daran, mit dem bisherigen Feudalsystem zu brechen. Aus Herodot geht hervor, daß er Befehl an die Städte, d. h. Tyrannen schickte, sich ihm zu unterwerfen, wobei er z.T. fadenscheinige Gründe als Vorwand angab[37]; bei Koressos scheint er mit den Worten, *daß dieses ihm untertan sei*[38], weniger auf das Verwandtschaftsverhältnis zu seinem Neffen Pindaros und eine interne Abhängigkeit angespielt zu haben als darauf, daß dieser Platz ehemals „lydisch" gewesen sei. Natürlich waren die Tyrannen allesamt nicht bereit, ihre relative Freiheit so leicht aufzugeben und weigerten sich, der Aufforderung nachzukommen. Da marschierte Kroisos zuerst gegen Pindaros und belagerte die Koressos-Akropolis. Herodot, Polyainos (2. Jh. n. Chr.) und Aelianus berichten, daß die Lyder, die seit der Zeit des Gyges ja die Belagerungskunst ständig geübt hatten, bald einen Turm zum Einsturz brachten, den man daraufhin den „Verräter" genannt habe[39]: In Wahrheit bezeichnet das griechische Wort *prodótes* auch eine desolate Befestigung, woraus folgt, daß die Koressiten ihre Burg nicht im besten Verteigungszustand gehalten hatten; dies war jedoch angesichts der friedlichen Entwicklung in der Alyatteszeit weniger verwunderlich.

Auf jeden Fall geriet man jetzt in große Not. Da erwies sich Pindaros als guter „Ephesier" und vor allem als schlauer Jonier (als was ihn im Gegensatz zu seinem Vater Melas auch sein Name ausweist) und riet, von den Mauern zum Tempel ein langes *Seil* zu spannen: Ob man damals im Hafen Koressos so viel Hanf vorrätig hatte, um die überlieferte Strecke von *7 Stadien* (etwa 1300 m) tatsächlich zu überbrücken, und wie man die Aktion unbemerkt bzw. ungehindert durchgeführt haben mag, sei dahingestellt; ein symbolischer Pfeilschuß, wie er aus dem von Polyainos für die

Verbindung verwendeten Wort *thṓminx*, das auch Bogensehne bedeutet, herausgelesen werden könnte, kommt wegen der Entfernung nicht in Frage. Nach Herodot wurde aber das Seil (*schoínion*) vom Tempel aus gespannt, und das könnte darauf hinweisen, daß die Einbeziehung des weltlichen Koressos in den sakralen Bereich durch die Priester vorgenommen wurde, die freilich auch unter den Augen der lydischen Truppen die Anknüpfung im buchstäblichen Sinne hätten in Szene setzen können.

Durch diesen Akt war die Akropolis sakrosankt und unantastbar geworden, weshalb Aelianus hier den Ausdruck *asylía* verwendet. Blieb den Koressiten damit auch ein grausames Schicksal erspart, konnten sie ihre Burg doch nicht halten und mußten sich *um das Heiligtum neu ansiedeln*, dem sie sich ja so spektakulär verbunden hatten[40]. Kroisos duldete also keine lokalen Herrschaften hinter schützenden Mauern mehr und verjagte die Tyrannen, selbst seinen Neffen, der in die Peloponnes ins Exil ging. Nach Aelianus hat der Lyderkönig zwar über den Seiltrick gelacht und diesen als Stratagem gewürdigt, weshalb er den Koressiten die Freiheit garantiert habe; in Wahrheit aber wollte er die Festung leeren und ihre Mauern schleifen. Über letzteres liegt zwar keine Nachricht vor, doch ist schon deshalb davon auszugehen, da auf dem Koressos-Hügel keine so frühe Befestigung erhalten geblieben ist. Mit der Niederlegung der Mauern wurde auch ein Prozeß eingeleitet, der archäologisch unangenehm spürbar ist: Die Hügelränder wurden erodiert und die Erdschichten rutschten ab, so daß die Stratigraphie, die ehedem hinter den Mauern vorhanden gewesen war, langsam zu verschwinden begann. Karte 2

Die Angabe der sieben Stadien lehrt, daß die Deutung des Stadionhügels als jonische Akropolis zutrifft: Mißt man vom inneren Artemision in Richtung Stadion, erreicht man einen Punkt an der Nordwestflanke des Panayır dağı, die vermutlich befestigt war. Die Entfernung zwischen Temenos und späterer Stadt wurde noch im 2. Jh. n. Chr. von dem Romancier Xenophon v. Ephesos mit dem selben Maß angegeben[41]. Hier ist auffällig, daß die zentrale Nordsüd-Achse des hellenistisch-römischen Ephesos ebenfalls sieben Stadien vor der Westgrenze des Asylbezirkes liegt (S. 64).

III. 4. Die Entstehung der Stadt Ephesos

Mit der Umsiedlung unter Kroisos (die ja die zweite ihrer Art seit Androklos war, wobei es diesmal die Jonier traf) entstand eine völlig neue Situation. Einmal lagen ab jetzt sakrales und weltliches Zentrum dicht nebeneinander, so daß letzteres auch aus topographischen Gründen zu einem *Ephesos* werden mußte; die wahre Ursache für die nun folgende Ausbildung des umfassenden Ortsnamens Ephesos ist jedoch in der „Anseilung“ zu sehen, durch die der Synoikismos vorgezeichnet wurde. Zum anderen war damit verbunden, daß die Stadt – ohnehin nicht länger mehr unter den Zeichen von Königen, Adeligen und Tyrannen stehend – als „Stadt der Ephesia“ sich neu

konstituierte und fortan auch nur noch allein unter deren ureigenstem Zeichen auftreten konnte. So führte man im Wappen nicht mehr irgendwelche Herrscher-Symbole, auch nicht mehr die lydische Löwenpranke, da Kroisos das Clan-Tier nun anscheinend nur noch für sich beanspruchte, sondern ausschließlich die *Biene*. Als ein früher Beleg dafür sind jene, nur noch blassestgoldenen bis silbernen, Elektron-
Abb. 7 Gepräge anzusehen, die zum ersten Male die Biene in Draufsicht führen.

Der genaue Standort dieses Ephesos ist bis heute unbekannt. Die Angabe Strabos: *um das Heiligtum herum*[40] darf nicht so verstanden werden, daß dieses von der Besiedlung ganz eingeschlossen worden wäre. Aus der damaligen Topographie ist immerhin abzuleiten, daß die Westseite nicht in Frage kam, da hier das Meer und der Heilige Hafen noch zu nahe lagen; auch die Südwestseite wird kaum verbaubar gewesen sein, grenzte sie doch an das Mündungsgebiet des Marnas. So bleiben, da man vom südlichen Ausläufer des Selçuker Burghügels absehen muß (heißt es doch bei Strabo ausdrücklich, daß man *heruntergezogen* sei), nur Nord- und Ostseite. Für ein wirklich geschlossenes Siedlungsgebiet wird sich dabei am ehesten die Ostseite geeignet haben. Und hier, mitten im ständig wachsenden modernen Selçuk, sind systematische Tiefgrabungen heute nicht mehr möglich.

Die einzigen Spuren, die wir von diesem frühen Ephesos besitzen, sind vermutlich die Toten, die in z.T. bemalten Ton-Sarkophagen aus dem 6. Jh. entlang der Prozessionsstraße beigesetzt wurden; von der kilometerlangen(?) Nekropole wurde ein Abschnitt unter dem römischen Obermarkt freigelegt, aber auch nahe dem Untermarkt (Agora) sind einzelne Grabhügel angetroffen worden. Von dreien der hier Bestatteten wissen wir sogar die Namen, die auf ihre Grabsteine geschrieben waren: So stammt von der oberen Nekropole das Mal der Priesterin Artemo, von etwas weiter unterhalb der Stein eines Samiers Pythagoras, des Sohnes eines Thales, und
Abb. 11 vom unteren Bezirk das *Mal* des Preychos[42].

III. 5. Der erste Großtempel. Eintragung in die Liste der Weltwunder

Der ältesten Kultbau, den Hogarth ergrub, wurde nach dem heutigen Stand der Forschung ab ca. 575 durch ein größeres Gebäude („C") ersetzt, wobei auch der berühmte *Artemision-Hort* offenbar als kultische Deponie unter die Erde kam: Seine Vergrabung wurde gerne mit dem Kimmerier-Angriff (s. III. 1) in Verbindung gebracht, doch hat ein Symposium im British Museum i. J. 1984 hier eine Klärung gebracht, indem festgestellt wurde, daß einzelne Fundobjekt bis in die ersten Jahrzehnte des 6. Jh.s reichen. Es wurde schon erwähnt, daß „C" dem Tyrannen Pythagoras zugeschrieben wird, doch wäre dies dann nur ein recht kurzlebiger Bau, da er wenig später dem nächsten („D") weichen mußte.

Als einen Anlaß für den Neubau könnte man die enorme Stiftung des Kroisos nach seiner Thronbesteigung ansehen, infolge der die Schatzkammer der Göttin schier überquoll. Kroisos hat dann in der Folge, vermutlich nach dem militärischen Abschluß seiner Reichsreform, auch dieses Bauunternehmen der Göttin unterstützt, wie Herodot und entsprechende Inschriftenfunde bezeugen: Aus Fragmenten ergibt sich, daß auf mehreren Säulen in griechischer und lydischer Sprache Kroisos als Stifter ausgewiesen war. Nach Herodot hat der König *goldene Rinder und die meisten Säulen* geweiht[43], was ein Hinweis darauf sein mag, daß der Stier schon damals eine Rolle im Kulte der Ephesia spielte (was auch die vielen Stierknochenfunde aus dem Altarbereich bezeugen [S. 39]). Abb. 12

Als Architekt des entstehenden Großbaues wird CHERSIPHRON aus Knossos genannt. Ein THEODOROS aus Samos soll den Rat gegeben haben, unter die Fundamente Kohle (und – nach Plinius – Tierfelle) zu legen[44], wohl eher ein mißverstandener Bezug zum Bauopfer. Der Tempel, der nach Plinius auf 117 (127) Säulen stand, wurde erst nach mehr als 100 Jahren fertiggestellt[44]. Aufgrund seiner Ausmaße (ca. 55 x 115 m, mit einer Säulenhöhe von fast 18 m!) und der architektonischen Ausschmückung, zu der vor allem mit Reliefs versehene Säulentrommeln gehörten (an denen sich Kroisos ebenso finanziell beteiligt hat), wurde er bald als ein großes Wunder gepriesen. Abb. 13

Was es in der damaligen Zeit bedeutete, ein solches Riesenwerk anzugehen, kann man sich insbesondere angesichts der gewaltigen technischen Anstrengungen, die nötig waren, heute gar nicht mehr vorstellen. Selbst die Alten (die ja um die Möglichkeiten bei solchen Werken wußten) konnten nicht begreifen, wie z. B. der große Architrav in schwindelnde Höhe hatte aufgezogen werden können, und erzählten sich deshalb, daß die Göttin selbst *in der Stille der Nacht* dabei Hand angelegt habe (Plinius[44]). Die Kosten für den Bau müssen – auch wenn sie nicht auf einmal aufgebracht werden mußten – gewaltig gewesen sein. Als Künstler, die während der Bauzeit für die Ausschmückung des Tempels engagiert wurden, werden RHOIKOS von Samos (der eine Bronzestatue der „Nyx“ schuf), ENDOIOS (der ein Kultbild der Artemis aus Olivenholz, also – noch immer in der uralten Tradition verharrend – ein *xóanon* fertigte), MYRON (der eine Statue des Apollo, Zwillingsbruders der Artemis, goß), PHEIDIAS, POLYKLET und KTESILAS (die je eine Amazone meißelten), MENTOR (der der Göttin etliches Silbergerät ziselierte) und ZEUXIS (der für Bildschmuck sorgte) genannt[45]. Diese eindrucksvolle Liste zeigt, daß man keine Kosten und Mühen scheute, von überallher Künstler herbeizurufen, und sich viele beeilten, der Göttin ihre Hommage zu bereiten.

Mit diesem neuen, solcherart aufs herrlichste ausgestatteten Tempel konnten Artemis, Priester und Asylon nun weithin noch besser für sich „werben“ und aller Welt demonstrieren, wie ausgezeichnet es um den Ort stand, und wie sicher all die Schätze ruhen mußten, die hier deponiert waren. Je reicher und großartiger das Artemision sich nach außen darstellte, umso mehr Leute ließen sich zu Dedikationen und Depositen anlocken.

III. 6. Die neue Verfassung. Demokratische Dämmerung

Pindaros hatte vor seinem Abgang seinen Sohn und den Großteil seines Vermögens der Stadt anvertraut und als seinen Repräsentanten einen Vertrauten namens PASIKLES ernannt, der jedoch bald ermordet wurde[46]. Offenbar gab es jetzt Machtkämpfe um das entstandene Obrigkeits-Vakuum. In der Folge wurde vielleicht deshalb aus Athen – vermutlich auf Veranlassung des Kroisos, mit dem ja Solon in Kontakt getreten war – ein *aisymnétes* „Schiedsrichter" gerufen, der mit Sondervollmachten ausgestattet wurde. Dieser ARISTARCHOS, der auf fünf Jahre für Ephesos – nomen est omen – wohl ein „trefflicher Führer" wurde[47], schaffte hier die Voraussetzungen für eine demokratische Verfassung, wobei es in erster Linie um die Neuordnung der Bürgerverbände ging. So dürfte die Phylen-Einteilung, wie sie in den Bürgerrechtsdekreten des 4. Jh. v. Chr. entgegentritt, auf ihn zurückgehen: Ab nun waren die altjonischen Stämme in der Phyle der *Ephesioi* zusammengefaßt, später zugezogene Gruppen, wie Teier und Karener (S. 25), in weiteren Phylen. Deren Unterteilung in je 6 Tausenderschaften ergibt, daß bis um 400 (als es 5 Phylen gab) 30.000 ephesische Bürger demokratisch organisiert waren.

So viele werden es um die Mitte des 6. Jh. s noch nicht gewesen sein. Andererseits müssen sich in der Stadt, die jetzt am Artemision sicher rasch wuchs, viele Tausend Menschen getummelt haben, darunter besonders Lyder. An öffentlichen Einrichtungen, die nötig wurden, können *bouleutérion* „Rathaus", *prytaneíon* mit dem Heiligen Feuer, *gymnásion* (Sport- und Badeanlage) sowie *agorá* (Markt- und Versammlungsplatz) nicht gefehlt haben. Da wir diese archaische Stadt zumindest auf lange Sicht nicht werden ausgraben können, entgehen heute der Forschung mit Gewißheit überaus wichtige Evidenzen, bleiben wir auf Vermutungen beschränkt.

III. 7. Das Ende großer Pläne. Asien übernimmt

Es fragt sich, ob Kroisos sein Reich nicht zerstört hätte, wenn er den Halys nicht überschritten hätte. Denn auf der Ostseite dieses Grenzflusses (der Asien von „Europa" trennte) begann das gewaltige Imperium des Achaimeniden KYROS II., der wohl in jedem Falle Lydien angegriffen hätte. Es ist daher viel eher zu vermuten, daß Kroisos dem zuvorkommen wollte. Aber obwohl er keineswegs unvorbereitet loszog (worauf schon seine Befragung des Orakels weist) und auch seine Bundesgenossen alarmiert hatte, vollzog sich sein Untergang und damit der des Lyderreiches mit unglaublicher Schnelligkeit, so daß ihm niemand mehr zu Hilfe kommen konnte: Kyros hatte also selbst schon längst gerüstet. Sardes fiel i. J. 547, und Kroisos wurde gefangengenommen. Und jetzt zogen die Perser gegen die jonischen Städte, die der Aufforderung des Großkönigs, von Kroisos abzufallen, allesamt nicht nachgekommen waren.

In diesem Zusammenhang wird allerdings Ephesos von Ephoros von Kyme (um 400 v. Chr.) unrühmlich genannt: Ein gewisser EURYBATOS („Herold") habe das Geld, das er von Kroisos zur Anwerbung eines Heeres erhalten hatte, veruntreut und dem Kyros übergeben; seither sei sein Name ein Synonym für Missetäter[48]. Vermutlich wurde diesem Griechen, dessen Name eher einen Funktionär (der „Bank von Asien") anzeigt, aber Unrecht getan, der wohl gar nicht mehr dazukam, seinen Auftrag zu erfüllen, und – anstatt sich mit dem Gelde abzusetzen – dieses dem Rechtsnachfolger des Lyderkönigs aushändigte.

Die Jonier wollten sich nun dem Kyros wie zuvor dem Kroisos vasallisch unterwerfen: Vielleicht war das der historische Hintergrund der Aktion des Eurybatos, und Ephesos hier sogar federführend. Der Perser jedoch akzeptierte den Vorschlag nicht, und die Griechen begannen, ihre Städte zu ummauern[49], die ja seit Kroisos unbefestigt waren. Eine diplomatische Intervention Spartas und Schwierigkeiten der Perser im Osten verschafften den Küstenstädten einen gewissen Zeitgewinn, doch dann wurden sie alle (bis auf das bereits verbündete Milet) von dem medischen General HARPAGOS eingenommen, der mittels Erdwällen über die Mauern drang[50]. So zog auch in Ephesos eine persische Besatzung ein, womit die Stadt für eine sehr lange Zeit quasi asiatisch wurde.

IV. Die Perserzeit

IV. 1. Neuauflage der Tyrannis. Die Perser richten sich ein

In Kleinasien wurden bald vier *Satrapien* („Landesbeschützer-Bezirke") eingerichtet, von denen eine die Jonier umfaßte. Als Hauptstadt des Westens fungierte weiterhin Sardes. Das persische Verwaltungssystem beruhte auf einer zentrifugalen Macht des Satrapen, der über die Garnisonen und Steuereinnehmer gebot sowie die in den Städten neu eingesetzten Tyrannen. Deren Namen zeigen, daß man sich dabei auch einheimischer Griechen bediente. Für Ephesos werden genannt KOMAS („der Langhaarige") und ATHENAGORAS[51], von denen der erstere vielleicht doch nicht Grieche war, sondern wegen seiner Haartracht eher Perser (oder ä.)[52]. Immerhin lehrt das Beispiel des HIPPONAX, daß es in dieser zweiten Tyrannenzeit zur Vertreibung ephesischer Bürger kam (S. 42): Der Dichter, eindeutig Grieche und dennoch Kenner der lydischen Sprache, ist wohl der typische Vertreter der graecolydischen Schicht im damaligen Ephesos, der die neue Obrigkeit vermutlich wenig Sympathie entgegenbrachte, obwohl Hipponax nur eine Ausnahme sein mag.

Im Rahmen der Reichsgliederung des DARIUS I. (522–486) hatte die Satrapie, zu der die Jonier gehörten, jährlich eine Steuersumme von 400 Silber-Talenten aufzubringen: Nach Herodots Angabe belief sich das auf 12 Tonnen Silbers[53]. In dieser Summe war auch der ephesische Beitrag enthalten, der – angesichts der Größe der Küsten-Satrapie – nur ein paar hundert Kilogramm ausmachen konnte; die Last war daher gewiß nicht allzu drückend.

Die spätere Entwicklung verrät, daß man in Ephesos so wie vorher pro-lydisch bald auch pro-persisch eingestellt war. Insgesamt mag das Phänomen der „Xenophilie" nicht nur mit dem beißenden Wort des Pausanias zu erklären sein, wonach die Jonier *beide Seiten der Mauer verputzten und den Mächtigen hofierten*[54], also ständig lavierten, sondern wohl vor allem aus der internationalen Öffnung des Artemisions; und gerade die Priester der Ephesia mit ihrem großen Einfluß in der Stadt werden stets darauf bedacht gewesen sein, daß man mit aller Welt gut Freund war – und mit denen, die gerade das Heft in der Hand hatten, noch intimer ...

IV. 2. Veränderungen im Tempel. Persische Überschichtung

Wenn es auch etliche – obgleich keineswegs erschöpfende – Nachrichten über das Kultpersonal im Artemision gibt, ist es fast unmöglich, dessen ältestes Kollegium zu identifizieren. Am ehesten könnten noch die *Kureten*, die in der Geburtslegende der Artemis eine Rolle spielen, in die Frühzeit zurückreichen: Da sie mit ihrem Gelärme die Schreie der kreißenden Leto und dann ihrer Zwillinge übertönten und vor Hera verbargen, wie sie es auch bei der Geburt des idäischen Zeus getan hatten, dürften sie auf einer sehr alten Schicht beruhen (S. 17); außerdem ist dieser Mythenkomplex eng mit Bienen verbunden, so daß der lärmende Tanz der Kureten wohl für das bedrohliche Summen eines Bienenschwarmes stand. Ihr Name hängt anscheinend mit dem griechischen Wort *koúros* zusammen, was sie als einen „Jünglingsbund" ausweist, der in der Begleitung mehrerer Gottheiten auftrat. So sehr sie in der Mythologie einen bedeutenden Platz hatten, so wenig können sie als reales Kollegium in der Frühzeit des Ephesia-Kultes erfaßt werden, wo sie erst im Hellenismus entgegentreten. Bis dahin figurierten sie also offenbar bloß im Mythos, wenn es auch vorstellbar wäre, daß sie auf eine androklidische „Schutztruppe" des Heiligtums zurückgehen, die dann in Anlehnung an die Leto-Legende mythologisiert wurde.

Altjonisches könnte auch hinter dem *basileús* (Priester-König) stecken, welches Tempelamt – wenn schon nicht von Anbeginn vorhanden – als letzter Rest des (ja auch mit religiösen Funktionen versehenen [S. 24]) frühen Königtums eine zeitlang überlebt haben dürfte (S. 42).

Ganz sicher erst ab dem späteren 6. Jh. möglich ist das Eunuchenamt des *Megábyzos*, das – da es sich dabei um einen persischen Namen handelt: *bagabuxsa* „der von Gott Erlöste" – nur im Zusammenhang mit der achaimenidischen Okkupation zu sehen ist. Ob es auf einen historischen Perser (also den effektiven Personennamen) oder den sakralen Begriffsinhalt zurückgeht, ist nicht mehr zu eruieren, für das griechische Ohr signalisierte das Wort jedenfalls den *Oberpriester* (*mégas* „groß" + *byzos* „voll"). Zu den Aufgaben des Megabyzos gehörte, wie wir von Xenophon zum Jahre 401 erfahren, die treuhänderische Verwaltung anvertrauten Gutes (S. 55); da er in diesem Zusammenhang aber als *neokóros*, als „Tempelfeger" = Tempelhüter (welcher vor allem für das römerzeitliche Ephesos so wichtige Begriff hier zum ersten Male auftaucht) der Artemis bezeichnet wird und als *theôros*, d. h. als der offizielle ephesische Festgesandte in Olympia in Erscheinung tritt, war er ganz sicher nicht bloß ein Sachwalter und „Ober-Bankier", sondern anfänglich vielmehr die neue höchste Instanz im Artemision. Nun gehört der Bagabuxsa eindeutig in den Bereich des altpersischen Licht- und Erlösergottes *Mithras*, der mit der Tötung des Mondstieres zum Schöpfer und Erretter wird. Das scheint zu bedeuten, daß iranische Religion in Ephesos eindrang und sich sogar prominent einnistete. Abb. 9

Abb. 9

Tatsächlich mögen Mithras-Priester im Gefolge der Ausbreitung der Anahita (Anaitis), die als *Artemis Tauropolos* („Stiertummlerin") identifiziert wurde, nach Ephesos zugezogen sein. Auf jeden Fall hätte das zu einem besonderen Stellenwert des *Stieropfers* im Artemision (s. schon III. 5) führen müssen: Und dazu würde denn die Deutung der sog. Brüste auf den Kultbildern der Ephesia durch G. Seiterle bestens passen, der diese als gegerbte *Stierhoden* ansieht, die nach einem Opfer an der Statue befestigt worden seien – als eine mythische Befruchtung der Göttin(!)[55]. Vielleicht waren dafür die *taureastaí* („Stiervernichterinnen"?) zuständig, die in *taurokatapsíai* („Stier-Anknüpfungen" oder *„-Behängungen"*) agierten. Nach Amerias (2./1. Jh. v. Chr.?) hießen die jugendlichen Weinschenken beim ephesischen Poseidon-Fest *taúroi* „Stiere", was neuerlich an Mithras, d. h. an den Stierblut-*Hoama*wein in dessen Kult erinnert[56]. Abb. 10

V. Die ersten großen Ephesier

Die Größe eines Menschen wird durch seine Hinterlassenschaft und die Tatsache reflektiert, daß die Nachwelt diese in irgendeiner Weise bewahrt hat und sogar buchstäblich Notiz davon nimmt. Handelt es sich um literarische Persönlichkeiten, können selbst Jahrtausende später wir uns noch ein – wenngleich oft bloß fragmentarisches, aber doch auch mittelbares – Bild machen von ihrem Wesen, ihren Zielen und Ideen sowie auch vielleicht ihrem Umfeld.

Ephesos besaß drei solcher Männer.

V. 1. Kallinos. Kriegselegien

Einer der ältesten griechischen Dichter, die wir überhaupt kennen, war der Ephesier KALLINOS, der im 7. Jh. die ersten *Elegien* verfaßte, die überliefert sind. Freilich sind es nur drei Fragmente, die erhalten geblieben sind, aber sie führen deutlich geradezu Handgreifliches vor Augen. Sind Sprache und Glaube auch noch stark homerisch, ist der Krieg – nur von solchem handeln die Verse – ein anderer geworden: Nicht mehr der adelige Einzelkämpfer wird verherrlicht, sondern eine ganze Gruppe zum hehren Kampfe gegen die Angreifer angefeuert – im einen Fall die Bewohner des ephesischen Smyrna, im anderen die Jünglinge (von Koressos?)[57].

Obgleich Kallinos nicht verrät, gegen wen die Jugend die Waffen ergreifen und dadurch Ruhm vor dem Volke erlangen soll, geht aus Frg. 3 hervor, daß es um die Kimmerier ging, vor deren Gewalttätigkeit er warnte[58]. Immerhin hatte ja Lygdamis angekündigt, das Artemision zu plündern (S. 29). Des Dichters Kriegsruf scheint jedoch eher einen Ort zu meinen, wo man sich (noch) sicher fühlte.

> *Wie lange wollt Ihr noch müßig ruhen? Wann faßt Ihr wehrhaften Mut Ihr Jungen? Schämt Ihr Euch nicht vor den Nachbarn, da Ihr so sehr säumt? Im Frieden wähnt Ihr zu sein, indes der Krieg die ganze Welt umfaßt.*

Er ermahnt sie, für Kinder und Frauen den Feind zu bekämpfen; ein jeder solle die Lanze hochhalten und unter dem Schild seinen Kampfesmut sammeln für das Handgemenge. Das klingt ganz nach geschlossener Formation, nach Hopliten-Kontingenten. So mag Kallinos nicht nur ein Zeuge der neuen Zeit gewesen sein, da die Freien selbst ihr Kriegsschicksal in die Hand zu nehmen begannen, sondern vielleicht auch jenes Tages, an dem koressitische Gepanzerte die kimmerischen Reiter vor dem Artemision aufspießten (vgl. S. 29).

V. 2. Hipponax. Der lamentierende Sarkast

Etwa hundert Jahre nach Kallinos lebte in Ephesos ein weiterer Dichter, der zu den Großen der griechischen Poesie gezählt werden darf: HIPPONAX, seinem Namen „Roßführer“ nach von adeligem Stamme, in seinen Versen aber derb und direkt, heftig und leidend, deftig und drohend. Er galt als „Erfinder“ der *Chol-Iambus* oder *skázon*, des Hink-Jambus, der am Versende seinen gleichmäßigen Rhythmus verliert und dadurch die Aufmerksamkeit der Zuhörer ständig wachhält. Solch Maß war geeignet, Satirisches, Parodistisches und beißenden Spott zu transportieren, was alles aus den rund 80 erhaltenen Fragmenten unübersehbar hervorsticht. Man erzählte sich von Hipponax, der physisch behindert und häßlich gewesen sein soll, daß er die Bildhauer-Brüder BOUPALOS und ANTHERMOS aus Chios, die eine entsprechend drastische Statue von ihm anfertigten, derart mit boshaften Gedichten verfolgt habe, daß sie sich *aufhängten*![59] Da eine ähnliche Wirkung auch den Jamben des großen Archilochos nachgesagt wurde, handelt es sich hier um einen Topos, umso mehr als die Aufforderung zum Suizid – allerdings als Buße – sogar von Herakleitos explizit ausgesprochen wurde (S. 44); und Plinius hat auch schon nicht an den Selbstmord der beiden Bildhauer geglaubt. Vermutlich war eine solche Aufforderung Ausdruck eines höhnischen Angriffes auf das „homerische“ Ethos der Herrschenden und Adeligen, für die der heroische Kampf zumindest im Lippenbekenntnis das höchste bedeutete, und die sich bestenfalls ins Schwert stürzten. Die Dichter werden ihre Gegner also nur symbolisch durch ihre Verse zur Autoktonie eingeladen haben, ohne daß ihnen – wie auch dem Herakleitos – irgend jemand den Gefallen tat.

Des Hipponax Mißbildung dürfte ebenfalls ein anekdotisches Mißverständnis sein, das das Hinken seiner Verse auf ihn selbst übertrug: Man könnte sich leicht vorstellen, daß sein Spott ihm selbst den Spottnamen *Skázon* „Hinker“ einbrachte. Freilich hat er nicht nur ausgeteilt, in vielen seiner Gedichte jammert er bloß über sein leidiges Schicksal, das ihm *weder dreißig Silber-Minen noch einen Pelzmantel oder Pelzschuhe, ja nicht einmal einen Scheffel Gerste für sein Bier* zukommen ließ. So wandte er sich an den Gott der Diebe:

Hermés, lieb' Hérmes, Maías Kínd, Kyllénaier,
ích fléh dich án, denn ích muß fürchterlích fríeren.[60]

Daß Hipponax noch der koressischen Zeit mit ihrer lydischen Dominanz angehörte, zeigt seine Sprache, die voller Lydismen ist. Schon aus diesem Grunde entstammte er eher einem besseren Hause (vgl. S. 30), muß aber bald verarmt sein, weshalb er sich auch nur die arme ARETE als Feundin leisten konnte: Vermutlich war es diese, die *hinter der Stadt in Smyrna zwischen Trecheia und Lepre Akte wohnte*[61] (mit diesem „rauhen Gestade“ kann nur der Bülbül dağı gemeint sein, der damals noch als Landspitze gelten konnte), also hinter der Koressos-Akropolis. Dies ist die älteste topographische Angabe zum ephesischen Raum, die sich bei dem lamentierenden Dichter wohl nur deshalb findet, um seine ärmliche Situation zu unterstreichen, die ihn einen weiten Weg von der Artemision-Stadt zu gehen zwang, um Liebe zu finden.

Nachdem die Perser Ephesos eingenomen hatten, wurde Hipponax von den neu installierten Tyrannen (s. IV. 1) vertrieben: Dies hatte wohl kaum etwas mit den vielen verbalen Hieben zu tun, mit denen er um sich geschlagen hatte, sondern eher damit, daß er als Anhänger der lydischen Lobby gelten mochte (die jetzt vielleicht scheel angesehen wurde). Jedenfalls ging er nach Klazomenai ins Exil, wo er gewiß weiterklagte. Dies geht schon daraus hervor, daß ihm das Grabepigramm des Alkaios von Messene (um 200 v. Chr.) sein Lamento sogar über den Tod hinaus attestierte:

> *Aber wenn einer am Grab des Hipponax wieder vorbeigeht,*
> *wünsch' er dem Toten laut, daß er in Frieden nun schlaf'.*[62]

Hipponax ist der zweite und letzte Poet von Rang aus Ephesos, einer Stadt, die in der Folge auf Lyrik ebensowenig gab wie im Grunde auch auf Philosophie und alle Wahrheiten, die ungeschminkt sind.

V. 3. Herakleitos. Der ephesische Schatten der Philosophie

Der größte Sohn der Stadt war ebenfalls aus aristokratischem Geschlecht gebürtig, und zwar offensichtlich aus einem altehrwürdigen, in dem das Priesteramt des Basileus (S. 39) erblich war. Aber HERAKLEITOS („der große Held"), Sohn des Bloson, soll diese Würde an seinen Bruder abgetreten haben. Diese sowie die anderen spärlichen biographischen Angaben sind freilich nicht unbedingt authentisch: So habe Herakleitos den Tyrannen (Melan)Komas zur Demission aufgefordert und eine Einladung durch Darius brüsk abgelehnt; er soll sich in die Berge zurückgezogen haben, wo er sich als der erste Eremit von Gras ernährt habe; schließlich soll er auf einem Misthaufen gestorben sein, von dem er sich Heilung seiner Wassersucht erhofft habe, – eine zoroastrische Vorstellung, die Herakleitos in das persische Umfeld zu rücken scheint.

Bis auf die Herkunft wird all das von der Besonderheit seiner Sentenzen und Aphorismen inspiriert worden sein, die schon seine Zeitgenossen kaum richtig verstanden haben dürften, waren seine Worte doch oft in geradezu abgehackter und überscharf pointierter Sprache geschrieben (wenn das nicht bloß ein Effekt des Überlieferungszustandes ist). Dazu kam, daß die Tradierung nicht geschlossen erfolgte, und die heute erhaltenen 135 Fragmente (tatsächlich sind es vielfach nur monolithe Sätze) willkürlich, d. h. als anlaßbezogene Sinnsprüche festgehalten wurden.

Unverstand der wahren Aussagen Herakleitos' brachtem ihm in der Folge den Beinamen *Skoteinós*, „der Dunkle", ein. Und selbst moderne Analysen differieren stark in der Auslegung seines Œvres. Dies hat schon mit Platon begonnen, der die Lehre des Ephesiers unter dem Begriff des *pánta rheî*, des „Alles fließt", zusammenfaßte[63] und damit einem Wort zu größter Berühmtheit verhalf, das gar nicht von Herakleitos stammt. Wenn es wahr ist, daß der Philosoph sein *biblíon* („Buch"), also die Rolle, in die er seine Erkenntnisse geschrieben hatte, im Artemision niederlegte und damit der Göttin anvertraute[64], kann er kein weltfremder Spinner oder jemand gewesen sein, der l'art pour l'art betrieb: Dann abgesehen davon, daß das Werk im Heiligtum sicher verwahrt war, enthielt es offensichtlich genügend Bezüge zur ephesischen Realität. Herakleitos verzichtete auf einen Titel, weshalb sein Buch später u. a. mit der Überschrift *perì phýseos*, „Über die Natur" (was im Grunde ein weiteres Mißverständnis widerspiegelt) versehen wurde; eher paßt darauf der Begriff des *lógos*, welches Wort bei Herakleitos häufig vorkommt und einen fast grenzenlosen Bedeutungsumfang besitzt: „Lehre, Lehrsatz, Werk, Schrift, Rechenschaft, Definition, Vernunft, Sammlung, Logik, Weltgeist, Gottheit" usw.

Herakleitos' Ausgangspunkt dürfte sein, daß er die bestehenden poetisch-philosophischen Traditionen ablehnte und sich über Homer und Hesiod mokierte (Frg. 40–42, 57, 105–6), vor allem aber auch gegen seine „Kollegen in der jonischen Naturphilosophie" polemisierte: Pythagoras von Samos, Xenophanes von Kolophon und Hekataios von Milet (Frg. 40–1, 81, 129). Er verzichtete auf alle Vorbilder und schöpfte allein aus sich selbst: *Ich habe mich selbst* (wie ein Orakel) *erforscht* (Frg. 101). So hatte er auch keinen Anteil an der damaligen „Mode" des Suchens nach dem Urstoff (wie diesen z. B. Thales von Milet im Wasser fand), obwohl man lesen kann, daß Herakleitos ihn im Feuer gesehen habe[65]: In Wahrheit symbolisierte letzteres für ihn den Inbegriff seiner Erkenntnis von der Wandelbarkeit der Dinge, dem flakkernden Wechsel vom Werden und Vergehen, der aus den Spannungen und Gegensätzen resultierte (Frg. 30–1). Hinter der Beständigkeit der wechselnden Kontraste manifestierte sich ihm die Gottheit, die Weltvernunft, der Logos. Trotzdem weit entfernt von einem echten Monotheismus, hat Herakleitos damit nur dem Urgrund, der kosmischen Seele Ausdruck verliehen, die hinter allem steckt. Freilich hat er deshalb die alten Götter nicht geleugnet, auf die er allerdings gar nicht eingegangen zu sein scheint: Er verurteilte hier nur die götzendienerische Art, in der die Kulte betrieben wurden (Frg. 5, 14–5), d. h. also gewiß auch in Ephesos. Von theologischen Ansätzen kann bei ihm auch keine Rede sein, obwohl gerade der berühmteste seiner verbürgten Sätze – *pólemos pántōn patḗr* „der Krieg ist der Urheber aller Dinge" (Frg. 53, 80) – fast nach einem solchen klingt:

Da Herakleitos zwar in keiner sehr friedlichen Zeit, aber auch nicht mitten im Kriege lebte (die persische Besatzung sorgte ja schließlich für Ruhe und Ordnung), ist das Bild vom „Allgemeingut" Krieg, der für die einen Negatives, für die anderen aber Positives schafft, nur die beste *Parabel* von der Relativität des Seins; von Kampf zu Kampf wogt das Schicksal hin und her, nie gleich und doch stets im gleichen Rhythmus. Und aus Streit entsteht schließlich das Recht, das die Menschen sich erkämpfen. Die optimale Formel, mit der der Ephesier seine Schau vom ständigen Wechsel und dem Kontrast zwischen Ort und Zeit verständlich zu machen suchte, ist schließlich in den dreimal variierten Satz gegossen, daß man *nicht zweimal in den gleichen Fluß steigen* könne (Frg. 12, 49 a); nicht nur fließt das Wasser ununterbrochen weiter, so daß es an einem Punkte niemals gleich bleibt, sondern es wechselt auch andauernd die Form; bleiben Fluß und Wasser als solche auch gleich, ziehen sie doch unaufhörlich dahin – wogend wie Kampf und Feuer.

Des Herakleitos' wichtigste Gedanken aber kreisten um das Feuer, das ihn Transzendentales erkennen ließ: als Urkraft göttlicher Natur sah es es im Besitze von „Logik" und als Teil der menschlichen Seele (Frg. 64 a, 65 76, 84 a, 90). Daß der Kosmos sich aus dem Feuer entwickelt habe, entspräche noch dem Denkschema der zeitgenössischen Naturphilosophie (ganz abgesehen davon, daß dies den heutigen naturwissenschaftlichen Erkenntnissen sehr nahe kommt); daß er aber von diesem immer wieder verschlungen werde, ja daß Feuer ein „eschatologisches" Gerichtselement sei (Frg. 66), läßt Herakleitos weit aus seiner Zeit heraustreten und den „Dunklen" wie einen Kometen am schwarzen Himmel archaischer Gottvorstellungen aufleuchten. Und 600 Jahre nach ihm sah ein anderer „Ephesier" das Straffeuer des Jüngsten Gerichts das Übel verzehren (s. X. 4. a) – eine freilich auch sonst belegte Version, für deren besonderen Ausdruck die Kenntnis der herakleitischen Sätze aber zusätzlicher Anreiz gewesen sein mögen. Herakleitos war jedenfalls für christliche Denker akzeptabel (z. B. Klemens von Alexandreia), denen z.T. auch die Bewahrung des Restes seines Werkes mitzuverdanken ist.

Die Niederlegung der Logos-Rolle im Tempel bedeutete, daß die Priester sie verwalteten und die Einsichtnahme kontrollierten. Über die Göttin kann sie nichts Negatives enthalten haben (Herakleitos hat sich mit ihr ja wohl auch kaum beschäftigt), jedoch barg sie herbe Kritik an den Ephesiern. Was davon bekannt wurde, mag auf einer Auswahl durch die Priester beruhen, die natürlich daran interessiert waren, daß die Wirkung nicht in den Tempel zurückgetragen werde. Doch aus den beiden erhaltenen diesbezüglichen Sätzen läßt sich eine Mitschuld des heiligen Betriebes an der monierten Situation nur zu leicht ableiten: Herakleitos forderte nämlich die *waffenfähigen Ephesier* auf, *sich aufzuhängen* (vgl. S. 41) *und den Jugendlichen die Stadt zu überlassen* (letzteres ein Gedanke, der erst kürzlich in einem deutschen Protestlied aufgegriffen wurde), da sie den tüchtigsten unter ihnen, Hermodoros, verjagt hatten, in der erklärten Absicht, *daß niemand aus ihrer Masse herausragen solle, und wenn schon, dann anderswo und bei anderen* (Frg. 121). (Dieser Hermodoros soll nach Cicero anschließend i. J. 450/1 in Rom bei der Übersetzung der aus Griechenland stammenden Gesetze für den ursprünglichen Zehn-Tafel-Kodex mitgewirkt haben[66], was chronologisch gerade noch möglich wäre, jedoch sicher bloße Legende zum Zwecke größerer Authentizität ist; wahrscheinlich wußte man von Hermodoros durch Herakleitos, aber es mag immerhin als Reverenz – am ehesten der Artemis Ephesia gegenüber – gelten, daß man ihn einbezog.) Hinter dem herakleitischen Vorwurf wird ein großstädtischer Jahrmarkt der Eitelkeiten sichtbar, tritt Ephesos als Tummelplatz der Mediocrität hervor, wo eine dumpfe Masse das Sagen hatte, sogenannte Demokraten eben, mit denen Herakleitos nicht viel im Sinn hatte.

Noch sarkastischer ist der andere Satz, da er den Ephesiern wünscht, daß ihnen *der Reichtum nie ausgehen möge, damit nicht ruchbar werde, wie verkommen ihr seid* (Frg. 125 a). Die Stadt erfreute sich also großer Wohlhabenheit, die natürlich im Artemision als einem Pilger-Magneten und im Hafenbetrieb begründet lag, der die allgemeine Prosperität förderte. Dazu war jüngst eine neue Quelle gekommen, nämlich persisches Geld: Wenn es hier reichlich floß, so bedeutet dies, daß sich die Ephesier mit den neuen Herren arrangiert haben müssen (s. IV. 1). Vielleicht bezieht sich Herakleitos' Eigenschaftswort für die Ephesier: *ponēroí,* dessen Bedeutung von „schlau" bis „schurkisch" reicht, sogar auf diese Tatsache, aber in erster Linie wird er den herrschenden Materialismus und den damit verbundenen sittlichen Niedergang angeprangert haben.

Nach der Überlieferung soll Herakleitos sich geweigert haben, Ephesos neue Gesetze zu schaffen. Im herkömmlichen Sinne kann derartiges für ihn nie in Frage gekommen sein, da er die Grundlage im göttlichen Gesetze sah, das den menschlichen die *Nahrung* gebe (Frg. 114). Ihm ging es um die *natürliche Vernunft,* aus der die Weisheit entstehe (Frg. 112). Das schien ihm durch die damalige „demokratische" Verfassung unter „fremden" Tyrannen, wo *die Masse wie gemästetes Vieh* war (Frg. 29), wohl auch unerreichbar.

Insgesamt muß Herakleitos seinen Mitmenschen unverständlich (und das ist gewiß die richtige Bedeutung seines Beinamens Skoteinos) gewesen sein, als jemand, der nirgendwo mitmachte und keinen Anteil heischte am Füllhorn, nicht Lieb-Kind und Genosse sein wollte und sich letztendlich doch mit keinem ernstlich anlegte. So hat man ihn denn auch nicht verjagt, und er ist vermutlich friedlich um 480 in Ephesos gestorben. Nur Athenagoras verzeichnete um 177 n. Chr., daß Herakleitos aus Ephesos vertrieben worden sei[67], was jedoch von ihm für seine Apologie der Christen als Parade-Exempel erfunden wurde. Aus einem Epigramm des Meleagros könnte man allerdings herauslesen, daß die Schlußworte (es handelt sich um einen Dialog mit dem Toten) *Doch Gruß Dir aus Deiner Vaterstadt Ephesos*[68] auf eine Ruhestätte in der Ferne deute (aber das Grab lag eben wohl etliche Kilometer von der Stadt entfernt an der Prozessionsstraße [S. 34]). Vielleicht hat sein Grabstein auch einen Hinweis auf seine Kritik an den Zeitgenossen enthalten, was 300 Jahre später bei Meleagros mit *Fremder, ich habe die törichten Männer von Asien getreten / und auch verbellt* erschien.

VI. Ephesos' unrühmlichster Tag

Wenn sich sowohl an der Spitze der Stadtregierung als auch der Priesterschaft die persische Lobby einnistete, kann kein Zweifel daran bestehen, daß sie sich auch in der Bevölkerung ausbreitete. Jonische und spezifisch ephesische Liebedienerei (s. IV. 1) paarte sich mit persischem Gold, und beide ließen das Joch recht erträglich scheinen. Da wir weder darüber direkte Nachrichten noch irgendeine entsprechende archäologische Evidenz besitzen, schiene z. B. die Münzprägung nach Anhaltspunkten durchsuchbar: Tatsächlich gibt es hier im Rahmen der Silberprägung, die zunächst allein die Biene (s. III. 4) ohne Rückseitenbild zeigte, eine Kleinnominal-Serie, die deshalb auffällt, da auf der Rückseite ein *Adlerkopf* eingeprägt ist: Dieser wurde daher den Persern zugesprochen (F. Imhoof-Blumer), bei denen der „König der Vögel" in Religion (Ahura Mazda) und achaimenidischer Königssymbolik große Bedeutung hatte – schließlich war der Adler Patron des Reichsgründers und deshalb Heereszeichen. Auf den ephesischen Münzen zeigte er also die persische Oberhoheit an, anscheinend aber nur in kleineren (auf die Tyrannen beschränkten?) Emissionen, da gleichzeitig umfangreichere Prägungen ohne Adler vorgenommen wurden.

Ephesos war nach außen kaum als „Perserstadt" zu erkennen, und wenn, so konnte es immer auf sein Asylon verweisen, das für alle offenstand. Für die übrigen Griechen war es vor allem weiterhin Mitglied der *Dodekapolis*, des Zwölf-Städtebundes, der im 7. Jh. als *amphyktionís* (Nachbarnbund) sich gebildet und nach der Katastrophe des Kroisos versucht hatte, Sparta gegen Kyros zu mobilisieren. Dieser Bund wurde neuerlich aktiv, nachdem die bis dahin eifrigen Parteigänger des Darius, Histiaios und sein Schwiegersohn Aristagoras, beides Tyrannen von Milet, einen Aufstand gegen die Perser angezettelt hatten, in dessen Verlauf Sardes im Jahr 499 niedergebrannt wurde. Immerhin ließen die Ephesier die athenisch-jonische Flotille vor dem Angriff auf die Zentrale der Satrapie *im koressischen Hafen vor Anker* gehen und stellten *Führer* für den Übergang über den Tmolos ab[69], wodurch sie sich ja wohl kaum exponierten, traten aber kurz darauf offenbar gar nicht in Erscheinung, als es zwischen den rückziehenden Griechen und verfolgenden Persern *vor der Stadt* zu einer Schlacht mit katastrophalem Ausgang für die Jonier kam[70].

Der Umstand, daß die Schiffe nicht im Heiligen Hafen, also im Asylbereich des Heiligtums, sondern weiter draußen (wohl in der kleinen Bucht an der Nordseite der ehemaligen Koressos-Akropolis) anlegen durften, könnte als Hinweis auf die wahre Einstellung der Ephesier gewertet werden, die sich auf nichts politisch Gefährliches einlassen wollten. Es ereilte sie darum auch keine persische Strafe.

497 beschloß man in Jonien die gemeinsame Entsendung einer Flotte nach Zypern (die dann auch das dortige phönikische Kontingent besiegte), jedoch scheint es seitens der Ephesier zu keiner tatsächlichen Teilnahme gekommen zu sein, da sie in der Liste fehlen[71].

Der Aufstand ging i. J. 494 in der unglücklichen Seeschlacht bei der Insel Lade vor Milet blutig unter, Milet wurde zerstört. Wieder war Ephesos nicht dabei, da es in Herodots Aufzählung der Teilnehmer nicht figuriert[72]. Dafür lud es nach der Schlacht eine schreckliche Blutschuld auf sich: Die Mannschaften seeuntüchtig gewordener chiischer Schiffe hatten sich zur Mykale gerettet und zogen nachts Richtung Ephesos, wo die Frauen gerade das *Thesmophoriai*-Fest zu Ehren der Demeter feierten; demnach war es Spätherbst, und die Ephesierinnen nach dem Brauch ohne jegliche männliche Begleitung irgendwo draußen vor der Stadt. Als plötzlich die erschöpften Chier auftauchten, mag das wirklich – wie es Herodot erzählt – zum Großalarm für die ephesischen Wachmannschaften und, angesichts der durch das vorangegangene Fasten womöglich noch hysterischeren Frauen, einem Massaker an den Eindringlingen geführt haben[73]. Natürlich war man in Ephesos in jenen Tagen sehr nervös (was gewiß auch von einem schlechten Gewissen herrührte ...), so daß die Ausrükkenden blindlings überreagierten und sich ohne lange zu fragen voll plötzlicher Kriegswut auf den gelähmten vermeintlichen Feind warfen. Trotz der – aus griechischer Sicht – gewiß verräterischen ephesischen Rolle während der Revolte sollte nicht angenommen werden, daß es sich um einen geplanten Hinterhalt gehandelt habe, um die Helden von Lade den Persern zuliebe abzuschlachten. Das hätte auch gar nicht zum lavierenden Verhalten der Stadt gepaßt. Und Herodots entschuldigender Bericht dürfte anzeigen, daß man die Tragödie allgemein richtig einzuschätzen wußte.

VII. Die Klassische Zeit

Als eine Konsequenz aus der überregionalen Erhebung entschloß sich Darius schon 492 zu einem Balkan-Feldzug, der 490 bei Marathon gestoppt wurde. Zehn Jahre später nahm sein Sohn XERXES nach Vorbereitungen an Hellespont und Athos den Krieg gegen Griechenland mit viel größerer Systematik neu auf. Den Ausgangspunkt bildete dabei wieder Sardes. Die jonischen Städte verhielten sich jetzt ruhig. Neuerlich wird aber Ephesos genannt, dessen Tempel *als einziger* von Xerxes nicht eingeäschert worden sei[74], was schon zur Genüge zeigt, wie gut Stadt und Göttin mit den asiatischen Herren standen.

Daß dies auch weiterhin so blieb, veranschaulicht eindringlich, daß der Großkönig nach dem Desaster vor Salamis i. J. 480 seine bei ihm weilenden Söhne mit seiner Vertrauten, der Karer-Königin ARTEMISIA, nach Ephesos schickte[75], wo sie demnach sicher waren. Und nach der Entscheidungsschlacht bei Plataiai 479, bei der der persische General MARDONIOS fiel, ging das Gerücht, daß ihn ein gewisser DIONYSOPHANES aus Ephesos heimlich bestattet habe[76]. Das bedeutet also in jedem Fall, daß auch Ephesier in hohen Rängen Dienst im achaimenidischen Expeditionsheer taten.

VII. 1. Die Befreiung. Bewillkommnung Athens?

Die Perserkriege hatten Athen *die* führende Rolle unter den Griechen eingetragen. Seit Marathon erhob die Stadt darum auch Anspruch auf den Titel der nationalen Protagonistin. Die logische Folge war die Gründung des attisch-delischen Seebundes 478/7, in dem Athen mit Hilfe der Mitglieder-Städte die Fortsetzung des Krieges gegen die Perser, die ja noch immer den ostgriechischen Raum hielten, organisierte und lenkte. Als die große politisch-militärische Persönlichkeit trat damals der Sohn des Miltiades, KIMON, in Erscheinung, der als eine Art von Integrationsfigur zwischen Athen und Sparta auch Anteil hatte am endgültigen Sturz des großen Sparta-Feindes THEMISTOKLES: Dieser, als persischer Verräter von den Griechen zum Tode verurteilt, floh 467 über Epeiros nach Ephesos, von wo aus er Kontakt mit ARTAXERXES, dem Sohn und Nachfolger des Xerxes, aufnahm[77].

Als Kimon zwischen 469 und 466 in der kombinierten Schlacht am pamphylischen Flusse Eurymedon einen persischen Angriff erfolgreich abgewehrt hatte, brachte das die Befreiung der kleinasiatischen Küstenstädte mit sich. Ob und inwieweit man darüber in Ephesos nun in helle Begeisterung ausbrach, ist nicht überliefert, ebensowenig, daß jetzt alle Perserfreunde – echte und opportunistische – verjagt worden wären: Dies ist vor allem schon wegen der Entwicklung 70 Jahre später unwahrscheinlich (s. VII. 3). Andererseits war die Stadt jetzt in die griechische Welt „heimgekehrt", und das bedeutete natürlich, daß sie sich offiziell zu dieser bekennen mußte. Damit war der Eintritt in die maritime Liga zwingend verbunden, die auch starke finanzielle Zubußen abverlangte.

Der attische Bund sah vor, daß die Bundesstädte entweder selbst ihrem Vermögen entsprechend Schiffs-Kontingente stellten oder einen adäquaten Geldbeitrag an die Bundeskasse in Delos ablieferten. In der Regel wurde letzteres vorgezogen, und Ephesos erfuhr dabei mit *7½ Talenten,* d. s. 193½ kg Silbers, eine relative geringe Taxierung (vermutlich auch geringer als in der seinerzeitigen Satrapienordnung [s. IV. 1]): Mit 125 Drachmen pro Tag bezahlte es nach dem damaligen Satze den Sold von 250 Ruderern (halb so viel, wie z. B. Byzantion zu leisten hatte!) und unterhielt damit etwas mehr als die Besatzung einer Trireme. Angesichts des Reichtums der Ephesier, den ihnen Herakleitos attestiert hatte (S. 45), verwundert es, daß sie nicht höher eingeschätzt wurden. Hier ist allerdings zu bedenken, daß eine gewisse Freiwilligkeit zum Tribut (wie die Zahlungen laut Thukydides von Anbeginn hießen) nicht ausgeschlossen werden darf, zumindest anfänglich und wenn nicht direkter militärischer oder wirtschaftlicher Druck von seiten Athens vorhanden war. Außerdem wird im Falle von Ephesos viel wichtiger als das Geld der Umstand gewesen sein, daß jetzt auch die Große Artemis als *die* asiatische Göttin zur Verbündeten Athens geworden war.

VII. 2. Der Peloponnesische Krieg. Ephesos entdeckt einen neuen Partner

Themistokles hatte in Sparta, nicht im Großkönig den Hauptfeind Athens gesehen. Zu seiner Politik kehrte schließlich Perikles zurück, und von 457 bis 446 kam es zwischen den beiden Staaten zu kriegerischen Auseinandersetzungen. Dazwischen ging der Perserkrieg weiter, wurde jetzt aber ferne im Osten geführt und endete mit einer athenischen Katastrophe in Ägypten. Der sog. Kallias-Friede von 450/49 zog hier einen Schlußstrich, indem sich beide Seiten auf ihre Positionen zurückzogen: Damit verblieben die Perser in Kleinasien, jedoch drei Tagesmärsche hinter der Küste und außerhalb der Ägäis. Für die Ostgriechen war die Gefahr also längst nicht gebannt, bzw. bestand andererseits immer Gelegenheit, sich abzusetzen; vor allem die Handelsbeziehungen werden dadurch für die Hafenstädte enorme Vorteile gebracht haben, war doch Sardes jetzt in starke Abhängigkeit von Kauffahrern und Zulieferern geraten. Daß sich auf diesem Gebiet vor allem Ephesos hervorgetan haben wird, ist wohl anzunehmen.

Auch Perikles scheint es vermehrt um den Handel mit Persien zu tun gewesen zu sein. Nach den Vorstellungen des Seebundes waren aber alle Geschäfte künftig ausschließlich auf der Grundlage der attischen Währung abzuwickeln: Denn nach dem Bundes-Währungsgesetz von 449/8 war es den Städten untersagt, ihre eigenständige Münzprägung fortzusetzen bzw. nicht-attischen Gewichts-Standard anzuwenden. Das hat in der Numismatik dazu geführt, daß man davon ausging, daß die vordem „autonomen" Städte zwischen 449 und 412 selbst nicht geprägt hätten; doch ist eine Unterscheidung der Serien vorher und nachher praktisch (noch) nicht eindeutig möglich. Die wahre Bedeutung der Verordnung lag wohl auch eher darin, daß innerhalb des Bundes allein der attische Standard gültig sein sollte, um eine gemeinsame Kursbasis zu haben, während es ziemlich unerheblich sein mußte, was im Bereich der einzelnen Städte kursierte (deren Geld in der Regel ja auch kaum außerhalb zu finden war): Die Tribute allein mußten nach attischem Gewicht gezahlt werden, zudem sicher in ungemünzter Form, was schon daraus hervorgeht, daß die ephesischen Münzen des 5. Jh.s nicht nach attischem Standard ausgebracht wurden. Daß die Tribute als solche den Städten ihre Kapazität zum Münzen genommen hätten, ist unwahrscheinlich, denn für Ephesos z. B. bedeutete die Abgabe nur einen Verlust von etwas mehr als 50.000 seiner Drachmen jährlich – nirgendwo ist jedenfalls, wie schon gesagt, zu erkennen, daß es seine Serien nicht fortgesetzt habe.

Aus der anfänglichen Hochstimmung des gemeinsamen Aufbruchs gegen die Perser wurde bald das Gegenteil: Athens hegemoniale Stellung hatte sich zusehends in Imperialismus gekehrt, der schließlich offen als Tyrannen-Herrschaft angeprangert wurde. Gleichzeitig verschlechterte sich das Verhältnis zu Sparta wieder trotz eines 30jährigen Friedensvertrages von 446 so dramatisch, daß es 431 zu einer panhellenischen Auseinandersetzung, dem *Peloponnesischen Kriege,* kam. Standen sich in den beiden Protagonisten zunächst eine Land- und eine Seemacht gegenüber, die über eine Patt-Stellung nicht hinauskamen, versuchte bald eine jede, in der Domäne der anderen Fuß zu fassen. Erfolgreicher erwiesen sich aber die Abwerbungen gegnerischer Alliierter vor allem durch die Spartaner: So beeindruckte Brasidas 424/3 mit seinem Marsch quer durch Griechenland bis Thrakien, was zu weiterem Abfall von Athen führte. Begonnen hatte damit schon 428/7 Mytilene, das aber von einer peloponnesischen Flotte unter dem *naúarchos* (Admiral) Alkidas nicht die rechte Hilfe erfuhr – Sparta war noch alles andere als seefest. Hier überrascht, wenn Thukydides berichtet, daß Alkidas auch in Ephesos ankerte[78], obwohl dieses offiziell noch immer dem attischen Bund angehörte. Anscheinend hatte die Stadt bereits mit der Gegenseite Kontakt aufgenommen. Solcher bestand weiterhin mit den Persern, denen jetzt von den Peloponnesiern laufend Diplomaten geschickt wurden: Ein Gesandter des Artaxerxes (dem allerdings noch nicht klar war, was man eigentlich von ihm wollte) wurde 425/4 von den Athenern abgefangen und nach Ephesos zurückgebracht[79]; das bedeutet, daß hier die diplomatischen Fäden zusammenliefen. Durch den Nikias-Frieden von 421 wurde der Krieg auf drei Jahre unterbrochen. In dieser Zeit stieg in Athen der Stern des Alkibiades auf, dem ein Bündnis mit Argos gelang, was Sparta kurzfristig zu einer neuen militärischen Aktion veranlaßte. Nach dem sizilischen Debakel der Athener im Jahr 413 ging Alkibiades zu Sparta über und mobilisierte (wohl in Ephesos, da man ihm und seiner Begleitung hier ein *Perserzelt* aufschlug[80]) den persischen Satrapen Tissaphernes gegen seine eigene Vaterstadt. Angesichts der gesamten Entwicklung setzte nun überall der Abfall von Athen ein, das seine Bundesgenossen vielfach immer schlechter behandelte, ja nicht einmal mehr als Vasallen, sondern als Unterworfene. Nachdem sich Chios und Milet losgesagt hatten, wurde i. J. 411 ein Allianzvertrag zwischen Darius II. und Sparta unterzeichnet, der alle vormals unter persischer Oberhoheit stehenden Städte einbezog. Dies betraf auch

Ephesos, das sich auf solche Weise nicht selbst zu entscheiden brauchte. Wenn kurz darauf von zehn chiischen Schiffen auf der Flucht vor einer athenischen Flotille nur eines in die Kaystros-Bucht einfuhr, und sich die übrigen nach Teos retteten[81], so mag das weniger auf allgemeines griechisches Mißtrauen den Ephesiern gegenüber als auf den schwarzen Tag der Chier 83 Jahrer zuvor (s. VI) zurückgeführt werden.

Wie jetzt die Regierungsverhältnisse in Ephesos aussahen, läßt sich vielleicht aus dem letzten (unvollständigen) Satz von Thukydides' Kriegsbericht erschließen: *Tissaphernes ging zuerst nach Ephesos, wo er der Artemis ein Opfer darbrachte ...*[82] Abgesehen davon, daß daraus ein direkter persischer Bezug zum Kult im Artemision (vgl. IV. 2) deutlich zu werden scheint, mußte das offizielle Opfer des Vertreters des Großkönigs eine besondere Signalwirkung haben, die vor allem kundtat, daß die Stadt und ihre Göttin als treue Verbündete galten. Nicht umsonst zielte die erste größere athenische Gegenattacke (nachdem Alkibiades, der neuerlich die Seiten gewechselt hatte, eine spartanische Flotte bei Kyzikos besiegt hatte) i. J. 409 auch auf Ephesos:

Durch Xenophon und einen erst jüngst aufgefundenen Papyros sind wir über den Verlauf des Angriffs sehr gut unterrichtet. Der athenische Feldherr THRASYLLOS fuhr mit 5.000 Mann gemischter Truppen von Samos zuerst gegen Pygela, marschierte dann von Notion über Kolophon nach Lydien hinein und erschien am 17. Tag seiner Expedition vor der Kaystros-Mündung, wo er einen geradezu klassischen Landungsangriff abrollen ließ, der die Stadt mit einer Zangenbewegung zu Fall bringen sollte. Hier war man nun keineswegs unvorbereitet, und Tissaphernes hatte mit der Aufforderung, *der Artemis zu Hilfe zu eilen,* ein großes Heer zusammengezogen. Thrasyllos ließ die Kavallerie, leichte Infanterie und Marinesoldaten unter PASION unbemerkt von den Ephesiern *und den hier stationierten Lakedaimoniern* (Sparta hatte also militärisch fußgefaßt) beim Sumpf auf der von der Stadt abgewandten Seite, also am ehesten in den Kaystros-Marschen im Norden hinter der ehemaligen Insel Syrie, im Morgengrauen an Land gehen, während er selbst mit den Hopliten beim Koressos-Hafen, d. h. im Schutze des Akropolishügels, vorrückte. Das letztere Manöver wurde bemerkt (vermutlich gab es auf dem Koressos einen Wachtposten), weshalb die Verteidiger (dazu gehörten Syrakusier und Selinunter) hierher ausrückten, offenbar jedoch ohne Thrasyllos aufhalten zu können. Denn dieser gelangte vor die Stadt, wo er seine Hopliten teilte: Während die einen den damals nicht mehr ummauerten Ort berannten, führte er die anderen *auf einen hohen und unwegsamen Hügel, der z. T. in die Stadt reichte, z. T. außerhalb lag,* was zu jenem Zeitpunkt einzig und allein auf den Burghügel von Selçuk paßte (s. III. 4). Die ephesischen *hegemónes* (Anführer) TIMARCHOS und POSSIKRATES hatten mit ihren Hopliten anscheinend größte Mühe, die Athener abzuwehren, was letztlich wohl nur deshalb gelang, da die Pasion-Gruppe stecken geblieben sein dürfte. Jedenfalls wurden die Athener, die nach Xenophon an die 400 Gefallene zu beklagen hatten, in die Flucht geschlagen, und die Ephesier konnten zwei Siegesdenkmale, eines davon *beim Koressos,* aufstellen: Man hat versucht, den Rundbau auf dem Panayır dağı damit in Zusammenhang zu bringen, doch ist eher anzunehmen, daß diese *trópaia* nur einfache Waffenmale waren. Die Verbündeten wurden belohnt, die Selinunter erhielten sogar das Bürgerrecht[83].

Damals gab es sicher auch Tote unter den Ephesiern, die in den Friedhöfen entlang der Prozessionsstraße rings um den Panayır dağı beigesetzt wurden. Von diesen Nekropolen geben uns verstreute Inschriftenfunde Kunde, wie der Stein der HARPALE, Tochter des Pythodoros (1. Hälfte 5. Jh.), der des Salaminiers TIMOKRITOS Sohnes des Timonax (5. Jh.), jener von KABIRIS, Sohnes des Demagores, und der EUKTITE, Tochter des Mnesianax (um 400, vom unteren Embolos), oder des MELANTHOS (um 400), sowie diejenigen von POLYTHROUS, Sohnes des Kamandrios, von ZENON, Sohnes des Dionysos, und von KYNNIS, Tochter des Danaos (beim Stadion gefunden)[84].

VII. 3. Lysandros. Retter, Held und Halbgott

Mit der Entscheidung Spartas, als neuen Flottenkommandanten den Herakliden LYSANDROS zum jonischen Kriegsschauplatz zu entsenden, wurde das Ende des Krieges eingeleitet. In dieser Zeit der hochbegabten Generäle war dieser ähnlich Alkibiades einer der begabtesten, dazu aber auch ein Mann mit ausgeprägtem persönlichen Ehrgeiz. Nachdem er mit 70 Schiffen nach Ephesos gekommen war, wo man ihn begeistert willkommen hieß, begab er sich zum neuen Satrapen in Sardes, KYROS, Sohn des Darius II.: Durch geschicktes Verhandeln erreichte er von diesem eine Erhöhung der im Vertrag von 431 ausgehandelten Kriegsfinanzierung[85]. Andererseits war er darum bemüht, der daraus resultierenden noch stärkeren persischen Abhängigkeit der Küstenstädte entgegenzuwirken: Nach Plutarchos (ca. 46–120) war gerade Ephesos, *wenn auch fest zu Sparta stehend, doch in der Gefahr, durch den ständigen Kontakt mit den persischen Sitten total barbarisiert zu werden*[86], weshalb Lysandros hier sein Hauptquartier einrichtete, um der Stadt wieder mehr griechisches Bewußtsein zu geben.

Mit den reichlichen Subventionen des Kyros ausgestattet, begann er den ehrgeizigen Plan einer „Kriegshauptstadt" (bei) Ephesos, indem er *von überallher die Frachtschiffe zusammenziehen und eine Werft für Trieren bauen ließ, wodurch er den Handel in den Häfen*(!) *und die Betriebe auf der Agora in Schwung brachte und Haushalten wie Industrie Gewinne verschaffte*[86]. Da der Bau von Kriegsschiffen im Heiligen Hafen undenkbar sein mußte, und sich der Koressische kaum eignete, erschiene es logisch, wenn damals die Bucht zwischen den beiden Stadtbergen (wo später der lysimachische Hafen lag) zum dritten Hafen ausgebaut wurde: So könnten vielleicht einige der hier unter dem Westrand der römerzeitlichen Agora aufgedeckten Mauern etwa als Magazine und Speicher für den spartanischen Nachschub zu deuten sein. Da sie die selbe Orientierung aufweisen wie der spätere Stadtraster (S. 64), ginge letzterer dann ursächlich auf die Kriegsaktivitäten ab 407 zurück, und die nachmalige Großstadt Ephesos hätte ihren Keim dem herakleitischen „Vater aller Dinge" zu verdanken. Abb. 14

Noch i. J. 407 erfocht Lysandros einen Seesieg beim nahen Notion: Nach einer Provokation durch den athenischen Vizeadmiral ANTIOCHOS direkt im Hafen von Ephesos bewiesen die Spartaner, daß sie die Seetaktik nun auch vollkommen beherrschten[87]. Alkibiades drang zwar kurz darauf mit einer größeren Flotte in die Kaystrosbucht ein, doch nahm Lysandros die Schlacht nicht an, so daß der Athener, der keine Landungstruppen mitführte, wieder umkehren mußte. Alkibiades wurde in der Folge durch KONON ersetzt.

Ersetzt wurde auch Lysandros, da sein Jahresamt auslief, durch den Nauarchen KALLIKRATES. Die Übergabe der Flotte in Ephesos ging nicht reibungslos vor sich, da seitens der Bundesgenossen der ständige Kommandantenwechsel kritisiert wurde, vor allem der Anhang des Lysandros dessen Nachfolger sabotierte. Kallikrates war als aufrechter Mann insbesondere nicht geeignet für den höfischen Umgang mit Kyros, der zudem den Lysandros als Partner bevorzugte[88]. Nach der Seeschlacht bei den Arginusen vor Mitylene, die den Athenern den letzten Sieg brachte, erreichten die in Ephesos zusammengekommenen Alliierten, daß Sparta den Lysandros ein zweites Mal entsandte, allerdings offiziell nur als Vize-Nauarchen. Neues Geld von Kyros ermöglichte neue Aktionen gegen die Athener, die in der Schlacht bei Aigospotamoi in den Dardanellen i. J. 405 (an der ein ephesisches Kontingent unter KIMMERIOS teilnahm) die entscheidende Niederlage hinnehmen mußten[89]. Mit der Kapitulation des bis zuletzt athentreuen Samos war 404 auch das Ende des attischen Bundes fürs erste besiegelt.

Lysandros hat nicht nur Athens Imperium militärisch zerschlagen, er hat auch in dessen ehemaligen Bundesstädten die demokratische Verfassung abgeschafft, wobei er in der Wahl seiner Mittel vielfach nicht zimperlich war. Er verhalf dabei den *Oligarchien* wieder zur Macht, aus deren Reihen er *dekarchiai* (Zehnerkommissionen) bildete, die wiederum seine stärkste und zuverlässigste Lobby abgaben. Ihrer Hilfe hatte er es zu verdanken, daß er nach seinem großen Erfolg nicht nur als Held des Tages gefeiert wurde, sondern auch der erste Grieche war, dem zu Lebzeiten kultische Ehren zuteil wurden. Dabei war weniger bedeutend, daß ihm die Ephesier im Artemision eine Ehrenstatue aufstellten (das taten sie zugleich auch für andere Spartaner, wie Pausanias berichtet)[90], als daß sich jetzt 8 (soweit wir wissen) Städte, nämlich Byzantion, Kyzikos, Lampsakos, Ephesos, Iasos, Samos, Rhodos und Knidos, zu einem „Verein" zusammenschlossen und eine *gemeinsame Münzserie* edierten. Wie bei späteren Bundesprägungen u. ä. sind hier die einzelnen Städtesymbole (z. B. die Biene von Ephesos) auf die Rückseite verwiesen, während die Vorderseite immer das gleiche Bild trägt, nämlich den *schlangenwürgenden Herakleskanben*. Dazu treten die Buchstaben *S Y N*, allgemein als „Symmachie" gedeutet, vielleicht aber doch eher für ein anderes Wort stehend, das zum Anlaß paßte (z. B. *synthema* „Losung", *syntaxis*

„Verein" oder auch *synedria* „Kriegsrat", *synodos* „Genossenschaft", *sympraxis* „Beistand" u. a.m.) und sozusagen den ersten „Sympathisanten-Club" anzeigte. Die Wahl des *dorischen* Bildes, die in der Prägung zutage tretende Prosperität und die hohe künstlerische Qualität der Stempel weisen eindeutig auf Lysandros, der als Heraklide wie sein Urahn die athenischen Fesseln zerrissen, den Bundesgenossen mit Hilfe des persischen Geldes eine neue wirtschaftliche Grundlage verschafft und schließlich auch dafür gesorgt hatte, daß Handwerk und Künste zu blühen begannen. Das Zentrum des *Persönlichkeitskultes* für Lysandros war zweifellos Ephesos, das ihm vermutlich am
Abb. 16 meisten zu verdanken hatte[91].

Aus dieser Zeit scheint auch das älteste ephesische Bauwerk zu stammen, das wir außer dem Artemision wenigstens im Grundriß vollständig nachweisen können: Es handelt sich dabei um den sog. Felsspalttempel, der auf dem Ausläufer des Koressos-Kaps über einem Naturspalt z.T. aus dem Felsen gearbeitet ist und nach der archäologischen Evidenz als tetrastyler Prostylos von 22 × 15 m möglicherweise anstelle eines älteren Kultplatzes zu Ehren des pythischen Apollo errichtet wurde[92] (S. 22). Man könnte sogar daran denken, daß der Bau auf Lysandros zurückging (bzw. von ihm finanziert wurde), der sich vom delphischen Gott ja nichts weniger als die Mithilfe bei
Abb. 15 seinem Aufstieg zum König von Sparta erhoffte[93].

Spätere anti-spartanische Propaganda, der athenischen Hetäre Lamia (Mätresse des Demetrios Poliorketes [s. VIII. 2]) in den Mund gelegt, behauptete bissig, daß *die Löwen aus Griechenland in Ephesos Füchse geworden* seien, Lysandros sich also vom aufrechten zum verschlagenen Mann gewandelt habe und *durch den Luxus in Jonien degeneriert sei*[94].

Lysandros könnte es auch gewesen sein, der den Ephesiern als ersten die Einrichtung brachte bzw. insinuierte, die Münzemissionen durch die Namen der Verantwortlichen zu kennzeichnen und solcherart zu datieren. Ausgehend von den Dekarchien ab 407, in denen 10 Männer die Staatsgeschäfte führten, natürlich unter der Kontrolle eines spartanischen *harmostés* (Ordners, eig. „Harmonisierers"), und dem Muster der eponymen Ephoren Spartas, der fünf obersten Jahresbeamten, scheinen die Namen auf den ephesischen Münzen als jene von Lysandros' regierenden Oligarchen-Freunden wohl am besten zu deuten zu sein: So tritt schon auf den SYN-Münzen ein *PE* ..., anschließend daran ein Timarchos entgegen, letzterer mit einiger Wahrscheinlichkeit sein Kampfgenosse, der sich in Aigospotamoi hervorgetan hatte und wohl ident ist mit dem ephesischen Hegemon von 409 (S. 51)[91]. Aber auch in der Folge sind häufig lakedaimonische Namen auf den Münzrückseiten anzutreffen.

Die Dekarchien wurden schon 403 von den Ephoren wieder aufgelöst, und in den Städten regierten die Harmosten als Spartas Statthalter allein, die Ausnahme-Erscheinung Lysandros war entmachtet.

VII. 4. Wieder Perser

Nach dem Tode des Darius II. folgte sein Sohn ARTAXERXES II. auf dem persischen Thorn. Gegen diesen erhob sich Kyros, der selbst Großkönig sein wollte und jetzt seine alten Bundesgenossen in die Revolte hineinzog: Auf seine Bitte hin stellte ihm Sparta das nachher berühmt gewordene *Heer der 10. 000* in Ephesos zur Verfügung[95], das XENOPHON Anfang 400 glücklich zurückbrachte und bei Pergamon dem THIBRON übergab[96]. Dieser war als neuer Harmost nach Asia (d. h. also nach Ephesos) entsandt worden, da als Folge der Kyros-Revolte der wiederinstallierte Großsatrap Tissaphernes die Unterwerfung der Küstenstädte forderte.

Bevor Xenophon 394 nach Griechenland zurückkehrte, *deponierte er beim Megabyzos, dem Neokóros* („Tempelfeger") *der Artemis,* Geld, das ihm dieser später anläßlich einer heiligen Gesandtschaft nach Olympia aushändigte (S. 39)[97]. Es war also viel sicherer, sein Vermögen in Ephesos zurück und sich bei Gelegenheit von einem sakrosankten Vertreter nachbringen zu lassen.

Thibron wurde 399 von DERKYLIDAS abgelöst, der den Oberbefehl in Ephesos entgegennahm und große militärische Erfolge in Kleinasien errang[98]. 397 gab es auch wieder Kämpfe in der Nähe von Ephesos[99]. Zugleich wurde immer deutlicher, daß jetzt an die Stelle des attischen Imperiums ein solches Spartas getreten war. Dem gab auch der neue spartanische König AGESILAOS Gewicht, der 396 auf die Kunde von der Neurüstung der persischen Flotte hin an der Spitze eines Heeres nach Ephesos fuhr, wo er eine zeitlang in Etappe lag. Im Frühjahr 395 veranstaltete er hier ein großes militärisches Wettkampf-Spektakel, an dem die ephesischen Handwerker (so wie kurz zuvor unter Lysandros) reichlich verdienten, *so daß man meinen konnte, die Stadt sei eine einzige Rüstungsfabrik*[100]. Während Agesilaos bis 394 eine Reihe von Erfolgen im Landesinneren erfocht, näherten sich Athen und Artaxerxes einander an, und dem Athener Konon wurde die persische Flotte anvertraut. Mit der Schlacht in den Gewässern von Knidos i. J. 394 wurde dann Spartas Vorherrschaft abrupt beendet.

Die Ephesier, die voraussahen, was nun nachkommen werde, säumten nicht lange und stellten jetzt dem Sieger Konon eine Bronzestatue im Artemision auf[101]. Überall wurden die Harmosten von diesem und dem Satrapen PHARNABAZOS vertrieben, also auch in Ephesos, wo der Perser an Land ging. Wenig später, 389/8, geriet die Stadt aber noch einmal unter spartanischen Einfluß, als Thibron wiederkehrte, um von hier aus Plünderungszüge gegen die Perser zu starten: Dabei hielt er sich allerdings außerhalb und besetzte den Koressos und einen – offenbar 7. 5 km entfernten – Ort namens Ionda (oder Isinda), womit er seine 15.000 Mann starke Truppe also strategisch an Golf- und Hafeneinfahrt verteilte[102].

Der neue Nauarch ANT(I)ALKIDAS, der 387 zusammen mit dem Unteradmiral GORGOPAS nach Ephesos kam, reiste zum Großkönig, der sich jetzt wieder Sparta hold zeigte. Die allgemeine Kriegsmüdigkeit führte aber dazu, daß die Griechen 386 den Friedensplan Artaxerxes' II. annahmen, wonach freilich die kleinasiatischen

Küstenstädte neuerlich unter persische Botmäßigkeit gerieten. Für Ephesos, das sich in den Jahren seit 470 zwar gut athen-griechisch betragen, ab 413 jedoch eifrig „sparta-persisch" agiert hatte, bedeutete diese Entwicklung natürlich keine Katastrophe. Insgesamt hatte es praktisch immer nur profitiert und neue wirtschaftliche Impulse erhalten.

Dies zeigt vor allem seine Münzprägung: Seit ca. 400 wurden hier in großen Mengen vornehmlich *Tetradrachmen* emittiert (wie solche auch die anderen jonischen Städte herausbrachten), auf denen sich Namen finden, die vor allem mit einigen der spartanischen Kriegshelden ident sein dürften, so Antialkidas und Gorgopas neben anderen lakedaimonischen (dorischen) Personennamen, was darauf hinweisen könnte, daß Spartas Emissäre hier ihr Kriegsgeld ausmünzen ließen bzw. überhaupt jeweils als „Münzbeamte" fungierten. Der Typus des Rückseitenbildes scheint dagegen rein ephesisch zu sein: eine *Hirschprotome vor einer Palme.* Zum ersten Male tritt dabei neben dem offenbar zu einem Symbol der Kultstatue verdichteten Baum das Begleittier der griechischen Jagdgöttin Artemis auf, allerdings in der merkwürdigen Form des Halbtieres, dessen Leib wie mitten durchgeschnitten wirkt; da die Schnittlinie verziert ist (ähnlich wie bei den Stierprotomen der gleichzeitigen samischen Münzen), erinnert dies an ein *Rhyton,* das kultisch-festliche Trinkhorn aus Edelmetall, wie es seit dem 5. Jh. im griechischen Raum – eingeführt aus dem Orient! – häufig vorkam. Danach steht also eher zu vermuten, daß die Hirschprotome den persischen Kulteinfluß widerspiegelt (s. IV. 2), genauso wie auch die Dattelpalme, deren östlicher Name *tama(s)* wegen seines Anklanges an den der Artemis hier sogar
Abb. 17 die mythische Brücke zur baumartigen Ephesia gebildet haben könnte.

Die Stempelverbindungen der Münzen zeigen an, daß jeweils mehrere „Beamte" gleichzeitig für die Prägung verantwortlich zeichneten. Während das Verwaltungssystem zwischen 407 und 386 demjenigen Spartas nachgebildet worden sein dürfte, ist derlei in der Folge weniger wahrscheinlich: Obwohl das Nebeneinander mehrerer Münzmeister bestehenblieb, wird es sich bei diesen (die ihren Namen nach jetzt offenbar hauptsächlich von Joniern = Ephesiern gestellt wurden) vielmehr um Männer im Bereich des Artemisions gehandelt haben, in dessen Mauern sich die reiche „Depositenbank", die *nationale Schatzkammer von Asia und Zufluchtstätte* (!) *der Geschäftswelt* (wie dies ein Autor des 2. Jh.s n. Chr. bezeichnete[103]) befand. Wenn man nicht annehmen will, daß die Namen auf den damaligen Münzen sich auf Stifter bzw. private Bankiers beziehen, die das Rohmaterial für die Prägungen lieferten, erschiene es viel logischer, daß sie jene Angehörige des Priesterkollegiums nennen, die im Auftrage der Göttin, d. h. des Megabyzos, für die Emissionen zu sorgen hatten, wobei nicht auszuschließen ist, daß auch die damit befaßten weltlichen Beamten automatisch in diesen Kreis gehörten. Die „Zentralkasse" war jedenfalls der rechte Ort, um aus Silberbarren Münzen zu schlagen, die nach dem im Heiligtum aufbewahrten Gewichtsstandard normiert wurden (S. 62). Damit wird nicht die Münzprägung zu einer sakralen Angelegenheit (wie es manche wollen), sondern nur der Vorgang der Wert-Garantie, die unmittelbar durch das Patronat der Gottheit beschworen ist.

Trotz der neuerlichen persischen Dominanz, die mit Hilfe der 3. Tyrannis in Ephesos aufrecht erhalten wurde, scheinen Perser selbst nicht weiter in Erscheinung getreten zu sein – zumindest nicht auf Münzen und Inschriften. Die Nachrichten über das Schicksal der Stadt bis zum Jahre 356 sind mehr als dürftig, doch besagt dies, daß – ganz im Gegensatz zu den Ereignissen in Griechenland – hier die Ruhe des politischen Abseits herrschte. Im Inneren kam es freilich zu einem nicht näher bestimmbaren Zeitpunkt zu einer Revolte durch einen gewissen Herophytos, der die Stadt befreite und später als Dank dafür *auf der Agora*, also im Zentrum der Artemisionstadt, beigesetzt wurde[104]: Da keine Rede von persischen Sanktionen ist, wird es sich dabei wohl nur um die Vertreibung allzu lästiger Herren gehandelt haben, aber keineswegs um eine radikale Lösung aus dem Satrapien-Verband. Herophytos war jedenfalls ein erfolgreicher Vertreter der anti-persischen Partei in Ephesos, das vielleicht schon pro-makedonisch eingestellt war (s. VIII. 1): Derlei wurde ja ab 357/6 möglich, als sich zeigte, daß mit Philippos II. sich eine neue Militärmacht etabliert hatte.

VII. 5. Der herostratische Brand. Eine Mystifikation

Das berühmt-berüchtigste Ereignis der gesamten ephesischen Geschichte fand am 6.Tage des Monats Hekatombaion oder Loos, also um den 1. Juli, des Jahres 356 statt, als das Artemision *abbrannte*[105]. Als den Verantwortlichen nennt die Überlieferung einen Herostratos („großer Krieger"), der, um weltweiten Ruhm zu erlangen, *manu sua* den Tempel angezündet haben soll[106]. Sein Motiv habe er allerdings erst auf der Folterbank genannt, woraufhin die Ephesier (d. h. wohl die Priester) verfügt hätten, daß niemand mehr seinen Namen nennen dürfe[107]. Bis auf den zeitgenössischen Historiker Theopompos und die Römer Strabo und Solinus (sowie Curtius Rufus?) respektierten tatsächlich all die vielen antiken Schriftsteller, die sich historisch oder moralisierend mit der Katastrophe beschäftigten, diesen Bann[108]. Offenbar hielt der Schock bei der Vorstellung, daß ein Einzelner aus persönlichen Gründen zu einem solchen Sakrileg fähig sei, über Generationen hinweg an. Herostratos' Name wurde zum Inbegriff des Pyromanen und hat auch heute noch nichts davon eingebüßt.

So wie sich die Alten, die in großen Tempeln ein- und ausgingen, ob solcher Tat verwundert alterierten, müssen wir uns die Frage stellen, wie sie von einem Einzelgänger habe ausgeführt werden können. Angesichts der marmornen Monumentalität des archaischen Tempels erwachen Zweifel daran, daß es dem Herostratos gelungen sein soll, ein wirklich zerstörendes Feuer zu entfachen: Allein der Zugang zu den trockenen Hölzern des Dachstuhls (den Strabo anführt[109]) hätte ihn dazu in die Lage versetzen können, doch ist ein solcher Aufstieg eher fraglich. Da auch das Motiv nur unter der Folter offenbar wurde, statt von dem Übeltäter laut hinausposaunt zu werden, der ja angeblich unsterblichen Ruhm erlangen wollte, wäre hier wohl besser

Abb. 18 an eine Naturkatastrophe zu denken, wie sie uns die lebhafte Beschreibung des Brandes durch den Zaungast Aristoteles nahelegt, der am Schluß allgemein auf *Blitzschlag* verweist[110].

Daß der Name des Herostratos dann überhaupt mit dem Ereignis in Verbindung gebracht wurde, mag auf zweierlei beruhen: Einmal könnte es sein, daß das Unglück unter der datierenden Nennung eines *epónymos* (also etwa des damals verantwortlichen Oberpriesters oder des städtischen Jahresbeamten) in die Annalen eingetragen wurde; zum anderen muß man in Ephesos ganz besonders um den Ruf der Artemis gebangt haben, die zugelassen hatte, daß ihr Haus und die darin aufbewahrten Schätze (was bei Strabo betont wird) vernichtet wurden. Man brauchte also rasch einen Schuldigen und ein überdimensionales Motiv, um vor allem den persischen Geldfluß nicht zu gefährden. Grund zu entsprechender Sorge gaben hier die anwesenden *Magier*, also persischen Priester (deren Ingerenz im Artemision auch damit bestätigt wird, s. IV. 2), die in dem Brand das Vorzeichen für eine Feuersbrunst gesehen haben sollen, die den ganzen Orient erfassen werde[111].

Freilich war i. J. 356 eine solche Vorahnung der kommenden Ereignisse kaum wirklich möglich, weshalb sie wohl erst später in die Geschichte eingebaut wurde. Das gilt ebenso für die Behauptung, daß der Tempel deshalb schutzlos gewesen sei, da ihn die Göttin verlassen habe, um Olympias, der Gattin Philipps, in ihrer Eigenschaft als *Eileithyia* bei der Geburt ihres Sohnes Alexandros beizustehen[112]. Dieser ehrenrettende Einfall konnte den Ephesiern natürlich erst kommen, als klar wurde, daß in dem Makedonen nicht nur der neue starke Mann Griechenlands sich manifestierte, sondern dieser auch gegen die Perser zu marschieren bereit war: Das war ab der Entscheidung bei Chaironeia 338 absehbar und wurde 336 Gewißheit, als Philippos eine Invasionstruppe von 10.000 Mann unter PARMENION und ATTALOS über den Hellespont schickte. Dazu beigetragen haben mögen auch Gesandtschaften wie jene des ephesischen Plato-Jüngers DELIOS, der nach Plutarchos wenig später den Alexander zur Befreiung der kleinasiatischen Griechenständte aufgefordert habe[113]. Nach Philostratos hieß dieser Mann jedoch DIAS und ging zu Philippos[114], was wahrscheinlicher ist, da wir diesem Namen auch auf den ephesischen Münzen der Zeit begegnen, und es sich bei der Mission laut Plutarchos um etwas höchst Offizielles handelte.

Der Brand des Artemisions wurde gewiß auch von manchen als ein Zeichen dafür angesehen, daß die Göttin sich von ihrem persisch dominierten Hause distanziert habe. In diesem Sinne hätte Herostratos schließlich vielmehr als ein Werkzeug des Schicksals und somit als Held angesehen werden müssen, doch hat das sicher die Propaganda der persischen Priesterlobby von vornherein verhindert. Daß es auch persisches Geld war, mit dessen Hilfe der Wiederaufbau gestartet wurde, geht daraus hervor, daß dies später heftigst geleugnet wurde: So zitiert Strabo den Ephesier ARTEMIDOROS, der diesbezüglich auf dem sizilischen Geographen Timaios (um

300 v. Chr.) fußte und diesen einen Verleumder schimpfte; es seien damals gar keine Depositen vorhanden gewesen oder wären mitverbrannt, so daß also auch eine persische Subvention des Neubaues nicht möglich gewesen sei[108].

Da zum Jahre 334 von der Bestrafung gewisser Tempelräuber die Rede ist[104], muß es einerseits etwas zu holen gegeben haben, andererseits auch die Gelegenheit dazu: Eine solche wird sich anläßlich der Katastrophe geboten haben und vielleicht sogar von Leuten genutzt worden sein, die meinten, damit das persische Superstrat im Heiligtum noch mehr zu desavouieren, obwohl man aus der Nachricht eher herauslesen möchte, daß es sich im Gegenteil um persische Lobbyisten gehandelt habe: Solche gab es jedenfalls noch zur Genüge, die auch den im Dienste des Darius II. stehenden Rhodier Memnon herbeiriefen, der den Parmenion aufhalten sollte. Damals wurde auch das Standbild des Philippos, das die pro-makedonische Partei im Artemision aufgestellt hatte, von solchen umgestürzt (s. auch VIII. 1).

Es ist nur zu deutlich, daß in Ephesos zu jener Zeit ein heftiger politischer Konflikt bestand, der an dem Tempelbrand sich immer wieder aufs neue entzündete, von gegenseitigen Schuldzuweisungen genährt wurde und vermutlich sogar über den Schlußstrich von 334 hinaus noch weitergloste. Und am Ende war der Focus allein auf jenen Mann gerichtet, der mit der Feuerkatastrophe wahrscheinlich gar nichts zu tun hatte, ebenso wenig wie die Beamten Pityas und Kallias, deren Namen einen Brand des alten Athenatempels auf der Akropolis von Athen datieren[115]. Daß aber auch solche, die als Tempelverwalter eingesetzt waren, zur Verantwortung gezogen werden konnten, zeigt ein anderes athenisches Beispiel, wo ein Blitzschlag zum Prozeß gegen diese führte[116]. Danach ist nicht von der Hand zu weisen, daß Herostratos, vielleicht Basileus-Essen oder gar Megabyzos, beschuldigt wurde, nicht die rechte Vorsorge zum Schutze des Tempels z. B. auch vor Naturkräften getroffen zu haben.

VIII. Die hellenistische Zeit

VIII. 1. Alexander der Große. Ephesische Diplomatie und neues Weltwunder

Ephesos war 335 wieder unsicherer Boden für die Perser geworden, so daß sich der sardische Satrap AUTOPHRADATES zu einem militärischen Eingreifen gezwungen sah, das ihm mittels einer vorgetäuschten Friedensverhandlung (Ephesos versuchte demnach, zu widerstehen), die von seinem Angriff ablenkte, hinterhältig Erfolg brachte[117].

Als letzter Vertreter der Tyrannis erschien jetzt SYRPHAX (sicher ein persischer Name, der dem griechischen Wort für „Kehrricht" angeglichen wurde) mit seinem Sohn PELAGON sowie Neffen und Nichten[118]. Vielleicht ist dieser Pelagon ident mit jenem Namen, der auch auf den ephesischen Tetradrachmen (S. 56) entgegentritt. Ob aber der Syrphax-Clan für all die Crimina wie Herbeiholung des Memnon, Tempelplünderung, Zerstörung der Philippos-Statue und Entweihung des Herophytos-Grabes (mit)verantwortlich war, wie aus den Fragmenten des C. Rufus (um 50 n. Chr.) hervorzugehen scheint[119], läßt sich nach der Schilderung des Arrianos (2. Jh. n. Chr.) eher bezweifeln: Obwohl Syrphax das Delikt der Tempelschändung nicht selbst begangen haben dürfte, denn er flüchtete sich mit den Seinen hierher in das Asylon, als Alexander heranrückte, wurden sie herausgezerrt und *gesteinigt*, und zwar vom ephesischen Demos: Dies zeigt freilich eine rituelle Strafe für einen religiösen Frevel an, woraus auch erhellt, daß damit wiederum nicht Violation des Asylon begangen wurde[118].

Der neue König ALEXANDROS war nach dem Sieg am Granikos i. J. 334 über Sardes nach Ephesos gekommen, wo er die zuletzt wiedererstandene Oligarchie durch die Demokratie ersetzte. Diese manifestierte sich damit, daß sie sogleich mit der gegnerischen Partei aufräumte und die Schuldigen (soweit sie nicht rechtzeitig geflohen waren wie der oppositionelle Makedone AMYNTAS und eine Söldnertruppe) an den genannten Verbrechen zum Tode verurteilte. Alexander verfügte, daß die Steuern, die bisher der persischen Verwaltung zugeflossen waren, nun *an die Artemis* abgeführt werden sollten. Er selbst bereitete der Göttin ein großes Opferfest und veranstaltete einen Umzug (etwa jenen um den Panayır dağı?), an dem – ähnlich der Parade des Agesilaos 60 Jahre zuvor (S. 55) – sein ganzes Heer in voller Kriegsausrüstung teilnahm[120]. Auf diese Weise zeigte er der Welt, daß das wichtigste Heiligtum auf asiatischem Boden nun nicht mehr von Asiaten abhängig war.

Natürlich wird dem König bekannt gewesen sein, was in Ephesos über den Beistand der Artemis bei seiner Geburt erzählt wurde. Ob ihm dies geschmeichelt hat, sei dahingestellt; sicher ist nur, daß er die Gelegenheit nutzen wollte, seinerseits Göttin und Priester abhängig zu machen, indem er anbot, *die bisherigen und künftigen Kosten für den Wiederaufbau des Tempels zu übernehmen*; die Ephesier aber entzogen sich mit der diplomatischen Antwort, *daß es sich nicht schicke, daß ein Gott Göttern Bauten errichte*[121], und bewiesen damit, daß man im Heiligtum das Prinzip des neutralen Asylon über alles hielt, wenngleich auch nur zu deutlich ist, daß man sich im Grunde nur nicht an den Westen binden wollte.

Mit der Restaurierung des Tempels war gewiß schon 356 begonnen worden, möglicherweise mittels der persischen Depositen (S. 58), außerdem aber aus dem städtischen Vermögen sowie mit Hilfe einer Zwangskollekte, bei der der Schmuck der Ephesierinnen eingezogen wurde[122]. Darüber hinaus wurden die Kosten pro Säule taxiert, und die Namen jener, die für eine solche aufkamen, in einer Spendenliste festgehalten[123]. Daß auf diese Weise gewaltige Summen zustande kamen, zeigt schon die großartige Planung des Neubaues, der an Pracht und Ausstattung den alten Tempel dann bei weitem übertraf: Man hatte sich also vorgenommen, ein zweites Mal ein wahres Weltwunder zu schaffen.

Natürlich konnte ein solcher Monumentalbau nicht im Handumdrehen fertiggestellt werden, was schon die Reihe der Architekten zeigt, die hier wirkten: Cheirokrates, Deinokrates, Demetrios und Paionios. Als Alexander nach Ephesos kam, wird freilich schon vieles vom Unterbau des Tempels gestanden haben: so der gegenüber dem Vorgänger um fast 3 m höher liegende Stylobat (wodurch der Bau noch majestätischer emporragen sollte), viele der Säulenbasen, vielleicht auch schon der Sekos (Cella) und ein Teil des etwa 17. 5 m hohen „Waldes" der 117 Säulen. Man hielt sich in den Ausmaßen an den archaischen Bau, nur die Anzahl der *columnae cellatae*, der mit übermannshohen Reliefs geschmückten Säulentrommeln wurde mit 36 verneunfacht. Wie 200 Jahre zuvor wurden bekannte Bildhauer und Maler berufen, den Tempel innen und außen mit ihren Werken zu verzieren: Genannt werden Praxiteles, der den Altar schuf, und Apelles[124]. Daß eine der Relieftrommeln von Skopas stammen soll, beruht auf einem Überlieferungsfehler bei Plinius, wo *„una a scopa"* in Wahrheit *imo scapo* „am unteren Schaft" bedeuten dürfte[125], womit auch die (logische) Annahme bestätigt wird, die durch die Münzbilder der römischen Kaiserzeit belegt ist, daß nämlich diese Reliefs an den Säulenfüßen angebracht waren (wo sie immer noch hoch genug über den Köpfen der Betrachtenden schwebten, was ihre Unteransichtigkeit hinreichend erklärt). Abb. 19. 20

Apelles, der mit Alexander in seine jonische Heimat zurückgekehrt war, malte von seinem König zwei Bilder, von denen ihn eines hoch zu Roß, das andere als blitzeschleudernden Zeus zeigte; beide wurden im Artemision aufgehängt[126]. Das letztere Bild soll die ungeheuerliche Summe von *20 Goldtalenten* gekostet habe, was nach attischem Gewicht eine halbe Tonne bedeutet hätte![127]

Alexander setzte – mehr oder minder an Stelle der geflüchteten oder verjagten Satrapen – makedonische Offiziere als Statthalter in den eroberten Provinzen ein. Je weiter er sich aber auf seinem Zuge nach Osten entfernte und je länger er dort verweilte, um so mehr kam es im Westen zum Rückfall in alte Tendenzen: So entstand in Ephesos noch einmal eine Tyrannis unter einem gewissen Hegesias, geduldet von seinem makedonischen Herren – noch waren also die alten Strukturen nicht überwunden. Hegesias wurde gegen 323 von Anaxagoras, Kodros und Diodoros, den Söhnen eines Echeanax (welcher Name auch auf den ephesischen Tetradrachmen begegnet) ermordet: Sie wurden gefaßt und auf der Burg von Sardes eingekerkert, von wo zweien die Flucht nach Athen glückte[128]. Für die alten Demokraten hatte sich also gar nichts geändert, statt Persern regierten nun Makedonen, und Athen war weiterhin ihr „Mekka".

Im späteren 4. Jh. scheint der am Nordostabhang des Panayır dağı gelegene Kultbezirk der Muttergöttin (S. 26), die auf Inschriften als *Méter Oreíe*, „Mutter vom Berge", bezeichnet ist[129], erweitert worden zu sein: In eine senkrecht abgeschlagene Felswand wurden kleine Nischen gehauen, die Reliefs aufnahmen, auf denen fast stereotyp die der Kybele gleiche Göttin zwischen einem alten Mann und einem Jüngling (Zeus Patroos[130] und Attis-Hermes-Kadmillos) abgebildet ist. Es handelt sich hier gewiß um ein Volksheiligtum, das – direkt gegenüber dem Artemision mit seiner jungfräulichen Herrin – wohl dem Bedürfnis nach der alten Muttergöttin in ihrer eigentlichen Form nachkam. Abb. 21. 22

VIII. 2. Diadochen-Kämpfe. Ratlosigkeit beginnt

Am 13. Juni 323 starb der junge Gott-König Alexander ohne Nachfolger. Unter dem Reichsverweser Perdikkas wurden die Provinzen an die Generäle verteilt, wobei Kleinasien an Antigonos Monophtalmos fiel. Der Begründer der bedeutenden Antigoniden-Dynastie zielte aber offensichtlich auf die Übernahme des Gesamtreiches und hatte bald einen großen Teil davon in der Hand. In Ephesos müssen damals wieder adelige Herren am Ruder gewesen sein, vermutlich Parteigänger des Eumenes, des großen Gegenspielers des Antigonos, da dieser, als er 319 anrückte, auf die Hilfe von (demokratischen) Kollaborateuren angewiesen war: So nahm er die Stadt *beim ersten Angriff*. Wenig später schnappte er hier einen rhodischen Mittelsmann des Perdikkas, der auf vier Schiffen das Vermögen von 600 Talenten (d. s. fast 15.5 Tonnen) Silbers nach Makedonien bringen wollte[131].

Die ehrgeizigen Pläne des Antigonos wurden von den anderen Strategen keineswegs gutgeheißen, weshalb sich gegen ihn Seleukos, Ptolemaios, Kassandros und Lysimachos i. J. 315 zu einer Koalition zusammentaten. Im Zuge der wechselnden Kämpfe, in denen sich Antigonos' Sohn Demetrios besonders hervortat, der mit dem Vater 306 gemeinsam den Königstitel annahm, wurde auch Ephesos Ziel eines neuerlichen Angriffes: Lysimachos, inzwischen wie die anderen ebenso König, der den Auftrag hatte, von seinem thrakischen Gebiete aus die kleinasiatischen Küstenstädte unter seine Kontrolle zu bringen, ließ Ephesos durch seinen General Prepelaos einnehmen und dort auch gleich Veränderungen durchführen[132]. So ist plötzlich die Rede vom aristokratischen Altenrat der *gerousía* und von *epiklétoi* „Ratsberufenen", die gleich bei Prepelaos wegen des *Normgewichts* im Heiligtum und der Abgabenfreiheit für die Göttin vorstellig wurden[133]. In der Stadt wurden damals 100 rhodische Geiseln befreit, vielleicht gar von den 17 Jahre vorher aufgebrachten Silber-Schiffen?[134]

Antigonos fiel 301 in der Schlacht bei Ipsos, Demetrios entkam. Noch vorher hatte er Ephesos zurückerobert und hier die Demokratie wiederhergestellt (die lysimachische Besatzung hatte sich ergeben, so daß Demetrios nun eigene Leute *in die Burg* legte, womit der – wieder einmal befestigte? – Koressos-Hügel gemeint sein könnte) und konnte sich jetzt dahin in Sicherheit bringen[135]. Die Ephesier hatten ihm, dem *Poliorketes* „Städtebelagerer“, schließlich ein Gratulationsopfer durch die Essenen ausrichten lassen[136]. Durch diesen König, der als *phroúrarchos* „Festungskommandanten“ einen Diodoros einsetzte, kehrte in der Stadt für wenige Jahre Ruhe ein, nachdem sie seit Alexanders Tod andauernd gezwungen gewesen war (wie übrigens auch die anderen Städte), ihr Fähnchen nach dem jeweiligen Winde zu drehen: zu Perdikkas, Antigonos, Kassandros, Lysimachos und Demetrios; ihre notgedrungen wechselnde Politik wird durch die damals verstärkt in Mode gekommenen *proxeníai*, die Verleihung von Bürgerrechten an Parteigänger der Mächtigen, widergespiegelt.

Im Jahre 294 bemächtigte sich Lysimachos (dem Diodoros für 50 Talente, d. s. fast 1.300 kg Silbers, die Tore öffnete) wieder der Stadt[137], mit der er große Pläne hatte, die er auch gleich in Angriff genommen haben dürfte (s. VIII. 3). Demetrios aber nahm Ephesos 287 noch einmal durch List ein, jetzt gestützt auf Seeräuber (die, nachdem Prepelaos die ephesische Flotte verbrannt hatte, hier das Meer beherrschten), tötete den Diodoros und setzte seinen General Ainetos an dessen Stelle[134]. Der Korsarenhauptmann Mandron (Andron) verriet die Stadt aber für viel Geld sogleich an Lykos, den General des Lysimachos, indem er bei einer Einschleichlist half[138]. In jenen Tagen muß man sich in Ephesos absolut degradiert gefühlt haben, da man hin und her verschachert wurde und in den Straßen die bewaffneten Piratenhorden dulden mußte.

VIII. 3. Lysimachos. Die Neustadt: „Ephesos III“

Es blieb einem makedonischen Edlen und Offizier aus Pella, der zu den *somatophylakes* „Leibwächtern, Adjutanten“ Alexanders gehört hatte, vorbehalten, in Ephesos die Weichen für eine besondere Zukunft zu stellen: Lysimachos, Sohn des Agathokles, der als König von Thrakien und des westlichen Kleinasien hier eine neue Hauptstadt einzurichten begann. Schon vorher hatte er am Chersonnes und in Aitolia je ein *Lysimacheia* begründet, womit er den durch Alexander begonnenen persönlichkeitsbezogenen Städtestiftungen getreulich folgte. Ephesos, das genau in der Mitte seines Reiches lag, war damals zwar erst – genau genommen – 250 Jahre alt (s. III. 4), doch war die Stadt am Artemision gewiß schon einigermaßen mitgenommen und Abb. 23
platzte vermutlich aus allen Nähten, so daß sie sich als strahlende Residenz für einen hellenistischen Herrscher kaum eignete. So beschloß Lysimachos, deneben eine vollkommen *neue* Stadt zu errichten:

Diese sollte aber keine *Nea Ephesos* werden, sondern den Namen seiner Frau Arsinoë (einer Tochter des Königs von Ägypten, Ptolemaios Lagos) als *Arsinoeia* führen (zum ersten Male belegt 289/8[139]), ein Vorgang, den er auch in Smyrna wiederholte, wo er nach seiner Schwester die Neugründung *Eurydikeia* veranlaßte. Lysimachos wählte als Standort die Senke zwischen den beiden Bergen Tracheia und Lepre Akte, also genau jenen Bereich, durch den die alte Prozessionsstraße führte, an der die Ephesier ihre Toten begruben (die jüngsten Gräber bisher, aus dem 4. Jh. v. Chr., wurden 1985 über dem Hanghaus 2 gefunden[140]). In der geschützten Bucht südlich der Koressos-Akropolis war jetzt wohl auch der letzte wirklich günstige Hafenplatz übriggeblieben, während weiter im Osten das Geschiebe des Kaystros kaum noch intensiven Hafenbetrieb zugelassen haben wird. Wenn der König auch vorgehabt haben dürfte, mit seiner Gründung den Namen Ephesos zumindest zurückzudrängen, scheint er sie nicht ohne sakrale Bindung an Artemis vergenommen zu haben:

Die vorlysimachischen Bauten, deren Reste unter dem Westteil der späteren Agora aufgedeckt wurden (vgl. S. 52), waren genauso ausgerichtet wie der Raster, dem Arsinoeia folgte: Dies System der, von Hippodamos von Milet im 5. Jh. entwikkelten, sich wie auf einem Schachbrett kreuzenden Straßenlinien war also vielleicht sogar schon von Lysandros für seinen Hafenbezirk angewandt worden(?). Daß dabei die Nordsüd-Achse ungefähr im rechten Winkel zur Längsachse des Artemisions steht, wird wohl nur so zu erklären sein, daß die Katastrierung zumindest von Gelände, das der Artemis gehörte, von hier ausging. Lysimachos hielt sich nicht nur an die vorgegebene Linienführung, sondern legte die Hauptachse seiner Stadt (die eindeutig vor dem Stadion und hinter [östlich] der Agora Nord-Süd verläuft) so an, daß sie genau *7 Stadien* westlich des Temenos des Heiligtums lag. Dies kann kein Zufall sein, sondern muß in Anlehnung an die ehrwürdige Überlieferung zur Rettung von Koressos (S. 32) bewußt so gewählt worden sein. Damit wurde Lysimachos zum eindeutigen *ktístes* „Städtegründer", der an Altjonisches anknüpfte und zugleich der Artemis mittels einer heiligen Zahl verbunden blieb.

In jener Zeit der wogenden Kämpfe der Diadochen um das Gesamtreich waren sichere Befestigungen das Vordringlichste. So wird der König als erstes (vermutlich schon 294) den Bau des Mauerringes angeordnet haben, der auf eine Länge von 9 km über die Grate der beiden Stadtberge lief und nur den Hafen aussparte. Das gewaltige Bauwerk mit seinen vielen Türmen dürfte bis 281 weitgehend fertiggestellt worden sein. Das bedeutet, daß hier mit Nachdruck gearbeitet wurde, und kaum viel Zeit und Geld übrigbleiben konnten, die Stadt mit großartigen Bauwerken zu füllen. Immerhin scheint sicher, daß *Theater* und *Stadion* damals zumindest begonnen wurden. Auch die Anlage der *Agora* bzw. die Planung derselben dürfte in die lysimachische Zeit fallen: Wenigstens an der Ostseite ist eine entsprechende Doppelmauer zur Hangsicherung nachgewiesen[141]. Ob darüber hinaus auch noch andere Baulichkeiten in Angriff genommen wurden, vor allem, ob es gelang, ausgedehnte Wohnbereiche zu schaffen, ist eher zu bezweifeln; denn bisher konnten solche noch nirgends angetroffen werden.

Abb. 24–26. 29

Lysimachos hatte jedenfalls vor, eine großartige Umsiedlung vorzunehmen. Diese war nun keineswegs bloß Ausfluß seiner hochfliegenden Pläne, sondern entsprang auch der spezifischen Situation, in der sich die alte Stadt befand: Stephanos von Byzanz hat in seinem Lexikon-Artikel *Ephesos* im 6. Jh. n. Chr. festgehalten, daß der Ort aufgrund seiner tiefen Lage den winterlichen Überschwemmungen (durch Kaystros und Marnas) ausgesetzt war, wobei *Zehntausende starben*, was er durch das Gedicht eines Douris veranschaulichte:

Morgenwolken, wo habt ihr die schwarzen Wasser getrunken, mit denen ihr in starrer Nacht alles überschwemmtet ...?

Nach Strabo tat Lysimachos ein übriges: *Da die Leute nur ungern übersiedelten, wartete er einen Regenguß ab und verstopfte selbst die Kanäle, so daß die Stadt überflutet wurde; jetzt übersiedelten sie freudig*[142]. Nun ist ein unterirdisches Kanalsystem für das archaisch-klassische Ephesos kaum zu erwarten, und das von Strabo verwendete Wort *rhinoúchoi* (eig. „die mit Lederschilden versehenen“) meint sicher weniger Kanäle als Anlagen zur Wasserregulierung (*Flußwehre*), umso mehr als Lysimachos' eigenhändige Aktion als *emphrássein* „hemmen“ bezeichnet ist, das gerade für Flußdämme verwendet wurde! Hier liegt demnach eine – sicher absichtliche – Verdrehung vor, die verschleiert, daß Lysimachos vielmehr Maßnahmen zur Sicherung gegen Überschwemmungen setzen ließ.

Solche Katastrophen waren nach allem auch nichts Ungewöhnliches und hatten die Ephesier bislang trotzdem nicht vertrieben – warum hätten sie jetzt weichen sollen? Die hier insgesamt zutage tretende Umgereimtheit mag darauf zurückzuführen sein, daß man dem Lysimachos (anstatt ihm dafür dankbar zu sein, daß er der Stadt eine politische Ruhepause gebracht hatte), der schon wegen seiner Baupläne, die von den Ephesiern finanziell und sicher auch in Arbeitseinsätzen mitgetragen werden mußten, kaum beliebt gewesen sein kann, nun – wie das auch sonst gerne üblich ist – die Schuld selbst an Naturereignissen gab.

Die vorhandene Überlieferung und das (vorläufige) Fehlen eines frühhellenistischen Siedlungshorizontes unter dem römischen Ephesos läßt zudem vielmehr den Schluß zu, daß man überhaupt nicht oder doch nur zögernd und in sehr unerheblichem Ausmaße nach Arsinoeia übersiedelte. So ist auch zu erklären, warum Lysimachos Kolophonier und Lebedier hierher zwangsumsiedelte[143]: Wenn dies tatsächlich zutraf, konnte es nur daher kommen, daß der König seine neue Stadt verzweifelt zu füllen suchte. Unter den ephesischen Phylen tauchen nun die Lebedier als 4. Chiliastys der Ephesioi auf, doch geht das auf ältere Verhältnisse zurück – die Maßnahme des Lysimachos hatte also keine soziopolitischen Folgen.

Lysimachos stellte seine Frau, wie das damals üblich wurde, auf den Münzen vor, die – als Novität in Ephesos – auf der Vorderseite ihren Kopf nach rechts mit verschleiertem Haar zeigen, während auf der Rückseite der Hirsch der Artemis nach links kniet (genau wie auf der begleitenden Kupferserie der älteren Tetradrachmen);

die Beischrift *ΑΡΣΙ* stellt als Prägeort nicht Ephesos, sondern Arsinoeia vor. Merkwürdigerweise wurde fast nur in Kupfer und in kleinen Nominalien geprägt ohne eine bedeutende parallele Silberserie; diese – anscheinend nur in geringen Mengen emittiert – führt auf der Rückseite *Bogen und Köcher der Artemis*. Da die hier enthaltenen Beamtennamen auch auf – den viel häufigeren – Silberdrachmen mit der Büste der *Jägerin Artemis* und gleicher Rückseite erscheinen, jedoch mit der Stadtbezeichnung *ΕΦΕ*, legt dies nahe, daß die Emissionen im alten Ephesos oder besser: im Artemision fortgeführt wurden. Dies könnte damit zusammenhängen, daß wegen der hohen Baukosten für die Neustadt das Münzregal nicht ausschließlich vom König beansprucht wurde, der sich außerdem mit den billigeren Prägungen begnügte. Trotz der räumlichen Trennung zeigen die Münzen der Arsinoë eine starke Bindung an Artemis, auf deren Unterstützung Lysimachos ja auch kaum verzichten konnte. Abb. 27. 28

Lysimachos residierte nur selten in Ephesos-Arsinoeia, wo er seinen Sohn Agathokles als Statthalter einsetzte. Infolge einer Hofintrige der Arsinoe kam es so weit, daß dieser 284 von seinem Vater zum Tode verurteilt wurde[144]. Allein diese schreckliche Tat zeigt an, daß Lysimachos gescheitert war: Denn all seine Erfolge und Eroberungen (insbesondere auf dem Balkan) nützten ihm nichts, als sein ehemaliger Kriegsgefährte Seleukos Nikator, König von Persien, sich aufmachte, Kleinasien zu erobern und ihn 281 in der Schlacht auf dem lydischen Kouroupedion besiegte, wobei Lysimachos fiel. Die Ephesier, d. h. die seleukidischen Lobbyisten unter ihnen, scheinen auf diesen Augenblick gewartet zu haben, *denn sie rissen die Mauern und Tore auf für die königliche Sänfte* des Seleukos und wollten Arsinoë erschlagen, die nur durch List (in Lumpen gehüllt) über das Meer entkam[145].

Obwohl die Mordgier Übertreibung sein dürfte, mag dies die allgemeine Stimmung in der Stadt wiedergeben, wo man dem Ehrgeiz eines (und besonders dieses) hellenistischen Potentaten nicht zu folgen vermochte bzw. dazu nicht gewillt war. Woran er aber wohl am meisten gescheitert sein dürfte, ist das Faktum, daß er die Ephesier vom Heiligtum fort (wo der sakrale Schutz schon durch Affinität zum Ausdruck kam) an einen Platz verpflanzen wollte, wo sich seit Jahrhunderten ein *Friedhof* ausdehnte, über dem seine Häuser zu errichten man sich in antiker Totenscheu einfach fürchtete und (zumindest damals noch) schlichtweg ablehnte. So blieb schließlich alles beim Alten: Kolophonier, die sich nach Pausanias direkt am Kampf gegen Lysimachos beteiligt hatten[146] und Lebedier zogen wieder heim, und nach Arsinoeia, dessen Name fortan bloß noch Geschichte war, kehrte – außer in Theater und Stadion? – die Totenruhe zurück. Freilich scheinen hier jetzt keine Toten mehr begraben worden zu sein (obwohl dies auf den negativen Fundzufall zurückgehen mag), so daß man annehmen könnte, daß so mancher reiche Ephesier unter Lysimachos eine Bau-Parzelle erworben hatte. Auf jeden Fall blieb die Tradition der Prozessionen aufrecht, die weiterhin dem alten, dem Gelände angepaßten Wege folgten, der entweder von der lysimachischen Planung berücksichtigt worden war oder aber gleich danach in der alten, davon abweichenden Führung wiederhergestellt wurde. Immerhin wurde der angelegte Stadtraster sonst belassen, was zeigt, daß die

Ephesier doch nicht alles Lysimachische aufgaben. Vor allem werden sie den neuen Hafen, so er schon einigermaßen funktionstüchtig war, fortbenützt haben. Und wenn sie auch weiter (hauptsächlich) in der alten, engen Stadt am Heiligtum wohnen blieben (was z. B. hellenistische Bauglieder verraten, die vor einigen Jahren bei Ausschachtungen in Selçuk aufgefunden wurden), haben sie doch so viel von des Lysimachos Gründung beibehalten, daß diese zum Fundament ihrer Zukunft werden konnte.

VIII. 4. Wechselnde Herren. Zwischen Seleukiden und Ptolemaiern

Seleukos war als Folge von Kouroupedion einer der drei mächtigsten Herren des ehemaligen Alexanderreiches geworden, in dem neben ihm die Ptolemaier Ägypten und die Antigoniden Griechenland beherrschten. Der kleinasiatische Teil des Lysimachos-Königreiches wurde Seleukos' Sohn ANTIOCHOS SOTER unterstellt. Dieser mußte sich nicht nur mit kleineren Dynasten im Norden der Halbinsel herumschlagen, sondern auch mit 20.000 *Galatern* (Kelten), die durch den Bithynier NIKOMEDES herbeigerufen worden waren und 279 über den Bosporos hereinbrachen. Unter ihrem Führer BRENNOS sollen sie auch bis Ephesos vorgedrungen sein, der sich hier in die Jungfrau DEMODIKE verliebt habe: Diese geldgierige Person habe sich ihm versprochen, wenn er ihr den Schmuck der ephesischen Frauen gebe, und außerdem zugesagt, die Stadt zu verraten; von den ungeheuren Mengen Goldes, die ihr dann aufgeladen wurden, sei sie schließlich lebendig begraben worden[147]. Das Motiv der Schmuck-Kollekte (S. 61) kehrt hier in pervertierter Form wieder, läßt aber darum an einen Zusammenhang mit dem Artemision denken, über dessen Vermittlung (vielleicht war Demodike nichts weniger als eine jungfräuliche Priesterin!) die Stadt von einer Verheerung freigekauft worden sein mag. Für die Anwesenheit der Galater könnte ein archäologischer Fund sprechen, nämlich eine keltische Tetradrachme mit Kupferkern, die in der römischen Oberstadt nahe dem Prozessionsweg geborgen wurde[148]. Abb. 30

PTOLEMAIOS PHILADELPHOS, der außerhalb Ägyptens mehr als nur Kilikien und Zypern besitzen wollte, begann um 260 mit einem Vorstoß in die Ägäis, wobei er auch Ephesos einnahm. Als Phrourarchen setzte er seinen Adoptivsohn PTOLEMAIOS ein (der als ein Sohn des Lysimachos identifiziert wird), dem hier ein übles Schicksal widerfuhr: Nach einer Seeschlacht zwischen Ptolemaiern und einer rhodischen Flotte unter der Flagge des ANTIOCHOS THEOS bei Ephesos floh er mit seiner Frau EIRENE vor den eigenen Söldnern in das Asylon, wo *beide erschlagen wurden*[149]. Offensichtlich hatten sich letztere, Thraker, auf die Seite des seleukidischen Siegers begeben. Sie waren nach allem die ersten, die die Unantastbarkeit des Heiligtums schändlich verletzten und damit einen Reigen von ähnlichen Violationen eröffneten, die das Asylon bald vor niemandem mehr sicher sein ließen.

Ephesos blieb jetzt wieder eine zeitlang in einer festen Hand, nämlich der des Antiochos II., der hier mit seiner Frau LAODIKE seine Residenz aufgeschlagen haben dürfte. Als Festungskommandanten wird für jene Zeit ein SOPHRON genannt, der mit knapper Not einer Kabale der Königin entging, womit also „normales" orientalisches Hofleben in der Stadt herrschte[149]. Antiochos starb, angeblich durch Gift, im Sommer 246 als zweiter König nach Androklos in Ephesos, weshalb es nahe liegt, für ihn ein Mausoleum anzunehmen und dieses in dem prächtigen Grabbau beim nahen Belevi an der Straße nach Sardes zu erkennen. Der Sohn und Nachfolger des Theos, SELEUKOS KALLINIKOS, mußte sich sogleich mit PTOLEMAIOS EUERGETES um seinen Besitz schlagen, von dem er den Westen und damit auch Ephesos verlor.

Für lange Jahre – genau für ein halbes Jahrhundert – erlebte die Stadt nun keinen weiteren Herrenwechsel und durfte sich unter den Ptolemaiern einer Periode der Ruhe erfreuen, wie sie damals keine Selbstverständlichkeit war. Der Garant für den ptolemaischen Erfolg war die verbündete unabhängige Flottenmacht Rhodos, die am ägyptischen Handel gut verdiente. Selbst dem aufkommenden Pergamener-Reich unter ATTALOS gelang es noch nicht, seine Macht bis nach Ephesos auszudehnen. Erst i. J. 197 kam es wieder zu einem Machtwechsel, als ANTIOCHOS III. d. Gr., der sich mit dem Makedonenkönig PHILIPPOS V. und auch den Rhodiern gegen Ptolemaios verbünden konnte, die Stadt durch ein Ablenkungsmanöver einnahm und darin für einige Jahre sein Hauptquartier aufschlug, um von hier aus seinen Angriff auf den Balkan vorzubereiten[150].

Der zuletzt auch politisch in Karthago gescheiterte HANNIBAL floh 195 zu dem mächtigen Seleukidenkönig nach Ephesos[151]. Dieser war inzwischen in Gegensatz zu Rom getreten, weshalb das größte militärische Genie jener Zeit von ihm wohl erwartete, daß er den römischen Vormarsch werde aufhalten können, wozu er ihn auch eindringlich aufforderte[152]. Für Antiochos wiederum war der Karthager als Berater unschätzbar, so daß er diesen während seines Krieges gegen Rom, also bis 190, in seinem Kriegsstab behielt. Das bedeutet, daß Hannibal damals öfters in Ephesos zu sehen war, von wo er auch fleißig Fernpolitik betrieb: Dabei kam ihm zugute, daß in Ephesos, diesem Tor zum Osten, sich genügend Leute aus der Levante aufhielten, also Semiten, wie ein gewisser ARISTON aus Tyros, den er als Sendboten gewann[153].

VIII. 5. Die ersten Römer. Pergamons Option

Nachdem das republikanische Rom aus den beiden ersten Punischen Kriegen im Frieden von 201 als der große Sieger hervorgegangen war, folgte sogleich ein Konflikt mit dem Makedonenkönig, der sich nach Cannae (216) mit Karthago verbündet hatte. Zudem riefen Attalos, Athen und Rhodos die Römer gegen Antiochos und Philippos zu Hilfe. So standen bald römische Heere mit einer Befreiungsmission in Griechenland, das sie dem Philippos entrissen.

193 bekamen die Ephesier zum ersten Male Römer zu Gesicht, als eine Gesandtschaft (der auch der berühmte Konsular P. Cornelius SCIPIO Africanus angehörte, der hier Gespräche mit Hannibal führte) bei Antiochos eintraf[154], der sich freilich nicht beeindrucken ließ und seine Kriegsvorbereitungen intensivierte. Im Folgejahr gelang es ihm denn auch, Teile Griechenlands zurückzugewinnen, doch wurde er 191 bei den Thermopylen von den Römern geschlagen und konnte sich gerade noch nach Ephesos retten. Hier hatte sein Stadthalter POLYXENIDAS inzwischen beim Kap Korykos bei Erythrai eine Niederlage zur See hinnehmen müssen, was gar als ein ephesisches „Salamis" hingestellt wurde[155]. Darauf folgte eine Seeblockade der Stadt durch den Admiral C. LIVIUS: Nach einer Sperre der Golfmündung wurden Landungstruppen abgesetzt, die der Makedone ANDRONIKOS, als sie schon ringsum reiche Beute gemacht hatten, zurückjagte und ihnen dabei wieder vieles abnahm; am nächsten Tag wollten ihn die Römer heraus- und in eine Falle locken, mußten aber – da durchschaut – unverrichteter Dinge abziehen[156]. C. Livius hatte geplant, Lastschiffe mit Sand zu füllen und als Dauersperre vor der Hafeneinfahrt zu versenken, doch brachte ihn König EUMENES von diesem sinnlosen Vorhaben ab, das gewiß die große ephesische Zukunft zunichte gemacht hätte[157].

Nach dem Bericht des Historikers Livius war Andronikos Kommandant in Ephesos, so daß hier zwei Mann befehligt hätten. Dies ist wohl nur so zu erklären, daß Polyxenidas die Stadt selbst, und Andronikos ein Außenfort hielt. Dafür gibt es sogar einen archäologischen Beleg: Am Südwest-Hang des Koressos wurde 1982 der Teil einer offensichtlich hastig gebauten Befestigungsmauer freigelegt, deren Hinterfüllung nach dem zahlreichen keramischen Material um 200 v. Chr. eingebracht wurde[158]. Daraus folgte, daß Antiochos hier zum Schutze des Hafens eine Garnison stationiert hatte, die, *als die Römer schon an die Mauern herangekommen waren, einen Ausfall machte.* Ähnlich wie i. J. 409 (S. 51) wurden die Ephesier der Angreifer Herr, da sie sich stets ihre Topographie zunutze zu machen verstanden[159]. Abb. 39

Auch eine Aktion des Praetors L. Aemilius PAULLUS Macedonicus brachte den Römern 191 keinen Erfolg, der ihnen erst 190 beschieden war, als die beiden Scipionen Africanus und ASIAGENUS den Antiochos in der Schlacht bei Magnesia am Sipylos besiegten, worauf dieser wenig später (188) Kleinasien räumen mußte[160]. Nun konnte Ephesos – unbesiegt – nur noch seine Tore öffnen und den Asiagenus einlassen, der hier überwinterte. Der den Römern so treu zur Seite stehende Eumenes wurde mit den seleukidischen Besitzungen im Westen Kleinasiens belohnt und damit auch Herr über Ephesos, das auf diese Weise fortan als *strategía* „Militärbezirk" zum Reich von Pergamon gehörte.

Die Pergamener wollten sich die günstige geopolitische Lage des ephesischen Hafens zunutze machen, weshalb ATTALOS II. (159–38), um vor allem für die Lastschiffe eine tiefere Rinne zu erhalten (die *lange, enge und seichte Zufahrt* hatte schon C. Livius zu schaffen gemacht[157]), an der Mündung einen Damm aufschütten ließ, mit dem er allerdings genau das Gegenteil erreichte, da ihn die Gezeiten abtrugen und damit die Situation nur verschlimmerten[161]. Andererseits wollte Pergamon die der Artemis bestimmten, bedeutenden Einkünfte aus den beiden *Selinusischen Seen* nördlich der Kaystros-Mündung einkassieren, doch intervenierte hier Rom[162]. Was es nun mit den selinusischen Gewinnen auf sich hatte, wird nicht genannt, schwerlich können es bloß Fische gewesen sein, die da zum Politikum wurden; da nach Xenophon beide Selinous-Bäche auch *Muscheln* enthielten[163], könnte man vielleicht daran denken, daß in den Seen mit dem selben Namen Perlzucht betrieben wurde(?) (S. 71).

Als eine besondere Neuheit wurde durch die Pergamener eine gemeinsame Münzprägung aus Silber innerhalb ihres Reiches eingeführt, die, da auf der Vorderseite immer der von einem Efeukranz umrahmte, halb geöffnete mystische Schlangenkorb unverändert erscheint, *kistophóroi* „Träger der (dionysischen) Kista Mystika" hießen; auf der Rückseite umwinden zwei Schlangen eine verzierte Bogentasche, neben und über der die verschiedensten Beizeichen und die abgekürzten Namen von insgesamt 16 Städten auftauchen. Die ephesischen Exemplare sind durch die Beischrift *EΦE* und eine Reihe von kleinen Zeichen erkennbar, die neben den bekannten Münzbildern (Biene, Hirsch und griechischer Artemis) jetzt zum ersten Male das typische *Kultbild* der Ephesia in Teilen und im ganzen vorstellen: Das besagt, daß das Tabu betreffend die Verbreitung des wahren Bildes der Göttin gefallen sein mußte; hinter einer derart einschneidenden Veränderung konnten nur gravierende Umstellungen im Tempel stehen, die sich auf Kult und Priesterschaft bezogen – vermutlich wurden
Abb. 31. 32 die persischen Elemente jetzt endgültig zurückgedrängt.

Neben diesem großen (als Tridrachmon gedeuteten) Kurant, das natürlich mehr war als die ephemere Unionsprägung über 200 Jahre zuvor (s. VII. 3), nämlich echtes Reichsgeld, wurden die eigenen ephesischen Münzen weitergeprägt.

Vor der Mitte des 2. Jh. s v. Chr. weilte ein Ephesier namens Aristo[als Erzieher des Prinzen Attalos (III.) am pergamenischen Hofe[164], der damals der große Mittelpunkt im Westen Kleinasiens war.

VIII. 6. Das Testamant des Attalos III. Die große Wende

Der letzte Attalide, der – vielleicht wegen seines Beinamens Philometer „der die Mutter liebt" – als Sonderling galt und auch sonst keinen guten Ruf hatte, verfügte in seinem Testament, daß Rom sein Gesamterbe sein sollte. So traten die Römer nach seinem Tod i. J. 133 die Erbschaft an, womit der Startschuß für die spezifische Folgeentwicklung gefallen war, die bald vor allem Ephesos betreffen sollte. Vorerst aber lehnte sich Aristonikos gegen das Testament auf, angeblich ein Sohn des Eumenes von dessen ephesischem Kebsweib[165]; dieser beanspruchte das Erbe für sich und rief zu einem Befreiungskrieg gegen Rom und gleich auch gegen alle Unterdrükker auf, wodurch er Kleinasien an den Rand des Ruins brachte; auch Ephesos wurde dabei schwer in Mitleidenschaft gezogen. Aristonikos wurde zwar zwischendurch in einer Seeschlacht bei Kyme von einer ephesischen Flotte besiegt, aber erst 130 durch die Römer endgültig bezwungen[166].

Rom richtete das Attalidenreich als seine erste Provinz auf kleinasiatischem Boden, als *provincia Asia*, ein, für die mit dem Jahre 133 eine neue Jahreszählung (Ära) begann: So erschienen jetzt auf den weiterhin ausgeprägten Kistophoren datierende Zahlen (gemäß dem griechischen Usus nach dem Alphabet mit *A* = 1 beginnend). Die Abb. 33 Provinz erhielt ihr eigenes Statut, unterstand einem *Praetor* und führte ihre Steuern über die *publicani* (Steuerpächter) ab, die bald zum großen Schrecken wurden. So kam es durch solche zu neuen Übergriffen bei den selinusischen Einkünften der Göttin (S. 70), weshalb Ephesos kurz vor 100 eine Gesandtschaft nach Rom entsenden mußte, die unter dem bekannten Geographen ARTEMIDOROS (nicht ident mit dem ephesischen Oneiromanten [Traumdeuter], der nur sein Zeitgenosse war) zum Erfolg geführt wurde, was diesem sogar ein goldenes Ehrenbild im Artemision einbrachte[162]; er muß seiner Stadt also einen beachtlichen Wert zurückgewonnen haben. Mit seiner Mission wurde eine regelrechte Tradition von Gesandtschaften nach Rom eingeleitet, bei denen die Ephesier meist recht gut zu reüssieren wußten (vgl. X. 6. b).

Es ist bemerkenswert, daß es angesichts solcher Umstände in Ephesos zu einer *Goldprägung* kommen konnte, die zumindest in einem Fall (wie K. G. Jenkins kürzlich entdeckte[167]) auf das Jahr 120 datiert werden kann: Es handelt sich dabei um eine qualitätsvolle Serie mit einem Nominal von 8.5 g, das auf der Vorderseite die Büste der Artemis Jägerin, auf der Rückseite das Kultbild der Ephesia zeigt. Dieser Typ (von dem bisher mehrere Varianten bekannt geworden sind) wurde stets mit dem mithridatischen Aufstand in Zusammenhang gebracht (s. IX. 1) und als das großartige Signal einer ephesischen Los-von-Rom-Bewegung angesprochen. Das Faktum, daß auf einem Stück dieser Serie der Name des Prätors C. ATINIUS C. f. figuriert, der auf Abb. 34. 35 den Kistophoren des Jahres 13 der Ära (= 121/20) erscheint, zeigt jedoch, daß es sich im Gegenteil um eine von Rom gestützte, d. h. vom Senat bewilligte, Prägung handelt: Denn Gold-Emissionen waren innerhalb der römischen Grenzen im Sinne eines absoluten Regals (wie auch sonst stets) nur der Regierung vorbehalten. So muß diese Goldserie ausgerechnet in Ephesos, das ja noch nicht einmal Provinzhauptstadt war, einen besonderen romspezifischen Anlaß gehabt haben, der in eine Zeit fällt, da in Rom gerade C. Gracchus mit seinen Reformen gescheitert war (121). Vielleicht wollte man mit dem „autonomen" Golde einer der reichsten Städte des Ostens auch nur zeigen, daß in den Provinzen ohnehin alles zum Besten stand. Dazu kam sicher, daß Ephesos von Roms außenpolitischen Strategen schon eine bedeutende Rolle zugedacht war, bildete sein Hafen doch den Ausgangspunkt der beiden großen Heerstraßen in das Landesinnere, über die man eines Tages in neue Provinzen marschieren würde. Als ein Ausdruck dafür ist anzusehen, daß im Zuge der Administration von Asia bis zum Jahre 126 nun die Meilensteine *ab Epheso* gezählt wurden[168].

IX. Die römische Republikszeit

Während Rom zuerst im Jugurthinischen Krieg (111–05) in Numidien, dann in den Alpen mit den Kimbern und Teutonen (105–01), mit Bürgerkrieg und Sklaven-Revolten und schließlich im Bundesgenossenkrieg (91–88) sich im eigenen Land herumschlagen mußte, blieben die östlichen Provinzen den Statthaltern und Steuereintreibern überlassen, die sich zunehmend bereicherten. Wenn Ephesos dabei auch relativ besser abschnitt, begann es hier doch auch wie überall zu gären. Insgesamt war es so nicht verwunderlich, daß der pontische König MITHRIDATES EUPATOR Dionysos, nachdem er sein Reich bis zur Krim ausgedehnt hatte, auch nach Süden und Westen expandierte. So fiel er i. J. 89 in die Provinz Asia ein und begann damit einen Siegeszug bis nach Griechenland, wobei ihn anfänglich viele Griechen als Befreier freudig willkommen hießen, so auch Ephesos, wo man zunächst nur die Bildnisse von Römern umstürzte[169].

IX. 1. Die ephesische Vesper. Eine verhängnisvolle Untat

Die mithridatische antirömische Propaganda scheint schließlich zu einer Massenhysterie geführt zu haben. Denn als der hellenisierte Barbarenkönig i. J. 88 den Befehl zu einem Massaker an den Römern samt ihren Frauen, Kindern und Freigelassenen an einem bestimmten Lostag gab, sollen deren auf einmal 80.000 abgeschlachtet worden sein, wobei man sich auch an jenen vergriff, die sich ins Asylon der Ephesia geflüchtet hatten[170]. Die abscheuliche Greueltat (die aus der steuerlichen Auspressung wohl kaum zu erklären ist) auf Kommando in Verbindung mit Sakrilegien (zu denen es auch im pergamenischen Asklepieion kam) scheint trauriges historisches Faktum zu sein, obwohl derartiges Wüten gerade von Ephesos nicht zu erwarten gewesen war, das doch sonst immer gut zwischen den Fronten zu lavieren verstand. Nur an der hohen Zahl der Opfer ist ein gewisser Zweifel angebracht, da 80 das Doppel des alten *Vielheits*-Begriffes ist; und die 80.000 kommen übrigens auch in der Armee wieder vor, die Mithridates i. J. 86 nach Griechenland führte …

Nachdem Alexander d. Gr. die Ausdehnung des Asylbezirkes um den Tempel auf 1 Stadion = ca. 180 m festgelegt hatte, wollte ihn Mithridates übertreffen und erweiterte ihn (nach den Geschehnissen fast wie zum Hohn) ein wenig auf *Pfeilschußlänge*[161]. Diese Reverenz gegenüber der Göttin sollte – wie schon so oft – nicht nur deren Bedeutung, sondern den Eroberer als neuen Herren von Asien unterstreichen.

Abb. 35

Roms Reaktion kam mit L. Cornelius SULLA, der allerdings, nachdem er die mithridatischen Festen Piraieus und Athen eingenommen hatte, erst 86 Kleinasien erreichte. Das führte in Ephesos gleich zu einem Umschwung, wo der königliche General ZENOBIOS ermordet, und seine Truppen entwaffnet wurden[171]. Jetzt entschloß man sich auch ganz offiziell zu einer Kehrtwendung, was eine lange Inschrift beredt zum Ausdruck bringt: Außer einer Loyalitätsversicherung an die Adresse Roms und der Kriegserklärung an Mithridates wird darin eindringlich dazu aufgerufen, künftig gemeinsam solcher Gefährdung schon in den Wurzeln zu wehren ... ![172]

Als Sulla nach seinem Friedensschluß mit Mithridates i. J. 84 in Ephesos einzog, hielt er hier ein Strafgericht über die Aufständischen, ganz besonders die Ephesier, *da sie sich an den römischen Weihegeschenken* (im Artemision) *vergriffen hatten.* Sulla beorderte alle, die am Tage des Massakers in Amt und Würden gewesen waren, nach Ephesos, wo er ihnen schwerste Vorwürfe machte und hohe *Reparationskosten* auferlegte: Insgesamt mußten so 20.000 Talente = 516 Tonnen Silbers aufgebracht werden, wodurch die Städte in eine verzweifelte wirtschaftliche Lage gerieten[173].

Hier erhebt sich die Frage, welche Stadt Sulla zu beherbergen hatte: jene am Artemision oder die lysimachische? Nach allem kann es nur erstere gewesen sein, da diese 45 Jahre später noch immer bestand (S. 76), und in der letzteren damals kaum schon bedeutendere Verbauung vorhanden war. Abgesehen von dem kleinen *Brunnenhaus* vor dem Theater, das laut Inschrift aus einer Leitung gespeist wurde, die vom Marnas her (also eine komplizierte Strecke um den Panayır dağı herum) verlegt worden war[174], scheint es um 100 v. Chr. bloß noch auf der breiten Senke zwischen den beiden Stadtbergen, in der späteren Oberstadt, zu Neubauten gekommen zu sein: Hier wurden nördlich und südlich der Prozessionsstraße z.T. über der archaischen Nekropole zwei lange *Stoen* errichtet (beide im dorischen Stil), die wohl allein im Zusammenhang mit den Umzügen zu sehen sein dürften. Daß vor der nördlichen Halle, unter dem kaiserzeitlichen „Odeion", ein als „Bouleuterion" gedeuteter Bau, und an dieser Stelle somit schon ein administrativer Standort entstanden sei, ist dagegen zu bezweifeln[175]; eher gehört das betreffende Fundament zum Gräberbezirk. Eine Bautätigkeit ist auch an der Ostseite der Agora zu erkennen, wo eine lysimachische Doppelmauer um 100 hinterfüllt wurde[176].

Abb. 40

Abb. 44

Wenn nach Sulla von Geldnot und Verschuldung die Rede ist, so betraf dies zumindest nicht die Prägung der Kistophoren, die nach den Jahreszahlen bis *67* = 66 v. Chr. ungebrochen weitergemünzt wurden – allerdings sichtlich mit römischem Silber, handelte es sich dabei doch um *Provinzialgeld*, mit dem Rom seine Administration bezahlte. Freilich nicht mit solchem wird L. Licinius LUCULLUS nach seinem Sieg über Mithridates i. J. 73 in Ephesos eines seiner berühmten Banquette bestritten haben, war dieser neue Statthalter doch selbst sehr reich. Unter ihm wurden die drückenden sullanischen Reparationen stark gemildert.

Sein Nachfolger wurde der, mit Sondervollmachten ausgestattete, Cn. POMPEIUS Magnus, der nach Vernichtung der Seeräuber (die jahrzehntelang das Mittelmeer verunsichert hatten) zwischen 66 und 63 Herr der Meere und Küsten war. Ihm gelang auch die endgültige Besiegung des Mithridates, so daß in Asia neue Provinzen eingerichtet werden konnten. Pompeius selbst scheint in Ephesos keine Spur hinterlassen zu haben, doch als er 61 nach Auflösung seines Heeres nach Italien zurückkehrte, verblieben seine Getreuen in der Stadt, die hier bald unangenehm auffelen (S. 75).

Um das Jahr 66 ließ der *agoranómos* (Marktaufseher) TIMON auf einer Inschrift, die vom Westtor der Agora stammt, verkünden, daß er den Marktplatz beim *horológion* habe pflastern und neben diesem eine *parastás* (Pfeiler) für Artemis und Demos (Gemeinde) habe errichten lassen[177]. Daraus geht hervor, daß der Platz, über den auch der Prozessionsweg führte (Sondierungen im Südosten haben den schräg querenden Unterbau erfaßt), vorher schon eine gewisse Gestaltung erfahren hatte, zumindest aber als Mittelpunkt eine monumentale Uhr (am ehesten wohl eine Sonnenuhr) aufwies. Da hier auch die eindeutige Bezeichnung *Agora* erscheint, handelt es sich dabei entweder um einen Fest- und Versammlungsplatz im Zuge des Prozessionsweges oder – was wahrscheinlicher ist – den Hafen-Markt (vgl. S. 64), d. h. also (noch) *nicht* das Zentrum der Stadt, die ja erst später hier entstand (s. X. 2).

IX. 2. Entstehung des römischen Ephesos. Cicero und Caesar auf Kurzbesuch

Abb. 36 Ab dem Jahre *77* = 57 v. Chr. wurde es üblich, daß – nach einer Prägepause von 9 Jahren – auf den Kistophoren die Namen der regierenden Beamten festgehalten wurden, aber nicht nur wie auf den übrigen Münzemissionen allein der einheimischen Verwaltung, sondern auch der römischen *proconsules* (die in Asia die sullanischen Propraetores ablösten). Dies zeigt die Straffung der römischen Administration an, die durch Pompeius neu organisiert worden war. Ephesos wurde dabei zwar nach außen in nichts hervorgehoben, doch scheint der Umstand, daß M. Tullius CICERO, der 51 als Proconsul in die Provinz Cilicia entsandt wurde, über die Artemisstadt reiste, darauf hinzuweisen, daß diese damals schon der obligatorische *Transitort* für die römischen Beamten war (S. 101). Cicero hatte schon vorher Kontakt mit Ephesos gehabt, von wo ihm sein Freund, der berühmte T. Pomponius ATTICUS, am 9. 8. 54 einen Brief schrieb[178]. Gleich nach seiner Ankunft in Ephesos am 22. 7. 51 schrieb Cicero an Atticus und berichtete diesem[179], daß er in großer Begleitung von Samos angereist sei, und daß ihm die *decumani* (Steuerpächter) einen eilfertigen Empfang bereitet hätten; und das Volk von Ephesos habe ihn *quasi als Praetor* begrüßt: Das ist ein deutlicher Hinweis auf die Rolle der Stadt als des offiziellen Landungsortes. Cicero blieb drei Tage, kümmerte sich um die Angelegenheiten des Atticus und traf mit etlichen wichtigen Römern zusammen: So mit Q. Mucius SCAEVOLA (dem großen Juristen), Q. Minucius THERMUS (gerade Propraetor von Asia), C. Curtius MITHRES und P. Nigidius FIGULUS (dem Naturforscher und Grammatiker), was zeigt, daß die Stadt am Artemision voll von Römern war[180].

Cicero war schon 20 Jahre zuvor einmal in Kleinasien gewesen, also vermutlich auch in Ephesos, wo ihn Herostratos und Asylon offenbar besonders interessierten. Zu letzterem hat er eine Geschichte bewahrt[181], die dessen Funktion und die römische Einstellung dazu beleuchtet: Ein Sklave des Praetors M. Aurelius SCAURUS hatte sich in das Heiligtum geflüchtet, das zu verletzen der Gouverneur *mit Gewalt gehindert wurde*; deshalb wurde der Ephesier PERIKLES (vermutlich der regierende Priester;

der Name erscheint als der eines Grammateus auch auf den Kistophoren zum Jahr *77* = 57 v. Chr.) zur Verantwortung nach Rom zitiert, da man römischerseits eine solche Verteidigung des Asylortes gegen den höchsten lokalen Vertreter für unangebracht hielt.

Nach Cicero war Ephesos schon vor 70 so etwas wie ein römisches Versorgungs-Hauptquartier, wohin Geld zum Getreideeinkauf und Legaten geschickt wurden[182], was selbstverständlich mit der günstigen geopolitischen Lage des Hafens zusammenhing.

Nach allem spielte sich das Leben weiterhin in der Stadt am Heiligtum ab, wo man noch immer Vorlieb nahm mit den räumlich gewiß sehr eingeschränkten Möglichkeiten. Freilich wäre es denkbar, daß für die römische Verwaltung neue Amtsgebäude am Hafen errichtet wurden, der ja immer mehr zu einem Tor der römischen Weltpolitik wurde. (Vielleicht sind Teile der Baureste unter dem Westteil der Agora in diesem Zusammenhang zu sehen?)[183]

Als C. Iulius Caesar i. J. 49 gegen Pompeius, seinen Kollegen im *1. Triumvirat* (60–49), lossegelte, war in Ephesos dessen Schwiegervater Q. Caecilius Metellus Pius Scipio mit einigen Senatoren gerade dabei, *aus dem Heiligtum der Diana die dort seit alters aufbewahrten Depositen zu beschlagnahmen*, doch hinderte ihn ein Stellungsbefehl des Pompeius an der Ausführung[184]. Die Nachricht zeigt, daß die Göttin doch in der Lage gewesen war, die ihr anvertrauten Vermögen über die Zeiten zu retten, und daß gewisse Römer davon nun angelockt wurden. Nach seinem Sieg bei Pharsalos (Thessalien) setzte Caesar 48 nach Kleinasien über und ging vermutlich direkt in Ephesos an Land. Damit verhinderte er zum zweiten Mal eine Beraubung der Artemis, deren Gelder jetzt T. Ampius Balbus, ehemaliger Proconsul Asiae (58/7, in welchem Jahr er auch auf den Kistophoren erscheint), wieder zusammen mit Senatoren konfiszieren wollte[185]. Abb. 36

Der Diktator erließ von hier aus Dekrete und regelte das Steuersystem neu, indem er an die Stelle der Publicani nun städtische Beamte setzte, die die Einnahmen an die Quaestoren ablieferten; außerdem wurde die Belastung um ein Drittel gesenkt. Die Dankbarkeit der Provinzialen drückte sich in einem Ehrenmal aus, das in Ephesos aufgestellt wurde, und dessen Inschrift Caesar – in Anlehnung an die bekannte julische Herleitung – als Epiphanie aus Ares und Aphrodite (also Mars und Venus) und als Generalretter bezeichnet[186]. Einem der Parteigänger Caesars, P. Servilius Vatia Isauricus, 47/6 Proconsul Asiae, wurde in Ephesos deshalb auch zusammen mit der Dea Roma ein *Heroenkult* eingerichtet[187], d. h. man verehrte ihn zu Lebzeiten als quasi-göttlichen Helden.

Als die beiden Caesar-Mörder M. Iunius BRUTUS und C. CASSIUS Longinus bald nach dem 15. 3. 44 Italien verlassen mußten, setzten sie sich in ihre Provinzen im Osten ab, um ein Heer zu sammeln. Dabei kamen sie auch nach Ephesos, wo sie Aufnahme und Hilfe fanden. Die Stadt, die wenige Jahre zuvor dem Opfer dieser Männer die Rettung der Tempelkasse zu verdanken gehabt hatte, stellte sich nun – neuerlich diplomatisch lavierend – dennoch nicht gegen sie. Wenig später begründete M. ANTONIUS mit OCTAVIANUS und M. Aemilius LEPIDUS das *2. Triumvirat* (43), vernichtete 42 die beiden Attentäter bei Philippi und zog über Athen nach Kleinasien.
Abb. 37 In Ephesos nahm man die Gelegenheit wahr und prägte Münzen, auf deren Vorderseite die gestaffelten Köpfe der Triumviri zu sehen sind.

So wie sich Antonius jetzt überall als *Neòs Dionysos* bejubeln ließ (wohl weniger als Weingott – wenn es auch hieß, er habe ein Buch über die Vorzüge der Trunkenheit geschrieben – denn im Sinne der späthellenistischen Mysterienreligionen als *Erlöser*)[188], zog er 41 auch in Ephesos mit Pomp und in der Begleitung von Bacchantinnen, Satyrn und Panen ein. Mit ihm kam jedoch nicht bloß anbefohlene Freude in die Stadt, die er für die Finanzierung seiner Kriegsvorbereitungen gegen die Parther kräftig zur Kasse bat, nachdem er die von Caesar verfügten Begünstigungen aufgehoben hatte.

Antonius brachte der Artemis zwar (wie die Großen vor ihm) ein prachtvolles Opfer dar, holte sich aber die ins Asylon geflüchteten Anhänger von Brutus und Cassius und ließ sie bis auf zwei liquidieren[189], womit er die Zahl der vielen Sakrilegien (die insbesondere seit 260 [S. 67] immer wieder begangen wurden) rücksichtslos vermehrte. Ähnlich Mithridates (S. 72) erweiterte er wie zum Hohn den Heiligen Bezirk, jetzt allerdings gleich um das doppelte (also auf 2 Stadien = ca. 360 m), wozu er auch *einen Teil der Stadt mit einbeziehen mußte*[161]: Damit ist nur zu deutlich, daß das alte Ephesos noch immer hier fortbestand und pulsierte. Die Maßnahme wurde, da sie eine städtebauliche Katastrophe darstellte, wenig später von Augustus annuliert.

Infolge der starken Annäherung des Antonius an die ägyptische Königin KLEOPATRA kam es zum ersten Bruch zwischen ihm und Octavianus, der jedoch durch die Verheiratung von dessen Schwester OCTAVIA mit Antonius wieder gekittet wurde: Kistophoren und ephesische Bronzemünzen zeigten damals einen Frauenkopf, der wohl das Porträt der Octavia vorstellen soll. Antonius, der sich immer mehr als Beherrscher des Ostens fühlte (über den er allerdings nur in der Gestalt des armenischen Königs Artavasdes 34 triumphierte) und eine Restitution des Alexanderreiches herbeiführen wollte, erlag aber bald ganz der großen Ptolemaierin, die er vermutlich auch geheiratet hat: er proklamierte sie 34 zur „Königin der Könige" und damit zu einer Art von Kaiserin des Ostreiches. Dazu gehörten natürlich großherrliche Geschenke, die er ihr aus seinem Herrschaftsbereich zukommen ließ: So dedizierte er ihr aus Ephesos eine Apollostatue des Myron (5. Jh.), die er mit anderen berühmten Kunstwerken nach Alexandreia verschiffte, von wo später Augustus sie wieder zurückstellte[190].

Daß Kleopatra sich mit ihrem Hofstaat auch in Ephesos aufhielt, geht z. B. aus der Nachricht hervor, daß sie ihre Schwester Arsinoë IV. (oder ihre Brüder), die sich in das Asylon geflüchtet hatte(n), mit Hilfe des Antonius herauszerren und ermorden ließ[191]; andererseits verhinderte sie auf das Flehen der Ephesier hin, daß sich Antonius auch am Megabyzos vergriff, der die Arme als eine Königin aufgenommen hatte[192] – es ging bei dem ganzen um eine jener berüchtigten orientalischen Hofkabalen[193], mit der eine Gegenspielerin beseitigt wurde (S. 80).

Antonius scheint mit Ephesos besondere Pläne gehabt zu haben, das er richtig als den zweiten bedeutenden Brückenkopf des östlichen Mittelmeeres neben Alexandreia einstufte. So wird ein Grund für die schweren finanziellen Belastungen, mit denen er die Ephesier peinigte, auch darin zu sehen sein, daß er hier eine Residenz errichten wollte. Die Untersuchung des großen Platzes in der römischen Oberstadt („Staatsmarkt") hat nahegelegt, daß mit der Anlage desselben schon vor Augustus begonnen worden sei, was vor allem auf der Datierung (2. Hälfte 1. Jh. v. Chr.) des Fundamentes eines kleinen *Peripteros* im Westen sowie der Auffndung (in einem jüngeren Kanal gleich daneben) eines als Antonius-Porträt angesprochenen Kolossalkopfes beruht (W. Alzinger): Seine Interpretation als „Isis-Tempel" wegen einzelner „ägyptischer" Kleinfunde und einer Wasseranlage davor ist freilich sehr zweifelhaft, da letztere aus viel späterer Zeit stammt; viel eher dürfte die Zuweisung einer nahebei gefundenen statuarischen Giebel-Gruppe (sog. Pollio-Gruppe), die die Blendung des *Polyphem* zeigt, durch B. Andreae zutreffen, da sie mit dem Sieg des Weines über den ungeschlachten Barbaren wenigstens etwas Dionysisch-Antonianisches darstellt und vielleicht einen Bezug auf die Partherkriege enthält. (Die Figuren als solche sind nicht homogen, sondern stammen zumindest z.T. aus älterem hellenistischen Zusammenhang, was die getöteten ‚Gefährten des Odysseus' verraten, die – da nach medizinischer Erkenntnis eindeutig *Tetanus-Tote* [A. Suppan] – von einem Schlachtenbild kommen.) Ob also Antonius hier wirklich mit einem großstädtischen Programm begonnen hat, läßt sich nach der bisherigen archäologischen Evidenz nicht mit Sicherheit behaupten; nur die Aufgabe eines Teiles der alten Stadt zugunsten des Artemisions könnte ähnlich wie bei Lysimachos als Versuch gewertet werden, die Ephesier zur Übersiedlung zu zwingen (vgl. S. 65), und damit ein Hinweis auf eine neue Stadtplanung sein.

Abb. 43

Abb. 42

Abb. 41

Vor der großen Entscheidung mit Octavianus (der Antonius 33 zum Reichsfeind erklärt hatte) war Ephesos der Ort, wohin sich die Getreuen des letzteren aus Italien flüchteten, unter ihnen auch der Consul Cn. Domitius Ahenobarbus, der im Artemision eine Ehreninschrift erhielt[194]. Des Antonius hochfliegende Pläne gingen i. J. 31 in der Seeschlacht vor Aktion (Westgriechenland) unter, ihn selbst und Kleopatra ereilte aber erst im folgenden Jahr in Alexandreia das Schicksal.

X. Die römische Kaiserzeit

So war von allen, die um bzw. gegen die Republik gekämpft hatten, nur noch Octavianus über, der sich daran machte, seiner ungeheuren Verantwortung gerecht zu werden. Vordringlich war ihm dabei die Neuordnung des Ostens, wozu er sich ab Ende 30 mehrere Monate in Ephesos aufhielt. In diesem Zusammenhang meldet Dio Cassius[195], daß *damals die Städte Ephesos und Nikaia in Asia und Bithynia vor den anderen geehrt wurden*, was als ihre Erhebung zu Provinzhauptstädten interpretiert wird. Da aber der bithynische Vorort Nikomedeia war, und Octavianus in Nikaia und Ephesos je ein Heiligtum der *Dea Roma* und des *Divus Caesar* (die von den Auslands-Römern zu verehren waren) begründete, bezieht sich die Nachricht allein auf diese Verfügung. Demgegenüber durften die *Hellenen* (d. h. Nichtrömer) in Pergamon und Nikomedeia einen Heroenkult für Octavianus (wie einen solchen auch schon vorher Proconsuln erhalten hatten) in Verbindung mit dem der Dea Roma[196] einrichten. Ephesos wurde also nicht sofort anstelle von Pergamon zur ersten Stadt von Asia, der *metrópolis tès Asías*, gemacht, unter welchem Titel (später gerne mit dem Zusatz *die erste und größte*) es erst einige Zeit danach zum ersten Mal entgegentritt (um die Mitte des 1. Jh. s n. Chr.).

Octavianus kehrte nach Rom zurück, wo er im August 29 seinen großen Triumph feierte und im Jänner 27 vom Senat den Ehrennamen *Augustus*, „Majestät", erhielt. Von da an führte er den offiziellen Titel *Imperator Caesar Augustus* (den nach ihm auch alle Kaiser trugen), was bei den Griechen mit *Autokrátor Kaîsar Sebastós* übersetzt wurde. Die Provinz Asia wurde jetzt in eine senatorische Provinz umgewandelt, die also nicht mehr den Proconsuln, sondern dem römischen Senat unterstand.

In Ephesos wurden jetzt (wie natürlich auch anderswo) Münzen mit dem Kopf des Augustus allein, dann vor allem zusammen mit dem seiner Frau Livia geprägt, wobei
Abb. 38 auf den Rückseiten (Kultbild oder Hirsch) wie schon im 2. Triumvirat die Namen der verantwortlichen Beamten erscheinen: Zum ersten Male auf diesem Medium sind sie auch mit ihrem Titel angeführt, und zwar als *archiereús* und *grammateús*, meist nebeneinander. Da der Archiereus (Erzpriester) für den Kaisertempel zuständig war, und es einen solchen vorerst nur in Pergamon gab, wurde hier einfach die Praxis der Kistophoren fortgeführt; der Grammateus (Sekretär, Gemeindevorsteher) besorgte die Prägung im Auftrag: Neben der Tatsache, daß Pergamon weiterhin eine führende Rolle spielte, wird daraus auch deutlich klar, daß die Münzprägung an den Tempelbetrieb gebunden blieb, wenn auch jetzt unter veränderten Vorzeichen.

Wenn Ephesos auch die Ehre eines Augustus-Tempels versagt blieb, durfte es doch als Ersatz ein *Sebastéon* = *Augusteum*[197] im Artemision errichten, das 6/5 v. Chr. ummauert wurde. Möglicherweise wurde in der Folge auch der „Staatsmarkt" nach stadtrömischem Muster ausgerichtet (S. 81 f.), so daß die Stadt am Ende doch ein gültiges Zeichen dafür besaß, daß hier und nirgendwo anders die Zentralverwaltung der Provinz amtierte.

X. 1. Strabo in Ephesos

Strabon von Amaseia, der um 18 n. Chr. seine *Geographiká* verfaßte, dürfte i. J. 29 v. Chr. auf seiner Fahrt nach Korinth über Ephesos gereist sein. Denn wenn er auch in dem Abschnitt über diese Stadt auf dem lokalen Geographen Artemidoros (S. 71) fußte, können etliche Details nur aus eigener Anschauung stammen.

In seiner Beschreibung segelte er von Samos (also umgekehrt) durch die Meerenge an der Mykale vorbei[198], wo nach ihm das ephesische Territorium schon begann[199]: Paktye und Berg Me*s(s)*ogis sowie ephesische *paralía* (Strand). Nachdem er das damals zu Ephesos gehörende Neapolis und P(h)ygela passiert hatte, fuhr er in den Kaystros-Golf ein, vorbei an dem Hafen namens *Pánormos,* wo sich ein Tempel der Ephesia befand: Da dieser auch sonst weit verbreitete Name einen bequemen Ankerplatz bezeichnet, kann es sich kaum um einen solchen im Bereich der Flachküste und also auch nicht der unmittelbaren Schwemmtätigkeit des Kaystros handeln, sondern muß eine Stelle mit tieferem Wasser anzeigen; eine solche gab es am ehesten am Nordrand der Bucht zwischen den Ausläufern des Gallesion-Berges, wo heute ein ausgedehnter Sumpf liegt; hier scheint auch der alte Name in der Flur *Pananos* erhalten geblieben zu sein? (R. Meric).

Strabos Route führte dann zur Stadt (über die er weiter kein beschreibendes Wort verlor) und wieder zurück zum Strand zum Heiligtum *Ortygia,* einem Hain, der wegen seines mannigfaltigen Bewuchses – vor allem Zypressen – berühmt gewesen sei: Hier floß der Kenchrios durch, in dem sich Leto (gemäß der von Delos nach Ephesos verschobenen Sage) nach der Geburt der Zwillinge Artemis und Apollo gewaschen habe (vermutlich gab es kultische Waschungen in dem Bach); nahebei wurde ein *Olivenbaum* gezeigt, an den sich Leto bei der Entbindung gestützt habe. Über dem Hain der Wachtelgöttin Ortygia (einer Nebenform der Artemis) erhob sich der Solmi*ss*os, wo die *Kureten* mit ihrem Lärm die Schreie der kreißenden Leto und dann ihrer Kinder übertönt haben sollen (damit die verfolgende Hera sie nicht höre). An diesem Orte, der nur in dem Tal westlich des Bülbül dağı (dessen Name „Nachtigallenberg" vielleicht sogar auf den Wachtelhain zurückgeht?) liegen kann, gab es nach Strabo mehrere alte Tempel mit Xoana sowie jüngere mit Statuen der Leto und Ortygia von Skopas. Geschmückte Jünglinge (als Nachklang der Kureten?) feierten hier alljährlich eine *panégyris* (Volksfest) mit Festschmaus ähnlich den *sympósia* (Trinkgelagen) der Kureten.

Anschließend beschreibt Strabo die jonische Gründung (s. II. 2) und die Übersiedlung unter Kroisos zum *jetzigen* Artemision, *wo sie bis Alexander wohnten.* Das würde bedeuten, daß die Ephesier schon vor Lysimachos neuerlich übersiedelt wären, was entweder auf einem Irrtum des Geographen oder aber einem ganz anderen Datum beruht: Da nämlich auf den Kistophoren zum Jahr *81*=53 v. Chr. ein ephesischer Beamter Alexandros erscheint, könnte unter diesem der (römische) Ausbau der lysimachischen Stadt – die für Strabo *die jetzige* war – begonnen haben, bzw. die Verwaltung verlegt worden sein.

An anderer Stelle schreibt Strabo[200] über die frühe ephesische Geographie und die Lage Smyrnas, das hinter der *damaligen*, am Athenaion (S. 20) gelegenen Stadt, also hinter dem Koressos, beim *jetzigen Gymnasion* gelegen sei: Noch ist unbekannt, wo diese ‚Sportstätte' (mit Bad) anzunehmen sei, ob in Ober- oder Unterstadt, doch zeigt sie, daß es hier *voraugusteische* Verbauung gab, über der sich die *Leprè Akté* (S. 41) mit der Stadtmauer erhob.

X. 2. Augusteische Stadtplanung. Die Totenstadt wird verbaut

Karte 4 Von einer Stadt, die dazu ausersehen war, über den anderen in der Provinz zu leuchten (wenngleich sie nach Plinius noch im 1. Jh. n. Chr. als *alterum lumen*, als „zweite Leuchte", hinter der prächtigen Königsresidenz Pergamon zurückstand[201]), wäre eine entsprechend großangelegte Bautätigkeit zu erwarten, um all die notwendigen offiziellen Gebäude und Wohnquartiere aufzunehmen. Tatsächlich begann die Entwicklung unter Octavianus-Augustus aber ganz anders.

Die ältesten Monumente nämlich, die wir aus der zweiten Hälfte des letzten vorchristlichen Jahrhunderts kennen, sind keine neuen Prunk- oder Nutzbauten, sondern *Grabmonumente*, die gemäß der uralten Tradition entlang der heiligen Prozessionsstraße – und das bedeutete seit der lysimachischen Ummauerung von Arsinoeia: *innerhalb* der Stadt – aufgeführt wurden. Nach einem frühestens um 50 errichteten Rundbau (von dem nur noch der Rustica-Sockel erhalten ist, der zumin-
Abb. 46 dest sekundär irgendein Wasserspiel getragen haben muß: F. Hueber glaubt dabei an eine Wasseruhr) am unteren Ende des Einschnittes zwischen den beiden Stadtbergen
Abb. 45 (der treffend *émbolos* „Keil" genannt wurde), dem Grab eines Mädchens der Zeit um 40 in der Nähe (dessen hohen Sockel ein oktagonaler Peripteros zierte; H. Thür denkt
Abb. 47 hier an einen Zusammenhang mit dem Jahr 41, also an die ermordete Arsinoë IV. [s. IX. 2. a]) und einem Heroon gleich daneben (das allerdings auch schon vom Beginn des Jahrhunderts stammen dürfte: nach Thür handelt es sich dabei um ein „Grabmal" für Androklos, an den man sich demnach plötzlich erinnert hätte; möglicherweise gab es nach dem mithridatischen Fehltritt Bedarf nach dem ebertötenden Ktistes als barbarenvertreibendem Renovator [s. IX. 1, s. auch S. 134]; andererseits war auf den Kistophoren vor 133 schon einmal ein Eberkopf aufgetaucht) wurde am oberen Ende des Embolos ein prachtvolles *Grabmal* errichtet:

Über einem Tetrapylon aus Triumphbögen erhob sich eine mit Reliefs verzierte
Abb. 48 Attika, deren Fries die zweisprachige Widmung an den Toten enthielt, nämlich den Enkel des Sulla, C. Memmius, der vermutlich Consul von 34 gewesen war. Ob damit ein Zeichen der endgültigen Aussöhnung mit den Römern, die man 88 so schändlich behandelt hatte (s. IX. 1), gesetzt werden sollte, wie manche glauben, sei dahingestellt; derlei war um Christi Geburt, in welche Zeit der Grabbau datiert wird (Alzinger), wohl kaum noch nötig, weshalb eher anzunehmen ist, daß sich dieser Memmius

um Ephesos besonders verdient gemacht hatte: Vielleicht ist er auch ident mit dem MEMMIOS, der auf Münzen der augusteischen Zeit gemeinsam mit dem ephesischen Beamten KOUSINIOS (Cusinius) erscheint.

So wurden also kurz vor Augustus und noch am Beginn seines Kaisertums entlang der Prozessionsstraße mitten in der Stadt, die sich jetzt hier zu entfalten begann, Grabmäler errichtet. Geschah das auch ganz im Sinne der alten Tradition, widersprach es doch insbesondere römischer Auffassung: Erklärbar ist dies Phänomen einzig aus der generellen Toleranz der neuen Herren; zugleich zeigt es an, daß es zunächst gar keine konsequente neue Stadtplanung gegeben haben dürfte – vielleicht wurde eine solche auch gar nicht propagiert, um den Widerstand gegen die Verbauung der alten ‚Totenstadt' zu umgehen. Freilich ermöglichte besonders der Umstand, daß Ephesos eine *civitas libera* „Freistadt" war[202], die Errichtung der Heroa.

Vermutlich das älteste nicht-sepulchrale Bauwerk im augusteischen Ephesos war das südliche *Tor* zur Agora, das i. J. 4/3 v. Chr. als eine Stiftung der Freigelassenen MAZAIOS und MITHRIDATES dem Kaiserhaus und dem Volk von Ephesos erbaut wurde[203]: Mit seinen drei Durchfahrten, der hohen Attika und den bekrönenden Statuen war es wie ein römisches Triumphtor konzipiert, durch das jetzt die Prozessionen zogen. Nach einer 1989 aufgefundenen Inschrift hatte es den Namen *Triodos-Tor*[204], allerdings nicht wegen seiner drei Bögen, sondern da es an einer Stelle stand, wo sich drei Wege gabelten: einer zum Embolos, der zweite zur Agora, der dritte nach Westen (Ortygia); dies wird auch dadurch unterstrichen, daß in der westlichen Durchfahrt das Bild der *Hekate (Trioditis)*, der Göttin der Wegkreuzungen, eingeritzt ist. Wohl gleichzeitig wurde auch die Agora selbst weiter ausgebaut, deren Nord-Halle noch aus der frühaugusteischen Zeit stammen könnte.

Nördlich des oberen Marktes, am Fuße des Panayır dağı-Hanges, entstand – möglicherweise noch in dem Jahr, da Octavianus in Ephesos weilte – der „Staatsaltar", eine Anlage aus zwei(?) Naiskoi mit Podium, die nach der ‚Lehrmeinung' mit der Einrichtung des Kultes für die Dea Roma und Divus Iulius (s. X) zu tun haben könnte. Danach läge das Konzept zugrunde, den Kern der römischen Neustadt in der lysimachischen Oberstadt einzupflanzen. Dafür spricht wohl auch, daß dann, in den Jahren zwischen 11 und 13 n. Chr. (D. Knibbe und M. Büyükkolancı) knapp davor eine 190 m lange Basilica (*basilikè stoá* „Prachtstoa") mit drei Schiffen errichtet Abb. 50
wurde, dessen mittleres überhöht war. Das besondere an diesem Bau sind die weitausladenden Kapitelle über den Frontsäulen, zwischen deren Voluten nach beiden Abb. 51
Seiten Stierköpfe vorkragen: Dies erinnert allgemein an die achaimenidische Architektur (Apadana von Susa), vor allem aber an den Stierkult im Bereich der Ephesia (S. 39). Nach der zweisprachigen Monumentalinschrift (dies wurde jetzt genereller Usus zumindest in offiziellem Zusammenhang, obwohl die Umgangssprache in der Stadt das Griechische blieb) war dies Gebäude der Artemis, dem Augustus, dem Caesar Tiberius und dem Demos geweiht[205]; gestiftet war es von C. Sextilius POLLIO seiner Frau Ofillia BASSA und deren Sohn C. Ofillius PROCULUS. Im Inneren wurde je

Abb. 52. 53 eine monumentale Sitzstatue von Augustus und Livia aufgestellt, die im östlichen Annex (*chalcidicum*) eine Art von Kaisersaal (wie er später in den großen Thermen üblich wurde) und damit auch eine kultische Verehrung (inoffizieller bzw. offiziöser Art) des Kaiserpaares vermuten lassen.

Abb. 55 Der südlich davor gelegene Platz („Staatsmarkt") wurde, wenn er nicht schon vorher konzipiert worden war (S. 77), spätestens jetzt mit seinen Ausmaßen von 160 × 56 m ausgestaltet. Der kleine Tempel im Westen („Isis-Tempel"), der gewiß nicht als Sebasteion anzusprechen ist, könnte, so er wirklich älter war, umgebaut worden sein: Wenn die antonianische(?) Polliogruppe von hier stammt (B. Andreae), mag sie damals entfernt worden sein, um einem neuen Programm Platz zu machen. Ein solches wäre in dem Sinne vorstellbar, daß man den Platz nach der Art des römischen *Forum* gestaltete und den Tempel, wenn schon nicht für die capitolinische Götter-Trias, vielleicht für eine römische Gottheit (etwa gar für Dea Roma und Divus Iulius? [s. o.], vgl. P. Scherrer) adaptierte? Der Umstand, daß er später (zur Zeit des offiziellen Sieges des Christentums, s. S. 131) niedergerissen wurde, weist jedenfalls schon in solche Richtung.

Abb. 54 Kurz nach Christi Geburt wurde neben dem „Staatsaltar" das *Prytaneion* („Haus des Vorstehers" oder „Haus des heiligen Feuers") erbaut, wo das heilige Feuer auf dem Herd der *Hestia* unablässig brannte. Mit dieser uralten Funktion (die ja daraus resultierte, daß man, da Feuer nicht wie heute überall zu haben war, es an einem bestimmten Punkt hüten mußte[206]) war hier ein weiteres Zentrum begründet, ohne das eine antike Stadt nicht auskommen konnte. Im Prytaneion taten die *prytaneîs* Dienst, welches ebenfalls sehr alte Kollegium in der jetzt ungestüm wachsenden Stadt große repräsentative Aufgaben zu erfüllen hatte, für deren Bestreitung die Mitglieder auch ihr Privatvermögen einsetzen mußten. Wenn nicht bereits in augusteischer Zeit, so doch bald danach wurden die *Kureten* aus dem Artemision herausgelöst und an das Prytaneion gebunden, wo sie in der Folge zum führenden Kultorgan werden sollten. (Die vielen Inschriften betreffend die Kureten, die entlang der Embolos-Straße vom Prytaneion abwärts [von wo sie in der Spätantike verschleppt wurden] gefunden wurden, haben dazu geführt, daß diese Straße von den Ausgräbern „Kuretenstraße"
Abb. 56 genannt wurde.) Das Prytaneion war zugleich der Stadttempel der Artemis.

Der oberste, östliche Teil dieser Straße mündet nach einem Platz in ein rampenartiges Straßenstück hinter dem Westende der Basilica, das – da es den direkten
Abb. 57 Zugang zum Prytaneion bildet – in Anlehnung an das römische Capitol als *Clivus Sacer* „Heilige Auffahrt" bezeichnet worden ist. In diesem Bereich wurde nach einer Inschrift das Pflaster unter Augustus erneuert, wonach die Straße als solche schon vorher bestanden hatte. Für die neue Stadt waren entsprechend dimensionierte Wasserleitungen unabdingbar, weshalb solche nun auch neu angelegt wurden: So die *Aqua Iulia* (möglicherweise der in Resten erhaltene Strang am Nordhang des Bülbül dağı aus dem Kenchriostal) und die *Aqua Troessitica*[207]. Letztere kam aus dem Marnastal, wo der Basilica-Stifter Pollio zwischen 4 und 14 n. Chr. einen zweigeschossigen Aquädukt finanzierte. Einem solchen Mann mußte die dankbare Stadt natürlich

hohe Ehren verleihen, und so wird man kaum fehlgehen, in dem Monument an der Südseite des Westendes der Basilica, dessen – wieder zweisprachige – Inschrift[208] dem Pollio gewidmet ist, dessen – vom Sohn errichteten – Grabbau zu sehen, in dem er in spätaugusteischer Zeit beigesetzt wurde, nachdem der Platz von der Stadtverwaltung extra zur Verfügung gestellt worden war. Dies zeigt, daß die Gräbertradition (die auch noch später weitergepflegt wurde) keineswegs mit der baulichen Entwicklung der Stadt kollidierte (ja im Gegenteil dieser so zu weiteren Schmuckbauten verhalf), wenn es sich um Leute handelte, die sehr freigebig gewesen waren und sich so im Sinne von Heroen ihre letzte Ruhestätte an prominenter Stelle quasi „verdient" hatten. Abb. 58

Mit Octavianus-Augustus war also eine entscheidende Cäsur eingetreten. Zunächst fast unmerklich, dann aber umso deutlicher war nun das von Lysimachos fast 300 Jahre zuvor geradezu weitblickend geplante neue Ephesos schließlich doch noch realisiert worden. Der Wille dazu war – wie immer – von außen gekommen. Und jetzt erst wird auch in großem Stil ein *freiwilliges* Um- und Übersiedeln eingesetzt haben, werden sich die leeren, für den Wohnbau bestimmten, Parzellen allmählich zu füllen begonnen haben. Freilich mußten die Ephesier damit, dank der besonderen topographischen Situation der Lysimachos-Gründung, auch Nachteile in Kauf nehmen: Da zwischen den beiden Stadtbergen nur wenig ebene Flächen bestehen, die allesamt für offizielle Bauten reserviert waren, blieben allein die Hänge über, die über steile Gassen erklommen werden mußten. Während als Vorteile bessere(?) Luft und weniger Lärm von den Hauptstraßen und Plätzen im Tal (keineswegs aber die herrliche Aussicht auf Stadt und Golf, da man in der Regel in diesen Klimaten nur nach innen ohne betonte Öffnung nach außen baute) gewertet werden konnten, muß das Problem der Wasserversorgung schwer gewogen haben: Denn wer über dem höchsten Spiegel der städtischen Wasserdepots wohnte, konnte sich nicht an die von diesen ausgehenden zahlreichen Tonrohrleitungen anschließen lassen (darauf scheint sich schon eine Inschrift der Zeit zwischen 4 und 14 n. Chr. zu beziehen[209]) und mußte mit einem Tiefbrunnen vorlieb nehmen.

Nicht mehr auf diese neue Bauaktivität bezog sich Vitruvius in seinem Werk *de architectura* (abgeschlossen vor Aktion und in den 20er Jahren ediert), wo er von einem *alten Gesetz* der Ephesier berichtet, nach dem die Architekten zu genauesten Baukostenvoranschlägen verhalten waren, für deren Überschreitung um mehr als ein Viertel sie mit ihrem Vermögen haften mußten. Eine solche vorbildliche Bestimmung hätte Vitruvius auch gerne in Rom eingeführt gesehen[210]. In Ephesos freilich wird es ab jetzt nicht mehr so oft notwendig gewesen sein, das Gesetz anzuwenden, wurden doch seine öffentlichen Bauten ohnehin meist ganz aus privaten Mitteln finanziert.

X. 2. a. Die Stadt „auf dem Peion"

Die topographischen Nachteile haben die Entwicklung dennoch nicht gehemmt. Offensichtlich wurde so intensiv gebaut, daß C. PLINIUS SECUNDUS d. Ä. in seiner 77 n. Chr. dem Titus dedizierten *naturalis historia* festhalten konnte[211], daß Ephesos *attolitur in monte Pione* „sich am Berg Pion hochzieht, emporwächst". Dieser Ausdruck reflektiert den imposanten Anblick der roten Ziegeldächer am Berghang, den jeder genoß, der in den Hafen einlief (und dieser war insbesondere für Römer das Entree, vgl. S. 74). Der Name Pion (nach den späteren lokalen Quellen PEION) tritt hier zum ersten Male entgegen; seine Identifizierung mit einem der beiden Stadtberge hat zuletzt eine teilweise heftige Debatte ausgelöst, wobei jedesmal entweder für Panayır- oder Bülbül dağı treffende Argumente angeführt werden konnten. Nun weist schon die Plinius-Stelle viel eher auf ersteren (weil die einlaufenden Schiffe diesen vor sich hatten), da auch anzunehmen ist, daß die Verbauung mit Wohnhäusern zuerst hier, als dem weitaus günstigeren Bereich mit Nachmittags- und Abendsonne (der noch dazu innerhalb des Kreises der Prozessionsstraße lag), forciert wurde; dazu paßt, daß das große Privathaus über dem Theater (diesem bedeutendsten Blickfang) aus dem 1. Jh. n. Chr. stammen dürfte, und die auf dem gegenüber liegenden Hang des Bülbül dağı bisher aufgedeckten Wohnhäuser („Hanghäuser") insgesamt auf eine spätere Verbauung schließen lassen, auch wenn jüngste Grabungsergebnisse hier zumindest einen partiellen Wohnbau noch in voraugusteischer Zeit erweisen.

Während Strabo[212] für die Lepre Akte die Bezeichnung *preón* „(Berg) Vorsprung" (vgl. S. 41) überliefert, was in der Aussprache auch als *príon* „Säge" verstanden werden konnte (wofür wiederum der Bergkamm mit seinen Mauertürmen anregte), notierte Pausanias ca. 170/80 *die Natur des Berges Pion*[213]: Da dies im Zusammenhang mit Kenchrios und Halitaia-Quelle (s. II. 1) geschah, hatte der Pion etwas mit Wasser zu tun (obwohl Pausanias sich eher auf die besondere Formation, also die Kluften der Trecheia, bezog). Vermutlich hat die lokale Volksetymologie seinen Namen von *pínein* „trinken" abgeleitet, was durch ein Gedicht der Cl. TROPHIME (Prytanin von 93/4) bestätigt wird, das offenbar durch die Bedrohung des Prytaneions nach Wolkenbrüchen veranlaßt wurde[214]:

Es trínkt der Píon únbemérkt den Régen aús der Lúft in sích
und läßt ihn füllen seíne Flánken bís zur Gröſse eínes Meéres

Aus diesem Schlüssel-Epigramm wird mit aller Deutlichkeit klar, daß der Panayır dağı Pion-Trecheia hieß, und für den Bülbül dağı nur Lepre Akte in Frage kommen kann.

Abb. 59 Auf ephesischen Münzen der Zeit des Antoninus Pius (138–60) ist ein liegender Berggott dargestellt, über dem auf einem mit Türmen bewehrten Bergkamm Zeus thront, aus dessen erhobener Rechten Regen strömt (*Zeus Hyetios)*; zwischen beiden steht ein distyler Tempel neben einer Zypresse. In dem Münzbild ist die ephesische Topographie ziemlich eindeutig wiedergegeben, wobei die Beischrift *Peion* nur einen der beiden Stadtberge bezeichnet, während der andere mit dem Regengott trotz bzw. wegen der Trophime-Verse nicht den Panayır-, sondern den Bülbül dağı meint, über dessen Kimme sich auch heute noch die vom Meer kommenden Wolkenfelder ballen, und die schweren Regenwolken hängenbleiben. Der Tempel bezieht sich allerdings weniger auf das Athenaion auf der Trecheia (s. II. 1) als – wegen der Zypresse – den Hain von Ortygia (S. 79). Noch genauer, aber anders umreißt ein Münzbild der Zeit des Marcus Aurelius (161–80) die Situation: Diesmal liegt Peion deutlich *in* seinem Berg, über dessen (befestigtem?) Kamm der von Androklos gespeerte Eber auf einen Tempel zuläuft, mit dem hier nur das Athenaion gemeint sein kann. Auch daraus wird klar, daß der Peion jener Bergstock war, zu dem die Trecheia gehörte, wo sich die jonische Gründungsjagd abgespielt hatte. Daß der Peion in der ausgestreckten Rechten das Kultbild der Ephesia hält, erscheint zunächst verwirrend, erklärt sich aber daraus, daß um ihn die heilige Prozession verlief, er also der Artemis „gehörte", bzw. daß an ihm der Stadttempel der Artemis lag. Es verbietet sich jedenfalls, den Peion im Burgberg von Selçuk sehen zu wollen, da hier weder Trecheia noch Eberjagd zu lokalisieren sind. Schließlich weist auch noch das Grab des Hl. Timotheos auf den Panayır dağı (S. 94)[215]. Abb. 60

X. 3. Der Beginn der Neokorien-Politik. Titelkampf als Geschichtsersatz

Aufgrund seiner besonderen Lage hatte Ephesos zwar durch alle Zeiten hinweg seine große Bedeutung und vor allem den Ruf seiner Göttin nie eingebüßt, war darum aber auch ab der Lyderzeit stets Ziel der Mächte gewesen. Hatte es damit – einmal mehr, einmal weniger – die Möglichkeit verloren, seine Geschicke selbst zu gestalten, die eigene Geschichte zu lenken und führende Politik zu machen, war es, seit es zum römischen Reich gehörte, wie alle anderen Städte auch in fast allem von diesem abhängig und auf sich selbst beschränkt. Seine Geschichte war jetzt Teil des Imperiums, nur sein Schicksal blieb mehr oder minder individuell.

Die Griechen, und vor allem die Jonier, waren aber sehr *politische* Menschen, d. h. sie versuchten ständig, mitzureden und sich Vorteile zu erkämpfen. Die Entwicklung ließ ihnen jedoch wenig Spielraum, und der Umstand, daß sie beinahe ununterbrochen zwischen irgendwelchen Fronten standen, führte dazu, daß sie immer opportunistischer wurden und sich hin und her drehten (s. IV. 1). Seit der Alexanderzeit zunehmendem Einfluß des Orientes ausgesetzt, perfektionierten sie einen Bereich, den sie freilich auch schon vorher beherrscht hatten: den Kniefall vor den Mächtigen, die sie mit Ehren überhäuften. Am Ende blieb ihnen nichts weiter übrig, als sich darin gegenseitig zu übertrumpfen, um sich selbst besser zu stellen.

Mit dem Erscheinen des Augustus und der neuen kaiserlichen Würde erhielt all das einen neuen Akzent. Nun war es Ehrensache für jede Stadt, den Kaiser kultisch verehren und – was weit mehr galt – ihm einen *eigenen* Tempel errichten zu dürfen.

Als Ausdruck dafür wurde der alte Begriff des *neokoros*, des „Tempelpflegers" (eig. „Tempel-Feger" = „der den Tempel kultisch rein hält"; vgl. S. 39) neu gefaßt, mit welchem Titel eine Stadt anzeigte, daß sie einen offiziellen Kaisertempel beherbergte.

Während Pergamon einen solchen von Augustus zugesprochen erhielt, Smyrna von Tiberius und Milet von Caligula, ging Ephesos zunächst leer aus, was hier sehr geschmerzt haben dürfte, da man sich dadurch gewiß zurückgesetzt fühlte. Man hat es denn auch sehr intensiv mit Gesandtschaften nach Rom versucht, den Zuschlag zu erhalten: Eine solche wurde unter Tiberius mit dem Hinweis darauf abgewiesen, daß die Stadt durch ihren Artemistempel *ohnehin mit Ritual versehen sei*[216], woraus hervorgehen könnte, daß Rom vorerst darauf bedacht war, daß in den Städten von Asia eine gleichmäßige Verteilung ohne Bevorzugung entstehe (denn Ephesos hätte sich nach allem wohl gleich „zweifach neokoros" genannt).

Während die Bautätigkeit in der nachaugusteischen Zeit anscheinend etwas nachließ (noch in tiberianischer Zeit scheint unter dem „Sarhoş Hamam" [S. 140], also in der Ebene vor dem Stadion, ein Gebäude entstanden zu sein; und das westliche *Hafentor,* ebenso mit drei Durchfahrten wie ein Triumphbogen gestaltet, wurde in der 1. Hälfte des 1. Jh. s n. Chr. erbaut: ob sein prominenter Platz etwa irgendeinen Bezug zu einem römischen Sieg aufweist?), widmeten sich die Ephesier nun verstärkt der Erringung einer Neokorie, wofür sie auch die Münzprägung einsetzten:

So unterbrachen sie unter Tiberius CLAUDIUS (41–54) zum ersten Mal ihr bisheriges stereotypes lokales Bildinventar, indem sie eine Serie herausbrachten, die auf der Vorderseite die antithetischen Büsten des Kaisers und seiner Frau AGRIPPINA mit der Beischrift *theogamía* „Götterhochzeit" zeigt, womit also deren Heirat i. J. 49 als göttliches Ereignis gefeiert wurde. Derlei ist allein als Schmeichelei zu verstehen, die darauf abzielte, Claudius zu gewinnen. Das einzige, was Ephesos erreichte, war, daß auf den, unter Augustus in neuer Form fortgesetzten, panasiatischen Kistophoren (seit dem Jahre 57 v. Chr. scheinen diese außerdem das lokale Silbergeld verdrängt zu
Abb. 61. 63 haben, da in den Städten fortan nur noch Kupfer ausgemünzt wurde) neben den auf Kaiser und Provinz bezogenen Themen auch das Kultbild der DIANA EPHESIA erschien, das auf diesem großen Kurant entsprechend detailliert ausfiel[217].

Die Schmeichelprägungen wurden unter NERO Claudius (54–68) fortgeführt. Neben einem Rückseitenbild, auf dem die stehende *Roma* das Kultbild der Ephesia hält, und einem anderen mit Roma-Büste fällt auf, daß letzterer die Legende *Néa Róme* „Neues Rom" beigegeben ist, womit man hier Neros Plan eines prachtvoll wiedererstehenden Rom aus der Asche des großen Brandes von 64 eilfertig verkündete[218].

Abb. 62 Was man damit bezweckte, zeigt eine andere Münzserie mit dem Kopf des Nero allein: Auf der Rückseite ist ein *tetrastyler* Tempel von der Seite über Eck zu sehen, um den eine Legende läuft, die neben der Datierung durch den Proconsul M. Acilius AVIOLA (65/6) und den ephesischen Beamten AICHMOKLES auch den Titel *Neokóron*

Ephesíon „(Gepräge) der tempelpflegenden Ephesier" enthält, der hier zum ersten Mal auf Münzen erscheint. Die Deutung dieses Bildes ist nicht einfach: Wenn sich der Titel auch noch auf das Artemision bezog, fehlt in dem dargestellten Tempel das Kultbild (das später immer hineingestellt ist); außerdem scheint dieser ein offenes (hypäthrales) Dach zu haben, wie es manche auch für den Artemistempel annehmen, was sich jedoch nicht beweisen läßt. Diese Diskrepanz könnte vielleicht damit erklärt werden, daß eigentlich doch ein Kaisertempel gemeint war, der – als „zweites" Artemision – zwar noch nicht gebaut war, für den es aber schon gewisse Zusagen(?) gab[219].

In der neronischen Zeit verstärkte sich die Bautätigkeit in der Stadt wieder. An der Ostseite der Agora wurde auf höherem Niveau zwischen 54 und 59 der Artemis, dem Kaiser und dem Demos von einem Unbekannten und seiner Frau Cl. Metrodora[220] eine *Halle* im dorischen Stil errichtet (wobei ältere, kellerartige Kammern verfüllt wurden), neben der eine neue Straße zwischen Embolos und Theater angelegt wurde. Abb. 65
Die Ausgräber, die sie als erste Straße freilegten, nannten sie wegen ihres Belages *„Marmorstraße"*, ohne zu ahnen, daß alle Straßen von Ephesos diesen Namen ebenso verdienten! Schließlich wurde das *Stadion* renoviert, dem der Privatmann C. Stertinius Orpex mit seiner Tochter, der Artemispriesterin Mareina, neue Ränge und ein *Neikonemeseion*, also einen Kultplatz der Wettkampfgöttinnen Nike und Nemesis, stiftete[221].

Im 1. Jh. n. Chr. wurde Ephesos von mehreren Erdbeben heimgesucht, so in den Jahren 23, 29/30 und vermutlich auch 47[222]. Zerstörtes wurde mit Hilfe der Kaiser Tiberius und Claudius wiederaufgebaut, möglicherweise hängen auch die neronischen Renovierungen damit zusammen. Jedenfalls prangte die Stadt weiterhin, so daß L. Annaeus Seneca vor 65 schreiben konnte[223], daß Ephesos und Alexandreia von Einwohnern und Häusern schier übergingen.

Unter den römischen Kaisern lebte das alte Phylen-System fort (s. II. 2, III. 6), ja wurde sogar noch ausgebaut: So wurde eine Phyle *Sebasté* (Augustea) mit den Chiliastyen *Drousieús* (Drusia) und *Neronieús* (Neroniana) eingerichtet, und der Phyle der Karenaier als letzte die *Klaudieús* (Claudia) angefügt. Dies ist nicht allein mit der verstärkten Anwesenheit von Römern zu erklären, die das Stadtbild jetzt wohl ähnlich prägten wie ehedem die Lyder, sondern sicher auch aus dem ephesischen Bemühen, möglichst romgefällig zu sein.

Ephesos wuchs aber nicht nur im Inneren, auch seine äußeren Gebiete wurden vergrößert bzw. bestätigt. Als neue Form war hier ein *conventus iuridicus* (Gerichtssprengel) eingerichtet worden, der sich bis ins obere Kaystrostal, bis über das ehemals lydische Hypaipa hinaus, erstreckte[224]. Als ein großartiges Beispiel für die damalige Administration ist das *Zollgesetz* der Provinz Asia aus dem Jahre 62 zu nennen, dessen griechische Abschrift vor wenigen Jahren (sekundär in der Johanneskirche verbaut) entdeckt wurde[225].

Im Jahre 62/3 wurde auf Veranlassung des Proconsuls Q.? Marcius Barea SORANUS die Hafenzufahrt ausgebaggert[226], da sie seit den Tagen der Attaliden (S. 69) wohl immer mehr versandet war, und der rege römische Verkehr offensichtlich behindert war.

Kaiser T. Flavius VESPASIANUS (69–79) wird wie seine Vorgänger von den Ephesiern um die Ehre einer Neokorie angegangen worden sein, doch ohne Erfolg. Dafür gestattete er ihnen als der einzigen Stadt die Institution eines heiligen *agón* (Wettkampffestes) zu Ehren des Astrologen BARBILLUS (nachdem er diese Zunft aus Rom ausgewiesen hatte, obwohl er ihr selbst anhing[227]). Ba*l*billus, Sohn eines Thrasyllos, war offenbar nicht wie die meisten anderen des Gewerbes Levantiner bzw. Orientale, sondern Römer, der jetzt also seine Kunst vermutlich im Artemision ausübte. Auf die inschriftlich des öfteren genannten *Bar(l)billeia*[228] könnte sich der unter Vespasianus (bzw. Titus) neu auftauchende Münztyp mit *Ephesion* im Lorbeerkranz beziehen. Eine ephesische Inschrift[229] ist dem ehemaligen Präfekten Ägyptens Ti. Cl. Balbillus geweiht, der entweder mit dem Astrologen ident war oder aber der namensgleiche Stifter der Spiele[230].

Unter T. Flavius DOMITIANUS (81–96) erlebte die Stadt wieder größere Bauhektik. In der Südwestecke des „Staatsmarktes" wurde ein *hydregdochíon* („Wasserfänger") angelegt, durch den Proconsul C. Laecanius BASSUS Caecina Paetus 80/1 gestiftet[231]; der Bau ist durch eine zweigeschoßige Rückwand mit Tabernakel-Gliederung ausgezeichnet. Im Theater wurde 87 und 92 weitergebaut[232], und i. J. 93 wurde an das Pollio-Grab(?) ein, von einem hohen Bogen überspanntes, *Nymphaion* mit halbkreisförmigem Becken für Göttin und Kaiser angefügt[233]; hier fanden auch die Figuren aus dem Polyphem-Giebel (S. 77) Aufnahme. Im selben Jahr wurde die Wasserleitung *kainós Marnas* „neuer Marnas" mit der Leitung vom Klaseas-Bach kombiniert[234] (die beide als solche demnach älter waren): Den Endpunkt dieser Leitung bildete das, von den Ausgräbern als „Fontäne" bezeichnete, turmartige Bauwerk mit zwei Wasserdepots, von wo aus zahllose Druckrohrleitungen in die Stadt geleitet wurden[235]. Die ständig neu hinzukommenden Brunnengebäude und das wohl auch zügig wachsende Netz der tönernen Rohrleitungen bedingte immer neue Anstrengungen zur Wasserversorgung. Dies widerspiegeln auch die Münzen, auf denen damals die beiden genannten Flußgötter liegend abgebildet wurden. (Die Lage des Klaseas ist nicht gesichert, doch mag er eines der heute meist völlig trockenen Täler zu beiden Seiten des Marnas südlich der Stadt durchflossen haben; eine andere Möglichkeit – die auch eine Vereinigung zugelassen hätte – ist das Tal von Sirince östlich Selçuk. Seinem Namen nach war der Klaseas ein „geknickter" [*kláo*]).

Eines der gewaltigsten Bauwerke von Ephesos wurde ebenfalls 92/3 unter dem Proconsul P. Calvisius RUSO weitgehend fertiggestellt[236]: Der Komplex der *Hafen-*
Abb. 66 *thermen* mit der 88 × 88 m weiten Palästra und den riesigen, eine Fläche von 200 × 240 m bedeckenden, „Verulanushallen" (nach dem Stifter C. Cl. VERULANUS[237]). Diese erste der großen ephesischen Bade- und Sportanlagen scheint als

archaíon (altes) *gymnásion*[238] bezeichnet worden zu sein. In dem großen, prachtvoll mit Marmor vertäfelten Saal („Marmorsaal") an der Nordseite der Palästra ist wohl wie in den späteren Bädern der *Kaisersaal* zu erkennen, wo der (offizielle) Kaiserkult gepflegt wurde. Obwohl die Bauinschrift[239] der Palästra, die zusammen mit den Hallen vor 96 entstand (hier haben offenbar mehrere Persönlichkeiten die gewaltigen Ausgaben für die Säulen unter sich aufgeteilt[240]), den (Kaiser)Priester ARISTION nennt (s. X. 5. a), nimmt wunder, daß dem Domitianus hier ein *zweiter* Kultplatz eingerichtet worden sein soll:

Denn es war den Ephesiern schon vorher gelungen, von diesem Kaiser endlich die Erlaubnis zur Einrichtung ihrer *ersten „echten" Neokorie* zu erlangen. Nach der Evidenz (Neokorie-Münzen der DOMITIA, die 82 Augusta wurde; erste inschriftliche Nennung unter dem Proconsul von 88/9, L. Mestrius FLORUS[241]) geschah dies wohl gleich nach Regierungsantritt und führte – verständlicherweise – zu rascher baulicher Realisierung. So wurde auf einer, westlich gegenüber dem „Staatsmarkt" künstlich angelegten, Terrasse, in der ringsum und in der Mitte große gewölbte Kryptoportiken eingezogen wurden, der *Kaisertempel* begründet, zu dem von Norden, vom Platz vor dem Westende der Basilica her, ein monumentaler Aufgang führte. Ephesos hatte glücklich seine Kaiser-Neokorie erhalten, aber es gab sich mit dem einfachen *neokóron* offensichtlich nicht zufrieden und – um die anderen Städte zu übertreffen – setzte zumindest auf Münzen die Zahl *2* davor, womit es sich unter Mitzählung der Artemis als *„zweifach Neokoros"* auswies. Abb. 64

Damit war die domitianische Bautätigkeit aber noch nicht zuende. Gegenüber dem Tempel, neben dem Memmius-Mausoleum, wurde damals(?) ein weiterer Brunnen, um 200 als *hydreion* bezeichnet[242], angelegt. Das Westtor der Agora wurde erweitert[243], die Embolos-Straße („Kuretenstraße") wurde ca. 94/5 gepflastert[244], und in dem Winkel zwischen dieser und der „Marmorstraße" entstand ein weitläufiges Haus mit einem Atrium und einer großen Latrinen-Anlage, das aufgrund einer hadrianischen Inschrift[245] als *paidiskeíon* identifiziert wurde: Trotz dieses Begriffes des „Dirnenhauses" (der zu der zugkräftigen modernen Bezeichnung als Bordell geführt hat) kann freilich derlei damit nicht gemeint sein, eher noch ein „Mädchenpensionat". Abb. 67

Die Stadt konnte sich des neu gewonnenen Titel nicht lange erfreuen. Denn der Kaiser, der zweifellos eine ganze Reihe von Erfolgen innen und außen zu verbuchen hatte (Ephesos würdigte diese mit einer Prägung der *Neíke Domitianoû*, die in der Reichsprägung als Victoria Augusti 81–83 bezeugt ist), der Rom mit prachtvollen Bauten schmückte (was Ephesos ja vor allem mit den Hafenthermen nachvollzog), verstieß mit seinem persönlichen Ehrgeiz, der die Titel Dominus und *deus* forderte (worauf schließlich der ephesische Neokorien-Erfolg beruhte), gegen den augusteischen Reichsgedanken und wurde ermordet. Um die zuletzt nur noch als Schrekkensherrschaft empfundene Zeit aus der Geschichte zu löschen, verhängte man die *damnatio memoriae* und ließ seinen Namen überall tilgen. Damit war auch der Verlust

der Neokorie verbunden, was Ephesos in größte Verlegenheit brachte: Es war gezwungen, den Tempel aufzulösen und die monumentale Statue des Domitianus zu
Abb. 68 zerschlagen, dessen (?) riesiger Porträtkopf und einzelne Gliedmaßen in einem Winkel der Kryptoporticus seines Ex-Tempels verstaut wurden. Unter diesem Aspekt ist typisch, daß behauptet wurde, daß der Neupythagoreer Apollonios v. Tyana – gleichsam als Vertreter seiner Kaste, die von Domitianus aus Rom ausgewiesen worden war – im Augenblick des Kaisermordes *auf einen hohen Fels in Ephesos (oder auch anderswo) stieg* und die Tat visionär miterlebte[246].

Die Ephesier waren aber nicht einfallslos und schickten eine Gesandtschaft an den römischen Senat, bei dem sie die Umwidmung des Tempels auf den geachteten *Divus Vespasianus* erreichten: So wurde auf den Inschriften über die Rasur des Domitianus-Namens der *Theòs Ouespasianós* eingemeißelt[247], und die Stadt konnte wieder seelig auf ihren Lorbeeren ruhen.

X. 4. Boten Christi. Ephesos wird Metropolis

Während Ephesos im Verlauf des 1. Jh. s n. Chr. sich immer mehr entfaltete und schließlich endgültig zur Hauptstadt der Provinz, zur *Metrópolis tês Asías* aufstieg, unter welchem Titel sie zum ersten Mal vor Domitian[248] entgegentritt, während es also in seinem weltlichen Rang emporgehoben und damit noch mehr zu einem Zentrum und Magneten wurde, ging – von den offiziellen Annalen und wohl auch den meisten Zeitgenossen unbemerkt – hier eine Entwicklung vor sich, die letzlich eben auf der ephesischen Wirkung beruhte, aber mit dieser im Grunde nicht das geringste zu tun hatte, obwohl die Stadt damit und dadurch auch zu einer Brücke in eine neue Zukunft wurde: Die frühe Christengemeinde, die sich in ihren Mauern etablierte, war so zugleich der Samen für eine ferne und noch einmal bedeutende Blüte der Stadt.

Gleichwohl ist ihre Geschichte alles andere als frei von Zweifeln, und selbst die Person ihres Gründers scheint fraglich. Während es am Beginn des 4. Jh. s für Eusebios feststand, daß es der *Apostel* Iohannes war, der Asia zur Mission zugeteilt erhalten habe, *wo er bis zu seinem Tode in Ephesos blieb*[249], weiß die – gegen Ende des 1. Jh. s von dem Evangelisten Loukas verfaßte – *Apostelgeschichte* nichts davon. Nach ihr war es freilich niemand geringerer als der größte Missionar der Christenheit, Paulus selbst, der am Ende seiner 2. Missionsreise i. J. 52 von Korinth nach Ephesos übersetzte und hier also später als anderswo mit der Verkündung des Wortes begann[250]. Allerdings wird auch dies heute nicht ohne Zweifel akzeptiert: Da es heißt, *er gelangte aber nach Ephesos, wo er diese* (das in seiner Begleitung befindliche jüdische Ehepaar Aquila und Priscilla aus Pontus) *zurückließ; er selbst aber ging in die Synagoge und diskutierte mit den Juden,* wurde der Verdacht geäußert, daß Paulus sich hier gar nicht aufgehalten habe, da diese räumliche Trennung suspekt erscheint[251]. Tatsächlich dürfte die Stelle jedoch die Situation im damaligen Ephesos richtig angeben, das ja an seinem neuen Platz zu entstehen erst im Begriffe war: Paulus wird daher seine Begleitung in der Hafenstadt gelassen und vermutlich in die Altstadt am Artemision gegangen sein, von wo die Synagoge noch nicht verlegt worden sein mag.

Daß es in Ephesos eine jüdische Gemeinde gab, geht nicht nur aus diesem Zusammenhang hervor, sondern auch aus Fl. Iosephus, nach dem es in der augusteischen Zeit hier Übergriffe gegen dieselbe gegeben hatte, indem man ihre heiligen Bücher in das Artemision(!) verschleppte[252]. Juden waren aber auch schon unter M. Antonius für Asia bezeugt worden. Obwohl Paulus gebeten wurde, zu bleiben (was anzeigt, daß er anfänglich Erfolg hatte), reiste er mit dem Versprechen, wiederzukehren, nach Jerusalem ab. Da erschien bald ein Apollos, alexandrinischer Jude und Schriftgelehrter, der von Iohannes dem Täufer erfüllt war und in der Synagoge zu predigen begann; Aquila und Priscilla nahmen sich darum seiner an und wiesen ihn den rechten Gottesweg[253]. Trotzdem fand Paulus, als er im Folgejahr oder kurz danach wiederkam, Leute vor, die zwar nach Iohannes getauft waren, aber den Hl. Geist nicht kannten. Daraus schiene nun ableitbar, daß dem Apollos als *Vorgänger* des Paulus der Gründungsprimat zustehe, und daß letzterer erst jetzt die Kunde von Christus und dem Hl. Geist gebracht habe, auf den er schließlich *etwa 12* Männer taufte[254].

In der Synagoge, wo Paulus dann drei Monate lang predigte, fand er jedoch nicht den erwarteten Anklang und übersiedelte mit den Jüngern, die er gewonnen hatte, in die *scholé* eines Tyrannos, wo er an die zwei Jahre lehrte, so daß *alle, die in Asia wohnten, Juden und Griechen, das Wort Jesu hörten*[255]. Damit schuf er hier eindeutig ein Zentrum und die Keimzelle des Glaubens zumindest der Provinz, und Ephesos begann also auch darin, *Metropolis* zu werden.

Während seines langen Aufenthaltes wirkte Paulus auch als Heiler und Exorzist, was entsprechend der Einstellung der seit dem späteren Hellenismus sich vor allem nach körperlicher Erlösung sehnenden Menschen von ihm „automatisch" erwartet wurde. Damit ward er jedoch zum Konkurrenten herumziehender jüdischer Beschwörer, die jetzt – wohl um in Ephesos gegen Paulus bestehen zu können – sogar im Namen Jesu agierten; sieben(!) solche mußten hier aber eine schmerzliche Abfuhr hinnehmen[256]. So vermehrte sich des Paulus Ruf, und seine Gemeinde wuchs, in der es sogar zu einer Verbrennung „heidnischer" Bücher kam (deren Wert mit 50.000 *Silberstücken* [womit nicht unbedingt römische Denare gemeint sein müssen] taxiert wurde[257]). Paulus hielt auch von Ephesos aus Kontakt mit anderen Gemeinden, so mit den Makedonen, zu denen er Timotheos und Erastos sandte. Den ersteren hatte er schon 50 auf seiner Reise quer durch Kleinasien in Lykaonia aufgenommen (er war der Sohn eines Griechen und einer Jüdin, den Paulus beschneiden ließ, damit er mit ihm in den Synagogen verkehren könne; dies zeigt zur Genüge, wer die primäre Zielgruppe war) und dann in Beroia gelassen, aber nach Korinth nachgeholt und wieder mit sich genommen[258].

Gegen Ende seines Wirkens kam es in der Stadt zu dem berühmt-berüchtigten Auftritt des Silberschmiedes DEMETRIOS, *der silberne Tempel der Artemis,* also Devotionalien verfertigte und der Zunft *nicht geringen Gewinn verursachte* (die insgesamt sehr bedeutend gewesen sein muß, wurde doch später ihr, der Artemis und dem Kaiser Antoninus Pius eine Weiheinschrift gesetzt[259]). Dieser hetzte seine Leute nun gegen Paulus auf, da der gelehrt hatte, *daß dies keine Götter sind, die von Hand gemacht werden,* und damit nicht nur das Geschäft verderbe, sondern auch den Ruf des Artemistempels gefährde. So kam es zu einer etwas irregulären und vor allem chaotischen Volksversammlung im Theater (dem vorgesehenen Ort für eine solche), wo die Menge an die zwei Stunden lang den Slogan ***Groß ist die Artemis der Ephesier*** schrie, obwohl die meisten gar nicht wußten, um was es da eigentlich ging (außer, daß sie sich damit Luft gegen die Juden machen konnten). Am Ende konnte der *Grammateus* (Volkssekretär oder aber auch: Zunftobmann [der Silberschmiede]) eingreifen und den Tumult mit einer sehr verständigen Rede stillen, in der er vor allem darauf verwies, daß seitens der zuvor festgenommenen Paulus-Gefährten CAIUS aus Derbe und ARISTARCHOS aus Thessalonike ja keinerlei Sakrileg und Verbrechen vorliege; außerdem: *Wer ist der Mensch, der nicht weiß, daß unsere Stadt Neokoros der Artemis und des vom Himmel Gefallenen ist ?* Paulus selbst war von seiner Begleitung, aber auch *von einigen der Asiarchen, die ihm wohl gesinnt waren,* abgehalten worden, der Versammlung beizuwohnen, welches Recht ihm als *römischen Bürger* ja zugestanden wäre[260]. Das Auftreten der Asiarchen, der Oberpriester der römischen Kaisertempel, könnte als Anachronismus aufgefaßt werden, da Ephesos selbst ja damals noch keinen Kaisertempel besaß; andererseits bezeichnete das Amt eigentlich die Abgeordneten zum Provinz-Landtag, die dann auch die Kaisertempel betreuten. Die Nennung dieser Obersten von Asia zeigt daher wohl, daß Ephesos doch schon Hauptstadt war. Daneben könnte die Intervention freilich bedeuten, daß auch Juden das Amt des Asiarchen bekleideten (H. Vetters).

Paulus hat sich später in zweien seiner echten Briefe auf Ephesos bezogen: Was ihm dort widerfuhr, umschrieb er mit *für einen Menschen wäre es gewesen als hätte ich mit wilden Tieren gekämpft*[261]; und *in Asia* sei ihm große Trübsal bereitet worden, die ihn habe am Leben verzagen lassen[262]. Dies hat zu der Auffassung geführt, Paulus habe in Ephesos wesentlich mehr erdulden müssen als Loukas berichtet, ja hier sogar mit dem Tode gerechnet (W. Schneemelcher). Vermutlich liegt auch die byzantinische Überzeichnung darin begründet, laut der Paulus ins Gefängnis geworfen worden sei, und zwar im westlichsten Turm der lysimachischen Stadtmauer: Der Name des prominenten Hügels, auf dem dieser steht, war *Astyágou págos* „Hügel des Astyages“[263], was als *astyako Paúlou* „Paulus-Feste“ mißverstanden wurde; verfolgt habe man ihn durch das Selçuker Burgtor, dazu wohl durch die Darstellung auf einem der hier eingebauten spätantiken Sarkophagreliefs verleitet (s. XII). Paulus’ angeblicher Kampf mit wilden Tieren in Ephesos, unmöglich für einen noch nicht verurteilten Römer, ist eine Metapher mit ganz anderem Ziel: „Selbst wenn ich mit wilden Tieren hätte kämpfen müssen, was nützte das, wenn die Toten nicht auferstehen ...“ Damit zitiert er das Alte Testament[264]. Andererseits mag sein Kampf mit jenen in der jüdischen Gemeinde, die vor Proselyten zurückschreckten, bei Paulus eine entsprechend schlechte Erinnerung hinterlassen haben.

Paulus verließ Ephesos i. J. 54/5, das er auch bei seiner Rückreise von Makedonien nicht mehr berührte. Von der Troas an begleiteten ihn neben anderen die schon bekannten Caius, Aristarchos und Timotheos, zu denen – wohl aus Ephesos – noch TYCHIKOS und TROPHIMOS und auch Loukas selbst stießen. Paulus segelte deshalb an Ephesos vorüber, um nicht *in Asia* verweilen zu müssen, was nicht nur die offizielle römische Pflicht anklingen läßt, über dieses Tor einzureisen (S. 74), sondern die Führungsrolle der Stadt nun auch im christlichen Sinn unterstreicht. Dafür ließ Paulus die *presbyteroi* „Ältesten" der ephesischen Gemeinde nach Milet kommen, wo er sich mit einer letzten christlichen Ermahnung von ihnen verabschiedete (*So habt nun acht auf euch selbst und auf die ganze Herde, unter welche euch der Hl. Geist gesetzt hat zu Bischöfen*: das hier verwendete Wort *epískopoi* meint noch eigentlich die „Hüter" der Gläubigenherde; es hat freilich nichts mit dem gleichlautenden Titel zu tun, der kurz zuvor auf claudischen Münzen von Ephesos aufgetaucht war, wo er einen ephemeren „[Münz]Aufseher" bezeichnete)[265].

Unter den 13 Briefen des Paulus erscheint nur einer mit *den Heiligen in Ephesos* als Adressaten. Allerdings steht heute fest, daß dieses Schreiben gar nicht für Ephesos bestimmt war und vermutlich nicht von Paulus selbst, sondern aus seinem Jüngerkreis stammt. Auch die beiden Briefe an Timotheos, den er als *Sohn im Glauben* in Ephesos mit dem Auftrag zurückgelassen hatte, über dem rechten Glauben zu wachen[266], sind nachpaulinisch (Schneemelcher). Aus der Belehrung über die Beschaffenheit eines Episkopos und der *diákonoi* (Diener) sowie den Worten *damit du weißt, wie du agieren mußt im Hause Gottes, das die ekklesia Gottes ist,* geht hervor, daß das Schreiben konzipiert ist für *Timotheos als den ersten Bischof von Ephesos*[267], dem neben der Aufsicht über die Presbyteroi christlich-gesellschaftliche Führung (hier werden vor allem die Witwen genannt) und selbstverständlich Vorbildlichkeit aufgetragen sind. Im zweiten Brief wird der Ephesier ONESIPHOROS hervorgehoben, der Paulus im römischen Gefängnis besucht hatte und offensichtlich eine wichtige Stütze der Gemeinde darstellte, während vor einem Schmied ALEXANDROS gewarnt wird[268]. Paulus, der bis 60 in Rom inhaftiert war, erwartete hier auch den Timotheos, der den MARCUS mitbringen sollte[269], zu welcher Reise es wohl auch kam, da Paulus und Timotheos einen gemeinsamen (echten) Brief an Philemon wegen ONESIMOS schrieben, der diesem zu Paulus entlaufen war[270]. Onesimos stammte aus Kolossai in Phrygien und sollte wenig später die Führung der ephesischen Gemeinde übernehmen (s. X. 4. b).

Timotheos hat die junge ephesische Gemeinde über eine lange Zeit, vermutlich 40 Jahre, hinweg geleitet, bis er – gegen 96 – mitten im Herzen der Stadt zum *ersten* Blutzeugen Christi von Ephesos wurde: Während einer der offiziellen *katagogoí* (Einkehren, eig. „Herabführungen"), d. h. Kultprozessionen, wo Vermummte Knüppel

(Thyrsosstäbe) und Kultbilder trugen, Lieder sangen und die Umstehenden anfielen, angeblich sogar Morde begingen und überall Blut verspritzten – also während ein *dionysischer* Zug mit der üblichen Hysterie ablief, soll Timotheos versucht haben, dem idolatrischen Treiben Einhalt zu gebieten und die Menge von dem einen Gott zu überzeugen. Das war der Moment des Martyriums: Timotheos wurde *in der Mitte des Embolos* (also an der „Kuretenstraße", über die offenbar alle Prozessionen zogen) mit Knüppeln und Steinen(!) erschlagen. Die Gottesdiener trugen ihn, da er noch lebte, fort und hielten auf dem *Berg, der abseits von der Stadt jenseits der Hafengegend liegt* (womit einzig und allein die alte Koressos-Akropolis gemeint sein kann, da diese damals zumindest scheinbar außerhalb lag), wo er verschied. So begrub man ihn am *Ort Pion*[271], d. h. wohl in einer der Grotten der nahen Trecheia an der Nord- oder Ostseite des Panayır dağı, die von allen Plätzen in und um Ephesos gewiß am geeignetesten waren, sich zu verstecken. Hier, wo man durch den Friedhof abgeschirmt war, der an der Prozessionsstraße westlich des Marnas lag, entwickelte sich ja später auch das Siebenschläfer-Coemeterium, von dem das Timotheos-Grab etwas entfernt lag (s. XI. 2.).

Entgegen der domitianischen Zeitangabe der Timotheos-Akten (4. Jh.), die Photios im 9. Jh. übernahm, reihte Palladios von Helenopolis im 5. Jh. den Timotheos nach dem Evangelisten Iohannes; als Nachfolger des Märtyrers beschreibt er den Eunuchen eines Tribuns Victor, der ein konvertierter Megabyzos gewesen wäre, wenn an dieser haarsträubenden Erzählung etwas Wahres wäre[272]. Hier wird jedenfalls deutlich, daß man die Geschichte des frühen Christentums in Ephesos bald heillos durcheinanderbrachte. Dies geschah denn auch mit der Person des Iohannes bzw. den verschiedenen Iohannes, die hier gewirkt zu haben scheinen.

X. 4. a. Die Iohannes von Ephesos. Widersprüchliche Fakten

Es wurde oben (S. 90) schon festgehalten, daß der ephesische Iohannes nach Eusebios der Apostel war. Er schreibt auch, daß der *Apostel und Evangelist* IOHANNES nach dem Tod des Domitianus aus dem Exil *auf der Insel* zurückkehrte und fortan die Kirchen in Asia betreute. Zu Ephesos zitiert er Eirenaios (etwa 130–200): *Aber auch die Kirche in Ephesos wurde von Paulus begründet, während Iohannes bis in trajanische Zeit bei ihnen blieb*[273]. Nach Klemens v. Alexandreia († vor 215) ging Iohannes nach dem Tod des *Tyrannen* wieder von *Patmos* nach Ephesos zurück, von wo aus er, wenn gerufen, in die *heidnische Umgebung* zog, um hier einmal Bischöfe einzusetzen, ein andermal ganze Kirchen einzurichten oder auch nur einen einzelnen *„Kleriker"* zu ordinieren[274].

Danach schiene ohnehin alles in Ordnung, und nur e i n Iohannes vorhanden, der allerdings kaum als Bischof von Ephesos anzusehen ist, sondern nur von hier aus operierte. Dies wird ja auch deutlich aus dem Brief des Ignatios vom Jahre 107, in dem Iohannes gar nicht erwähnt wird, der jedoch damals noch lebte (s. X. 4. b). Aber schon Papias (ca. 60–135) unterschied zwischen dem Apostel und dem *Presbyter* Iohannes[275], welcher Titel freilich auch für die Apostel verwendet wurde. Selbst die Nachricht, *daß es in Ephesos zwei Gräber gegeben habe, die beide dem Iohannes zugeschrieben wurden* (nach Dionysios v. Alexandreia, 190–264) muß sich entgegen Eusebios nicht auf zwei verschiedene Männer beziehen. Dionysios argumentierte[276], daß der Apostel Iohannes, Sohn des Zebedaios und Bruder des Iakobus, *den der Herr liebte und der an Seiner Brust gelegen hatte,* Autor des 4. Evangeliums und des 1. Johannes-Briefes, nicht die Apokalypse verfaßt habe, wobei er stilistische Unterschiede und vor allem den Umstand ins Treffen führte, daß der Evangelist im Unterschied zum Apokalyptiker seinen Namen nicht enthüllte.

Die Schriften, die unter dem Namen des Iohannes überliefert sind und in der Frühzeit zum *Kanon des Neuen Testamentes* gehörten, umfassen: *4. Euangeleion* und *1. Iohannes-Brief,* während *Apokalypsis* und *2. und 3. Iohannes-Brief* angezweifelt wurden. Generell muß man davon ausgehen, daß dem viertberufenen Jünger Christi, dem galiläischen Fischer Iohannes Zebedaiou, einmal die hellenistische Bildung weder von Evangelist noch von Apokalyptiker zuzutrauen ist, daß zum anderen im 4. Evangelium nicht der geringste Widerhall der zentralen Geschehnisse, die der Apostel Iohannes an der Seite Jesu miterlebte, enthalten ist, und daß endlich die Möglichkeit besteht, daß Iohannes zusammen mit seinem Bruder Iakobus von Herodes hingerichtet wurde[277]. Als Autor des 4. Evangeliums wurde von Rudolf Steiner der reiche und gebildete Lazarus identifiziert, wofür so manches zu sprechen scheint (J. Hemleben[278]). Nach Eirenaios[279] schrieb Iohannes, der an des Herren Brust gelegen hatte, sein Evangelium, mit dem der 1. Brief eng verwandt ist, *in Ephesos.*

Der Verfasser der *Apokalypse,* der sich den Gemeinden gegenüber als *Iohannes, Bruder und Teilhaber an der Trübsal und am Reich und an der Geduld Christi*[280] bezeichnet, schrieb diese nach der Rückkehr von Patmos nieder (von wo allerdings die 7 Sendschreiben schon vorher ausgeschickt worden sein könnten). So wäre der Ort der Abfassung am ehesten Ephesos gewesen. Der Autor war nach Iustinos v. Fl. Neapolis († um 165) der Apostel Zebedäus[281], während Dionysios bezeugt, daß es viele gab, die das Buch im durchaus modernen Sinne „zerrissen" und verwarfen; es gab sogar welche, die es dem Sektierer Kerinthos zuwiesen, der auch in Ephesos agierte[282].

Nun gilt für den Apokalyptiker das gleiche wie für den Evangelisten: auch er muß ein hochgebildeter Mann gewesen sein, weshalb trotz aller Versuche seit der Antike, die Autorenschaft des Apostels zu retten, diese nur schwer vorstellbar ist. Außerdem erscheint vielen sicher, daß wegen der Stilunterschiede Apokalyptiker und Evangelist nicht ident sein können. Andererseits war der Autor des 4. Evangeliums jener Jünger, von dem Christus sagte: Wenn ich will, daß er bleibt, bis ich komme[283], was man als Schlüsselwort auffassen mag, das sich auf die Epiphanie Christi beziehe, die dem Iohannes auf Patmos zuteil wurde als dem einen Erwählten, dem – in der Einsamkeit der römischen Strafkolonie durch Verinnerlichung wohl vorbereitet (*Ich war im Geiste im Sonntag*[284]) – die letzten Dinge enthüllt werden sollten. Insgesamt ist eine Entscheidung aus dem Stilvergleich heraus aber sicher nur scheinbar legitim, da beiden Büchern ja sehr unterschiedliche Absichten zugrunde liegen (E. Lohmeyer[285]), doch für C. Schneider steht außer Zweifel, daß der Verfasser bei beiden Werken der selbe ist: nicht nur, weil sie eng verwandt seien, sondern sich hinter dem absichtlich holprigen Griechisch der Apokalypse genügend Anzeichen der Beherrschung der Hochsprache erkennen ließen[286].

Die Apokalypse zerfällt in zwei Teile, deren ersten die Schreiben an die 7 Gemeinden von Asia ausmachen, die an die übrigen „Hirtenbriefe" deutlich anklingen, wobei jedoch jedes individuell auf den Adressaten bzw. die Situation der Gemeinde eingeht und grob nach dem Schema Gruß-Lob-Tadel-Ermahnung-Verheißung gegliedert ist. Das erste Schreiben ist *an den Engel der ephesischen Ekklesia* gerichtet, die hier wohl nicht von ungefähr vor Smyrna und Pergamon gereiht ist: Dies kann nur Ausdruck dafür sein, daß die Stadt in weltlicher *und* religiöser (neben der „heidnischen" nun auch in christlicher) Hinsicht die führende in der Provinz war. Die ephesischen Christen werden dafür gelobt, daß sie falsche Apostel entlarvten (worauf sich auch wenig später Ignatios bezog, s. X. 4. b), die häretische Sekte der Nikolaiten und deren libertinistische Lehre ablehnten und treu zum Namen Christi standen; dann wird die Gemeinde getadelt: *Aber ich werfe dir vor, daß du deine erste Agape vernachlässigt hast*[287], wofür ihr, so sie nicht Buße übt, angedroht wird: *ich komme dir alsbald und werde deinen Leuchter* (der als Symbol für die Gemeinde steht) *von seiner Stelle stoßen*[288]. Damit scheint nicht weniger gemeint zu sein als der Ausschluß! Solch schwere Strafe kehrt in den übrigen Schreiben nicht wieder, weshalb sich die ephesischen Christen einer sehr großen Sünde schuldig gemacht haben müssen, die schwerer wog als Sektiererei, Rückfall in Aberglauben, Unvollkommenheit und Lauheit: Da die „erste Liebe" die neue christliche ist, hatte hier also (noch unter Timotheos, da dessen Martyrium im Schreiben – anders als jenes des Antipas in Pergamon – noch nicht bezeugt ist) eine Abkehr stattgefunden, hinter der christliche Erlahmung steckte, die in Ephesos mit seiner paramontanen Göttin, der man sich so schwer entziehen konnte, vielleicht sogar verständlich war.

Iohannes lebte nach seiner Rückkehr aus dem Exil ein wohl nach außen hin unauffälliges Leben in Ephesos, wo er wie jeder andere ein Bad (die neuen Hafenthermen?) frequentierte. Bei einer solchen Gelegenheit sei er auch auf den Kerinthos gestoßen und habe sich vor diesem entsetzt[289]. Nach Apollonios (der unter Commodus Märtyrer wurde) hat Iohannes in Ephesos einen Toten zum Leben erweckt[290], und Polykrates, späterer Bischof von Ephesos (s. X. 5. d. δ), beschrieb ihn in einem Brief an Victor, Bischof von Rom unter Commodus, als *Iohannes, der an der Brust des Herren gelegen hatte und ein opfernder Priester, der den Petalos trug* (also das goldene Stirnband des biblischen Hohepriesters[291] !), *sowie bekennender Zeuge und Lehrer wurde; auch er ruht in Ephesos*[292].

Da der 2. und 3. Johannesbrief von einem *Presbyteros* geschrieben sind, und der 3. an einen CAIUS adressiert ist[293], der wohl jener ist, der mit Paulus nach Ephesos gekommen war (S. 92) und der auch in der Personenliste am Ende des paulinischen Römerbriefes[294] erscheint, die ziemlich eindeutig nach Ephesos weist, wird er wohl ident sein mit dem *Presbyter* IOHANNES, den Papias von dem Apostel unterschied (s. X. 3). Ob dieser allerdings als Autor der Apokalypse angesprochen werden könnte, läßt sich angesichts des Fehlens jeglicher bestätigender Evidenz nicht beantworten. Als Iohannes des Polykrates ist er jedoch vorstellbar, wobei sein Lehramt wieder zum Titel des *theológos* paßt, unter dem der ephesische Iohannes später verehrt wurde (s. XII).

Es gab in Ephesos also in jedem Fall mehr als einen frühchristlichen Iohannes, unter denen der Apostel neben dem Apokalyptiker (Lazarus?) und dem Presbyter-Theologen wohl ebenfalls anzunehmen wäre. Nur diese Parallelität kann der Grund dafür sein, daß man sie schon im 2. Jh. nicht mehr unterscheiden konnte, und Dionysios erklärte dies auch damit, daß es viele Männer dieses Namens gab[295]. Ein vierter, nämlich IOHANNES, *der* MARKOS *genannt wurde* (der hebräische Name Ioánan bedeutet „Jahwe ist gnädig"), scheint ebenfalls nach Ephesos gekommen zu sein (entgegen Dionysios): Denn nachdem ihn Barnabas und Saul aufgenommen hatten[296], war er zwar während der 1. Missionsreise abgesprungen, wurde aber später von seinem Onkel Barnabas nach Zypern mitgenommen, da ihn Paulus ablehnte[297]. Von Rom aus aber scheint dieser den Timotheos gebeten zu haben, auch den Iohannes Markos mitzubringen, da er ihm *nützlich* sei[298]. Wenn dies historisch ist (woran kaum zu zweifeln ist, auch wenn die Timotheos-Briefe nachpaulinisch sind), hat sich also auch der Evangelist MARCUS – denn dieser ist gemeint – eine zeitlang in Ephesos aufgehalten.

Mit Iohannes wurde in Ephesos schließlich auch noch eine besondere Legende verbunden (die vermutlich aus der Verwechslung bzw. Kontamination mit einer Lokalheiligen namens Maria Magdalena sowie dem Wunsche der Christen nach einer starken Gegenspielerin der Artemis [S. 138] entstanden sein dürfte), nach der niemand geringerer als MARIA, die Mutter Jesu, mit diesem hierher geflohen und später in der Stadt gestorben sei. Nun hatte man dagegen in der Frühzeit de facto überhaupt keine Nachricht über Tod und Grab der Muttergottes, was Epiphanios v. Salamis im 4. Jh. beklagte[299]. Die einzige Tradition, die es überhaupt gab, bezog sich auf das Kidrontal vor Jerusalem. Die ephesische Marienlegende stützt sich heute auf die Visionen zweier stigmatisierter Frauen des 19. Jh. s, Rosalie Put und Anna Katharina Emmerick, nach deren Beschreibungen Mariens Sterbehaus in einem Hain hoch über Ephesos (Meryem Ana) „wiederentdeckt" wurde. Aus dem 2. Jh. (um 150) stammen jedoch die *apokryphen Akten* des Iohannes (die freilich schon Eusebios ablehnte[300]), nach denen der Apostel nicht nur viele Wunder tat und den Artemistempel ohne Hand anzulegen zum Einsturz brachte(!), sondern sich auch in dem Privatbad eines DIOSKOURIDES (*am Eingang der Stadt an einer Stelle, die „Artemisort" hieß* [was sich auf Ortygia beziehen könnte][301]) von der bärbeißigen Kohlenlieferantin ROMANA als *kaústes* „Heizer" verdingen ließ, während Mariens Tod in Ephesos nicht vorkommt. Der Satz *weil auch die Mutter von uns allen bei eben dieser Lebenweise mitmachte*[302] weist nicht auf ein Mitkommen. Der Patriarch Photios schrieb dagegen im 9. Jh. (nach Modestos v. Jerusalem, 7. Jh.) auf, daß *nachdem unsere gottesgebärende Mutter entschlafen war, die myrrhetragende Maria (Magdalena) nach Ephesos zu dem* [vom Herren] *geliebten Jünger* (Iohannes) *reiste, wo sie den apostolischen Weg durch Martyrium beschloß*[303]!

X. 4. b. Die ephesische Christengemeinde am Beginn des 2. Jh. s

Als Ignatios Theophoros v. Antiocheia i. J. 107 auf seiner Gefangenenreise nach Rom in Smyrna haltmachte, besuchten ihn dort Repräsentanten der Christengemeinden. Unter ihnen war auch ONESIMOS, der ephesische Bischof, den Ignatios in seinem Brief an die Ephesier sehr lobte. Umgekehrt war danach auch Onesimos mit seiner Gemeinde sehr zufrieden[304], der als Diakon ein BOURROS angehörte, der zum Begleiter des Ignatios bestimmt wurde[305]. An einer Stelle nennt er die Ephesier *Gottesträger, Tempelträger, Christusträger, Heiligenträger* und *in den Geboten Christi Geschmückte*[306], was fast wie eine Allusion auf die Artemisprozession anmutet, in der *theophóroi, naophóroi* und das geschmückte Kultbild figurierten.

Nachdem die Repräsentanten der ephesischen Gemeinde sich in Smyrna, wie aus den anderen Briefen des Ignatios hervorgeht, gewissermaßen führend betätigt hatten, legte sich historisches Dunkel über die christliche Metropolis – ein erstes Jahrhundert war abgelaufen, und die großen Männer der Erstzeit waren tot.

X. 5. Ein Jahrhundert der Blüte

X. 5. a. Tib. Klaudios Aristion. Ein Beamter verschönt die Stadt

Die trajanische Zeit ist durch neuerliche Bautätigkeit gekennzeichnet, die unter der Ägide eines besonders aktiven Mannes stand, der in der Stadt die höchsten Ämter bekleidete: Tiberius Claudius ARISTION, seinem Namen nach Römer griechischer Herkunft. Er tritt uns auf den Inschriften zuerst (88–90) als *Asiarch*[307], dann (90/1) auch als *Neokoros* entgegen[308], war also für den Domitianskult (S. 89) zuständig. Da er später (ab 102) als *dreifacher* Asiarch erscheint (diese Würde also drei Mal bekleidete), wäre es vorstellbar, daß er jenen schwarzen Tag im Amt erlebte, als Ephesos die Domitians-Neokorie verlor; vielleicht hat er dann sogar mitgeholfen, daß diese auf den Divus Vespasianus übertragen wurde. Ob er sich dabei oder in einem anderen Zusammenhang zu sehr exponierte, so daß er schließlich beim Kaiser angezeigt wurde, ist nicht festzustellen: jedenfalls wurde er (um oder kurz nach 100) zu Traianus nach Centum Cellae in Etruria (Civitavecchia) zitiert, dem dort Plinius d. J. als Berater zur Seite stand[309]. Obwohl Neid und politische Feinde einen Denunzianten gegen Aristion (der als besonders rechtschaffen bezeichnet ist) losgeschickt hatten, wurde dieser freigesprochen. Karte 5

So konnte er seiner Stadt weiter trefflich dienen, deren Göttin sowie dem Kaiser er – vielleicht sogar aus spezifischem Dank – nach 102 an der mittleren „Kuretenstraße" das *Nymphaion Traiani* (als *hydrekdochion* bezeichnet), ein zweistöckiges Brunnenhaus mit prachtvoller Architekturfassade und einer überlebensgroßen Statue des Kaisers, und zwar zusammen mit seiner Frau, der Erzpriesterin und Prytanin LATERANE, erbaute. Zur Wasserversorgung ließ er dazu eine 210 Stadien = ca. 38 km lange *Leitung* legen[310], die – wie eine Inschrift von 113/4 lehrt[311] – aus den Bergen im hinteren Kaystrostal kam; eine andere Leitung führte er in ein Heiligtum (Artemision[?[312]]). Einen weiteren *Brunnen* stiftete er an der Straße zwischen dem östlichen Stadttor (Magnesischem Tor) und dem „Staatsmarkt"[313], außerdem noch viele andere, nicht näher bezeichnete, Bauten in seiner Eigenschaft als dreifacher Asiarch, Neokoros, Grammateus, Prytane und *gymnasíarchos* („Bäder-Präsident")[314], von denen zumindest eine Funktion noch in die domitianische Zeit (92/3) fällt[315]. Abb. 69

Etwas oberhalb des Nymphaion Traiani wurde 114/5 von der Neokoros-Stadt ein, der Artemis und dem Kaiser geweihtes, *Propylon* errichtet[316], das wohl am Eingang zu einer der steilen Berggassen des Panayır dağı-Hanges stand (H. Thür). Ein anderes, monumentales Tor (*propylon*[317]) entstand an der Kreuzung von Embolos und „Marmorstraße" als Zugang zu einem kleinen Platz; mit seinen drei Durchfahrten und der darüber aufsteigenden zweigeschoßigen Fassadenarchitektur muß es gerade an diesem Punkt der Stadt einen prachtvollen Anblick geboten haben. Leider ist vom Stiftungstext selbst nur sehr wenig erhalten, doch ist man versucht, auch hier an die Mitwirkung des Aristion zu denken. Als Anlaß könnte man einen Besuch des Traianus in Abb. 70 Abb. 71

Ephesos während seiner Orientreise 113/4 vermuten, bei welcher Gelegenheit das Tor gelobt wurde, um aber erst unter Hadrianus (117/8) ausgeführt zu werden (H. Thür).

Während Aristion bei seinen Dedikationen oft großzügig aus dem eigenen Vermögen schöpfte, hat er, wohl am Ende der trajanischen Zeit, als Chef der Baubehörde bei der Vollendung des – heute gewiß bekanntesten ephesischen –
Abb. 72 Bauwerkes, der *Bibliothek des Celsus* mitgewirkt[318]. Dieses bedeutende Gebäude war dem Tib. Iulius Celsus Polemaeanus, Konsul d. J. 92 und Prokonsul von Asia 105/6, der sich unter den flavischen Kaisern verdient gemacht hatte, von seinem Sohn Tib. Iul. Aquila, Suffektkonsul d. J. 110, als *Kelsiané bibliothéke* zur ehrenden Erinnerung errichtet worden, wurde aber erst durch dessen Erben ganz fertiggestellt. Aquila hatte auch die Summe von 25.000 Denaren für die Abschlußarbeiten und den Ankauf von Buchrollen gestiftet, wovon für den Bau nur noch 2000 (= 6.75 kg Silber) benötigt wurden. Aquila selbst, der nach dem Usus 123 Prokonsul geworden wäre, starb offensichtlich schon vorher, muß aber nach dem Wortlaut der Stiftung den Bau praktisch vollendet gesehen haben.

Das Besondere der Bibliothek (die nach Berechnungen etwa 12.000 Buchrollen beherbergen konnte) liegt nicht so sehr in der überaus prächtigen, aber keineswegs ungewöhnlichen Architektur ihrer dreigeschoßigen Tabernakel-Fassade als in der geradezu genialen Weise, wie der antike Baumeister über die Enge des Bauplatzes hinwegzutäuschen vermochte: Dieser liegt eingekeilt zwischen den Südkammern der Agora und einer Ostwest-Straße, so daß die Fassade sozusagen gequetscht ausgesehen hätte, wenn nicht – wie anläßlich der Anastylosearbeiten von dem durchführenden Architekten (F. Hueber) erkannt wurde – eine Aufwölbung der horizontalen Linien diesen Effekt optisch ausgeglichen hätte. Daß dieser Platz überhaupt gewählt wurde, hatte nun nicht so sehr den Grund darin, daß die Bibliothek möglichst zentral liegen sollte (dafür hätte es gewiß bessere Plätze gegeben), als daß sie vornehmlich für einen ganz anderen Zweck gedacht war, nämlich als der *monumentalste Grabbau* an der Prozessionsstraße, der zwar nicht wie die anderen von außen schon als solcher zu erkennen war, aber doch den reliefgeschmückten Sarkophag des Celsus in einer Grabkammer unter der Apsis des Bibliotheksaales barg.

Den Vater des Traianus, M. Ulpius, hatten die Ephesier gekannt, da er 79/80 proconsul Asiae gewesen war. Trotz dieser persönlichen Beziehung zu der Familie gelang es ihnen nicht, vom Sohn die Errichtung seiner Neokorie zu erlangen. Sie
Abb. 73 scheinen dies allerdings auch erst sehr spät wirklich versucht zu haben, nämlich mit einem etwas auffälligen Münzbild, das mit der Darstellung der unterworfenen Parthia die trajanischen Erfolge gegen die Parther 115–17 verherrlicht[319]: Zusammen mit der Tatsache, daß der Typ von der gleichzeitigen Reichsprägung differiert, führt die ungewöhnliche Legende *Das einfach-neokoros Volk der Ephesier hat (dies Bild) geprägt* zu dem Schluß, daß damit die Aufmerksamkeit des Kaisers erweckt werden sollte, etwa darauf, daß die Stadt dem Kaiser zwar sehr verbunden sei, dies aber leider nur in Gestalt der einfachen Neokorie!

Ephesos war aber weiterhin die Nr. 1 in Bezug auf das, über seine Provinz hinausgehende, Recht als offizieller Einreiseort der römischen Beamten auf ihrem Weg nach Osten (S. 74): So meldete Plinius d. J. seinem Kaiser um 110 die Ankunft in seiner Statthalterschaft Bithynia einleitend damit, daß er *bis Ephesos gesegelt* sei[320], weniger einer Routenbeschreibung als der Bestätigung der Einhaltung des vorgeschriebenen Weges halber.

Ein anderer großer Stifter der traianischen Zeit war der adelige C. Vibius Salutaris, der i. J. 104 in seiner großen Verehrung für die Göttin ein gewaltiges Vermögen ausgab[321]: So ließ er eine goldene und acht silberne Kultstatuen der Artemis nachmachen, außerdem zwanzig andere Silberstatuen anfertigen, davon allein fünf des Traianus; all diese waren dazu bestimmt, während der heiligen Prozession mitgeführt zu werden. Die umfangreiche Inschrift, die im Theater gefunden wurde, verrät in diesem Zusammenhang, daß die Statuen auf der Strecke zwischen Magnesischem Tor und Theater sowie von dort zum Koressischen Tor von den *Epheben* („Jungmännern") getragen wurden, wonach die Prozession also in Abschnitte geteilt war. Auffällig ist, daß die Statuen peinlich genau nach ihrem jeweiligen Gewicht (und damit ihrem Wert) angeführt sind: So wog die goldene Artemis 3 römische Pfund = 967, 5 g, wozu noch die vergoldeten Silber-Hirsche von 919, 34 g kamen. Das zeigt, daß es sich hier um zwar kleine, aber umso wertvollere Statuetten handelte. Zu der Stiftung gehörten auch noch 20.000 Denare, deren 9% Zinsen jedes Jahr am Geburtstag der Göttin an die Festversammlung verteilt wurden. Die einzelnen Dekrete der Inschrift regeln diese Allotterien mit größter Präzision und geben einen Einblick in die materielle Motorik rings um den Kultbetrieb. Die Stiftung des Salutaris schuf dabei nicht einen neuen, künstlichen Umzug zu Ehren der Artemis, sondern schmückte nur die offizielle Prozession besonders aus.

Unter Traianus scheint die Ausdehnung des Grundbesitzes der Artemis, also der Tempelverwaltung, ihren Höhepunkt (und Abschluß?) erfahren zu haben, wie aus den aufgefundenen Grenzsteinen zu schließen ist[322]: Danach erstreckten sich die heiligen Gefilde vom Tempel entlang des Kaystros flußaufwärts bis zum Mausoleum von Belevi und von hier an der Straße nach Sardes noch etliche Kilometer weiter; außerdem umfaßten sie ein großes zusammenhängendes Gebiet am mittleren Kaystros, so daß der Besitz eine Fläche von ca. 200–300 km^2 bedeckte. Große Teile davon stammten schon aus frühester Zeit, wie der Name des dazugehörigen ephesischen Dorfes Larisa zu Füßen des Tmolos (S. 24) und ein Münzhort aus Tetradrachmen des 4. Jh.s v. Chr. vom nahen Bayındır bezeugen. Die Grundflächen am Kaystros könnten sogar auf die älteste Situation des sakrosankten Anlegeplatzes an seiner ehemaligen Mündung zurückgehen (s. I. 4).

X. 5. b. Hadrian, Ephesos' neuer Gott

Am Übergang von der trajanischen zur hadrianischen Zeit steht noch ein kleines Bauwerk, das aufgrund seines gut erhaltenen, qualitätsvollen Schmuckes und der Tatsache, daß es als erstes von den österreichischen Ausgräbern wiederaufgebaut wurde (F. Miltner bis 1958), besondere Berühmtheit erlangt hat. In der Wissenschaft wurden seine Datierung und Deutung zu einem kontroversiellen Thema: Die Inschrift auf dem Architrav berichtet, daß der Bau *für Artemis, den Kaiser Hadrianus und das einfach-neokoros Volk von Ephesos* von dem Grammateus Tib. Claudius LUCIANUS ursprünglich dem Traianus zugedacht war, aber frühestens zwischen 117 und 119 durch einen P. Quintilius Valens VARIUS ausgeführt wurde[323] – so jedenfalls die wahrscheinlichste Lesung des Textes, in dem vor allem noch keine Rede von der 2. Neokorie ist (was freilich als solches noch nicht zuviel besagt). Trotzdem hat man das Tempelchen meist als den zweiten Kaisertempel der Stadt, den sie für Hadrianus errichten durfte, angesehen (s. u.).

Abb. 74. 75

Dagegen sprechen nun nicht nur seine Bauinschrift, seine bescheidene Größe und letztlich auch sein Standort an der „Kuretenstrasse", wo er zwar prominent stünde, aber von dem Gebäude dahinter (das später als Therme der Scholastikia neu adaptiert wurde, vgl. S. 129) geradezu erdrückend eingeschlossen ist. Jüngste Beobachtungen an den Baugliedern führen außerdem zu der Annahme, daß dieser „Hadriantempel" nicht bloß (wie ja längst bekannt, s. X. 7. b) später umgebaut, sondern vollkommen neu zusammengesetzt wurde; daß er ursprünglich sogar an einem ganz anderen Platz gestanden haben könnte, wo er vielleicht Teil eines größeren Bauwerkes war, nämlich, seiner mit dem *syrischen Bogen* versehenen Front nach, als eine Art von *Propylon*, ist hingegen nicht beweisbar (s. u.).

Da die Datierung des Prokonsuls Q. Servaeus INNOCENS, unter dem der „Hadriantempel" eingeweiht wurde, nicht genau fixiert ist, wäre vorstellbar, daß der Bau erst 124 zur Vollendung gelangte, als Hadrianus auf seiner Orientreise am 29. 8. nach Ephesos kam, bei welcher Gelegenheit man ihn gewiß um die Neokorie gebeten haben wird – allerdings noch ohne Erfolg. Ein solcher war der Stadt nicht einmal beim zweiten Besuch des Kaisers i. J. 129 beschieden, da sie bis 130/1 einfach Neokoros blieb[324], vorausgesetzt, daß damals noch nicht der Usus von Inschriften jüngerer Zeit galt, wo manchmal trotz *neokóros* (ohne Zahl) tatsächlich schon mehr Neokorien vorhanden waren. Aber ab 129 feierte Ephesos Hadrianus auf seinen Inschriften und Münzen als *Zeus Olympios*, womit die schon unter Domitianus gepflegte Verehrung des alten Göttervaters auch hier eine Wiederbelebung erfuhr. Unter diesem Aspekt verwundert denn auch nicht, daß die einzigen ephesischen Münzen für Hadrianus, die die Stadt *dìs* (zweimal) *neokóros* nennen (nur mit einem Typ, dem Artemision, verbunden), den Kaiser als Olympios vorstellen (da das gleiche Rückseitenbild nur noch mit dem Caesar L. AELIUS vorkommt, ist diese gesamte Prägung offenbar erst sehr spät aufgenommen worden [136–8], was bedeutete, daß Ephesos den neuen Titel merkwürdigerweise nicht sofort mittels seiner Münzen „weltbekannt" machte).

Denn unter dem Titel *zweifach-neokoros* tritt uns Ephesos zum ersten Mal auf einer Inschrift von 132/3 entgegen[325], so daß die Einrichtung des Kaiserkultes für Hadrianus zwischen 130 und 132 fällt. Nun hat sich dieser im griechischen Osten nach allem stets als olympischer Zeus verehren lassen, so daß die Identifizierung seines Tempels mit dem *Olympieion* als sicher gelten dürfte, das wenig später PAUSANIAS sah[326]: Nach seiner Beschreibung lag dieses *am Wege vom Artemision zum Magnesischen Tor*, weshalb man es – unter der Annahme, daß die kürzeste Verbindung gemeint sei – stets östlich des Panayır dağı suchte, also an der Prozessionsstraße, die hier zwischen den Tracheia-Grotten und dem Überschwemmungsgebiet des Marnas verläuft. Damit hätten die Ephesier ihren stolzen zweiten Neokorien-Tempel hinter dem Berg versteckt (an einer Stelle, wo dafür kaum Platz war, während es innerhalb der Stadt damals noch genügend freie Flächen gab), anstatt ihn – vor allem für die in den Hafen Einlaufenden – weithin sichtbar aufzustellen. Pausanias wird darum die Straße vom Heiligtum zum Koressos gegangen sein, wo er zu Füßen der alten Akropolis das Olympieion sah: Und hier, auf einer riesigen Fläche (die jüngsten Erkenntnissen zufolge erst kurz davor durch Aufschüttung einer versumpften Meeresbucht gewonnen worden war), wurden vor wenigen Jahren auch die Reste der gewaltigen Fundamente eines Dipteros angetroffen, die den Bau wie ein ringsum aufsteigender Sockel trugen. Das einzige Kapitell, das bisher geborgen wurde, paßt gut in die hadrianische Zeit, während die umgebenden Hallen (deren südliche teilweise erforscht wurde) offenbar erst später entstanden. Die Länge der Peristasis (Umgang) des Tempels betrug 60 m (= 200 Fuß), die Fläche, in die er gestellt ist, maß mit den Hallen 350 × 225 m. Das Bauwerk, dessen Firsthöhe das Akropolis-Plateau erreicht haben dürfte, war also wahrhaft von olympischer Größe, als zweitgrößter Tempel von Ephesos und viertgrößter von Kleinasien war es der achtgrößte der Alten Welt. Abb. 76

Zusammen mit dem neuen Kaiserkult wurden auch die *Adrianeia*, die hadrianischen Festspiele eingerichtet, die (anders als die wiederbelebten domitianischen *Olympia*) alle fünf Jahre veranstaltet wurden. Ephesos hatte damit neben kleineren drei große *Agones*, deren wichtigster die *Artemisia* zu Ehren der Göttin waren; sie wurden jeweils von *Panegyriarchen* ausgerichtet und von *Agonotheten* (die die Kosten zumeist aus ihrem eigenen Vermögen bestritten) geleitet, deren Namen seit 97 v. Chr. vielfach in entsprechenden Listen erhalten sind.

Der „Hadriantempel" ist so in die Front des dahinterliegenden Gebäudes eingepaßt, daß dieses schon vorher bestanden haben muß, oder beide gleichzeitig errichtet wurden – so zumindest hat es den Anschein, der bis zu einer genauen archäologischen Tiefenuntersuchung (die noch aussteht) gültig bleiben muß. Die große Thermenanlage dahinter (die später neu adaptiert wurde, vgl. S. 129) wurde nach einer im Inneren entdeckten Inschrift ebenfalls von Val. Varius errichtet[327], was den Schluß nahelegt, daß dieser sich hier gleich zweimal verdient gemacht habe, und darum der „Hadriantempel" immer an dieser Stelle gestanden haben muß: Doch ist das keineswegs zwingend (S. 125). Abb. 77

Mit Hadrianus kam 129 auch ein Mann nach Ephesos, dessen tragischer Tod im Nil im Folgejahr zu seiner Divinatio führte: ANTINOOS, der Liebling des Kaisers. Seiner hochgerühmten Schönheit widmeten die Ephesier wie auch andere nun eigene Münzen[328], auf deren Rückseite ihr *Héros ktístes* („Gründer-Heiliger") Androklos als
Abb. 78 Eberjäger erscheint, womit zu Antinoos, Hadrians bevorzugtem Jagdbegleiter, auch ein direkter Bezug hergestellt werden konnte. Daß Androklos damals zum ersten Male auf Münzen dargestellt wurde, ging also auf Antinoos zurück, dessen Kult nun den eigenen, inzwischen beinahe neuerlich vergessenen, Heros wieder in Erinnerung brachte (S. 80). Man begnügte sich aber offenbar nicht mit den Münzen allein, sondern scheint im Zuge der neu aufkeimenden Nostalgie (die sich ab nun in den Münzbildern zunehmend der mythischen Vergangenheit zuwandte) auch das Grab des Androklos, dessen originalen Platz niemand mehr kannte, noch einmal(?) neu errichtet bzw. *erfunden* zu haben: Das dürfte jedenfalls aus Pausanias hervorgehen, dem *längs des Weges am Olympieion vorbei* ein *mnéma* (Mal) gezeigt wurde, auf dem die Statue eines *bewaffneten Mannes* stand[326] (womit er den Androklos meinte); da eine Inschrift des 5. Jh. s, die den *Eberjäger* nennt, auch ziemlich genau hierher führte (s. aber S. 134), könnte sehr wohl möglich sein, daß dieser auf der Anhöhe der alten Akropolis stand und über dem Olympieion von weither zu sehen war. Dazu kommt, daß in der Mitte des Plateaus ein, aus dem Felsen geschlagener, zwölfstrahliger Sockel liegt, der wohl nur einen Grabbau getragen haben kann[329].

Unter Hadrianus stellte Ephesos auf seinen Münzen auch zum ersten Male die
Abb. 79 beiden Flüsse Kaystros und Kenchrios vor. Der erstere war nicht nur wegen der Wasserleitung des Aristion (S. 99), sondern jetzt auch wegen seiner mythischen Rolle wichtig, von der dem Pausanias bei seinem Besuch offenbar nachdrücklich erzählt wurde (s. I.). Ebenso hat man ihm den Kenchrios gezeigt oder von diesem gesprochen, den er unter den Natur-Besonderheiten Joniens aufzählt[330], wobei allerdings nicht klar ist, worauf sich das bezog. Mit dem Kenchrios verband sich aber Leto (s. X. 1), die jetzt auch zum ersten Mal auf den Münzen, mit den Zwillingen in den Armen, abgebildet wurde[331]. Dies dürfte ebenso eine Neubelebung der mythischen Urzeit sein, wobei die Möglichkeit besteht, daß damals der koressische Apollo-Tempel (S. 54) als *Letoon* neu geweiht wurde, wofür nicht nur die, in der nahen Marienkirche aufgefundene, Inschrift der Leto-Priesterin Iul. DANAE[332], sondern auch die Überlieferung bei Stephanos von Byzanz[333] sprechen, wonach Leto in Koressos einen *bomós* (Altar bzw. „erhöhten Tempel") besaß. Auf einen Leto-Tempel weist wenig später (unter Marcus Aurelius) ein anderes Münzbild hin, wo zu Füßen der Göttin (die dabei wohl als Statue gedacht ist) sich Adoranten befinden: Ein Bezug zum Ortygia-Heiligtum (s. X. 1) dürfte hier wahrscheinlicher sein.

Hatte die Stadt in der hadrianischen Zeit außer der begehrten 2. Neokorie neue prächtige Bauten erhalten, für deren kostpielige Errichtung die gesamte Wirtschaft enorme Impulse erfuhr, und damit einen gewaltigen Aufschwung erlebt, wurde dies unter dem Kaiser Antoninus Pius (138–61) noch gesteigert (für diesen wurden gleich zu seinem Geburtstag am 19. 9. 138 alljährliche fünftägige Schauspiele beschlossen[334]). Der Motor waren jetzt die Angehörigen der reichen Familie der VEDII, die ursprünglich aus Italien stammten und nun daran gingen, die anderen Stifter zu übertreffen. Wenn es trotz ihrer engen Beziehungen zum Kaiser – der zudem 135/6 als Proconsul hier geweilt hatte[335] – auch nicht gelang (vielleicht gar nicht einmal versucht wurde), Ephesos gleich einen weiteren, dritten Kaisertempel zu verschaffen, so haben sie die Stadt mit vielen Prachtbauten beschenkt, die bald die letzten freien Flächen in den ebenen Teilen füllten. Freilich lehrt eine vereinzelte numismatische Evidenz, daß zumindest ein illegaler Versuch (ähnlich jenem unter Domitianus, s. X. 3) unternommen wurde, die gültige Zweizahl zu vermehren: So gibt es ein Rück-

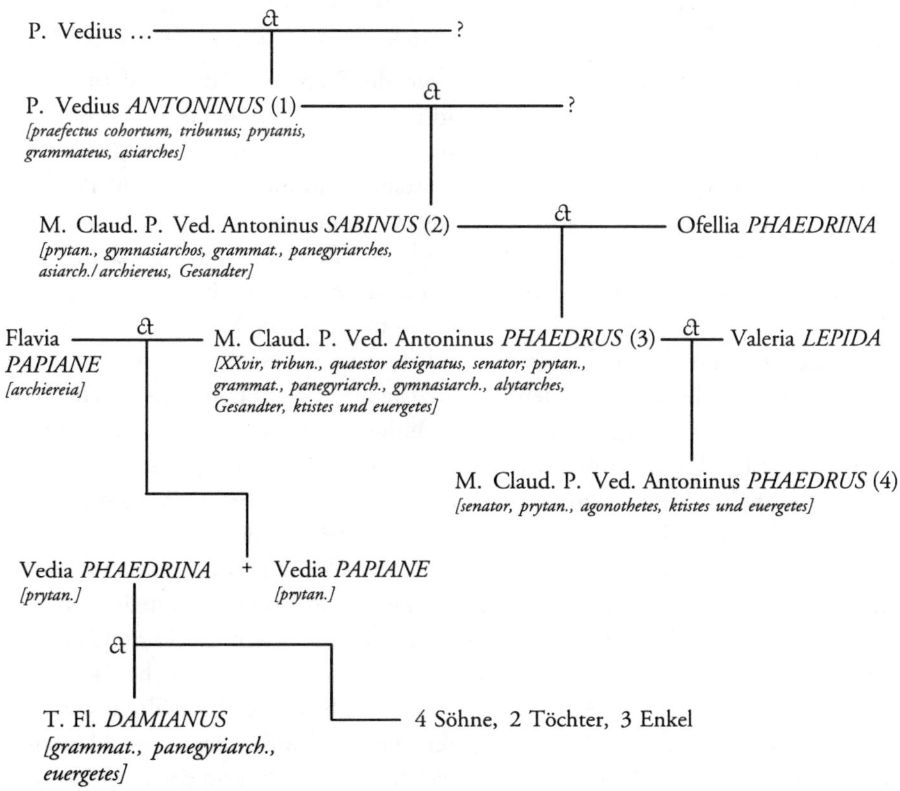

Stammbaum der Vedier

seitenbild mit der Ephesia-Statue zwischen zwei Tempeln und der Legende *[zweifach-?] neokoros und der Artemis* (also = 3 !), die über eine ältere Legende *zweifach-neokoros* in den Stempel geschnitten ist[336].

Die Vedier waren natürlich schon vorher ins Rampenlicht getreten, als erster der Asiarch P. Vedius ANTONINUS, der den „Hadriantempel" einweihte. Er gehörte bereits der zweiten Generation in der Fremde an, war aber zugleich der letzte männliche Vertreter seiner gens; deshalb nahm er einen Adoptivsohn aus der tribus der Claudii an. Der Stambaum, der sich daraus entwickelte, konnte aus den zahlreichen Inschriften rekonstruiert werden und ergibt ein eindrucksvolles Bild von einer der bedeutendsten Familien überhaupt, die Ephesos je aufzuweisen hatte[337].

Die vier Vedier, die unter dem Namen P. Vedius Antoninus auftreten, haben zur Unterscheidung eine moderne Bezeichnung erhalten, nämlich 1: „Adoptivvater", 2: „Adoptivsohn", 3: „Bauherr" und 4: „Erblasser" (da dieser sein Vermögen der Artemis vermachte). Oft ist es nicht möglich, zwischen ihnen zu unterscheiden, so daß z. B. ungewiß ist, welcher als Asiarch (1–3) im Theater das *Sonnensegel* setzen und Proskeneion und Logeion renovieren ließ[338]. Der wichtigste ist die Nr. 3: PHAEDRUS, der *Bauherr*. Meist zusammen mit seiner Frau PAPIANE stiftete er gleich eine ganze Reihe von Bauten, wovon zwei je eine besondere vedische Nuance darstellen[339]:

Abb. 80 Das eine ist das *Bouleuterion* (Haus der *boulé*, des Stadtrates), das auf dem „Staatsmarkt" hinter der augusteischen Basilica und neben dem Prytaneion in der üblichen Art eines kleinen Theaters ohne Bühnenhaus (für die Redner war ja nur die vertiefte Orchestra vonnöten) gebaut wurde. Der Umstand, daß hier an die 1500 Personen Platz hatten (deshalb wurde es auch lange als „Odeion" gedeutet), läßt weniger auf einen derart großen Rat (die Salutaris-Inschrift spricht von 450 Mitgliedern[340]) als darauf schließen, daß Vedius der Stadt für diesen Zweck ein überdimensioniertes Gebäude geben wollte, in dem sie – zeitweise unter seiner Führung – ehrenvolle Politik machen sollte. Freilich war eine solche auf das Gemeinwesen selbst und bestenfalls die Beziehungen mit den Nachbarstädten beschränkt und – seit es die Neokorien gab – insbesondere auf deren ständige Mehrung ausgerichtet: Für die griechischen Oststädte im Imperium Romanum bedeutete Politik kaum noch etwas anderes als große und immer größere Titel zu erringen, um so die Rivalen zu übertrumpfen und bei den Kaisern noch beliebter als diese zu werden. Dabei diente ihnen (wie wir aus einem Kaiserbrief wissen, der zwischen 140 und 144 geschrieben und in Ephesos außer im Bouleuterion noch an zwei Plätzen in Kopie ausgestellt wurde[341]) als „Kampfmittel", daß sie in gegenseitigen Adressen die vollen Titel unterdrückten, um die Rivalin zu desavouieren, worin sich Ephesos und Smyrna (nicht aber Pergamon) offenbar fleißig übten. Als ein Versuch der Ephesier, die Nachbarn auszustechen, ist auch zu werten, daß sie auf ihren Münzen außer dem, seit Hadrianus auftretenden gültigen Rückseitenbild mit zwei Kaisertempeln und der Legende *zweifach-neokoros* ein solches mit *drei* Tempeln (also zusätzlich mit dem Artemision), aber mit der richtigen Neokorien-Zahl prägten.

Das zweite Stiftergebäude ist das *Vediusgymnasium*, das im Nordwesten der Stadt, am Koressischen Tor neben dem Stadion, für Artemis, den Kaiser und die Stadt errichtet wurde (so auch die Weihung des Bouleuterions). Dies geschah 146/7, ein Jahr nachdem Antoninus Pius den Ephesiern einen Brief geschrieben hatte, worin er den Vedius in den höchsten Tönen lobt, aber merkwürdigerweise auch die Stadt tadelt, daß sie diesen nicht so recht hochschätzte, wie es zumindest ihm schien. Immerhin erhielt sie jetzt ihre dritte Therme, in der als Novität ein *oîkos*, ein Saal für den Kaiserkult eingerichtet wurde, quasi als Ersatz für einen Neokorietempel. Obwohl Malalas im 5. Jh. notierte, daß in Ephesos von Antoninus Pius selbst ein Bad begründet worden sei[342], ist die inschriftliche Nennung eines *gymnásion toû Sebastoû*[343] („Kaisergymnasium") nicht auf die vedische Stiftung zu beziehen, da die Bezeichnung noch in die hadrianische Zeit gehört (und daher eine der älteren Thermen meint, s. X. 7. b). Der Sophist Ailios Aristeides, der das Vediusgymnasium bald nach der Einweihung besuchte, nannte es jedenfalls nur das Bad *gegen den Koressos zu*[344]. Abb. 81

Vielleicht noch vor die Mitte des 2. Jh.s gehört die große Thermenanlage neben dem Bouleuterion, die fälschlich als „Variusbad" identifiziert wurde: Dann wäre sogar ein Bezug zum „Kaisergymnasium" vorstellbar. Bemerkenswert an diesem Bau ist das große *caldarium* (Warmbad) mit den mächtigen Fensterbögen. Abb. 82

X. 5. d. Die Antoninen-Zeit

Als Hadrianus im Jänner 138 den T. Aurelius Fulvus Boionius Arrius Antoninus als Aelius Hadrianus adoptierte und diesem befahl, seinerseits den M. Annius Verus und dessen Stiefbruder L. Ceionius Commodus als M. bzw. L. Aelius Aurelius zu adoptieren, verstärkte er damit nicht nur das Adoptiv-Kaisertum, sondern begründete die Antoninen-Dynastie, die dem Namen nach 84 Jahre herrschen sollte. Ephesos hat diese Adoption wenig später in dem feierlichen Reliefzyklus des Parthermonumentes (S. 110) verherrlicht.

War schon die hadrianische Zeit (in der in Ephesos als achte Phyle die *Adriane* eingerichtet wurde) im Gefolge der traianischen für das Gesamtreich ein gewaltiger Höhepunkt in seiner Entwicklung, verfestigte diese der Nachfolger, der für die Consecratio des Hadrianus den Beinamen Pius erhielt. Ephesos erlebte unter ihm, freilich vor allem dank den Vediern, seine absolute Hochblüte, die dann sogar noch weiter anhielt. Es war eine Stadt geworden, die durch ihre enorme Bautätigkeit die Wirtschaft ankurbelte und mannigfachen Zuzug von außen hervorrief, der noch verstärkt wurde durch die vielen Festspiele, die hier stattfanden (*Artemisia, Ephesia, Dionysia, Sebastea, Balbillea, Olympia, Adrianeia*) und – wenn auch im versetzten Rhythmus – jährlich mindestens einmal Stadion, Olympieion und Theater füllten.

Der Wirtschaftsboom hatte natürlich auch seine Schattenseiten. So mußte der Proconsul L. Ant. ALBUS 146/7 mit Nachdruck verfügen, daß die *Importeure von Holz und Steinen* ihr Gut nicht weiter direkt am Kai lagerten und hier sogar gleich verarbeiteten, wodurch 1. die Hafenmauern beschädigt, 2. das Beckenniveau durch hineingeworfene Steinmehl-Mengen angehoben, und 3. der Hafensaum unpassierbar wurden[345]. Ganz offensichtlich gab es eine derartige Nachfrage nach Baustoffen, daß die Unternehmer ihre Lieferungen nicht mehr in den Bauhöfen unterbringen konnten und darum am Hafen für die Baustellen vorbereiteten. Die Stadt ging aber sicher auch noch von anderen Gütern über, die überall – womöglich vor den Toren und auf den Plätzen – abgeladen wurden. Sensibel war dabei vor allem der Hafen, über den alles ein- und auslief.

Abb. 85 Gegen Ende der Regierungszeit des Pius erhielt der (Domitianus-) Vespasianus-Tempel einen neuen Altar, dessen Seiten *Waffenreliefs* schmückten (wenn deren Datierung zutrifft, vgl. S. 120).

X. 5. d. α. Epidemia – wieder kaiserlicher Besuch

Als L. VERUS i. J. 162 zu seinem Feldzug gegen die Parther aufbrach, kam er – gewiß auch in Befolgung des ephesischen Rechtes auf *primäre Anlandung* hoher und höchster Personen (S. 74 und 101) – von Athen nach Ephesos, wo er vom Grammateus Vedius CAIUS empfangen wurde[346]. Im folgenden Jahr kehrte er wieder, um LUCILLA, die Tochter des Marcus Aurelius, in Empfang zu nehmen[347]. Daran knüpft sich die Auffassung, daß die beiden sich dann hier vermählt hätten, doch erweist die Gesamtevidenz, daß Lucilla schon vorher die Frau des Verus geworden sein muß: Abgesehen davon, daß sie als Augusta anreiste, war sie nach Aussage der reichsrömischen Münzprägung wegen ihrer Bildtypen *Iunoni Lucinae* und *Diana Lucifera* (beides Geburtsgöttinnen) sowie *Pudicitia* (der Göttin der *ehelichen Keuschheit*) bereits Mutter! Daß auch sie über Ephesos fuhr, entsprach neuerlich der Vorschrift, die sogar in einer Voraus-Depesche des Marcus an den Proconsul wörtlich an den, uns erst aus der Caracalla-Zeit schriftlich überlieferten, diesbezüglichen Gesetzestext[348] anklingt: Danach *sollte niemand der Lucilla entgegenfahren*[347], so wie die Proconsules erst auf dem Boden der Provinz (d. h. für Asia: in Ephesos) empfangen werden durften. Die Aufenthalte des Verus, der dabei von dem bekannten P. Ved. Antoninus (3) gymnasiarchisch betreut wurde, werden *epidemíai* „Besuche" (eig. „Zureisen zum Demos" [hier auch im Sinne von „Gastsein auf Kosten des Demos"]) genannt[349], welches Wort in dem lateinischen Caracalla-Reskript (das Gesetz wurde erst durch die Aufnahme in die von diesem Kaiser veranlaßte Sammlung fixiert) extra griechisch zitiert ist, ebenso wie der Begriff des primären Anlandens als *kataploûs prôton*, was auf den ephesischen Münzen bisher erst unter Philippus Arabs (244–9) aufgetaucht ist. Wir haben also in der, schon von den Chronisten der Scriptores Historiae Augustae des 4. Jh. s mißverstandenen, scheinbar romantischen Geschichte vom glücklichen Kaiserpaar in Ephesos einen historischen Lichtstrahl vor uns, der zufällig sehr gebündelt ein kulturgeschichtliches Detail erhellt, wie eine Oststadt wie Ephesos bestimmte Privilegien besaß und hielt und sich die römische Administration bis hinauf zum Kaiser etwas unterwarf, das einem nüchternen Römer – gelinde gesagt – recht sonderbar vorgekommen sein muß.

Uns wieder erscheint es sonderbar, daß es den Ephesiern nicht gelang, von Kaiser Verus bei seinen „Epidemien“ die Ehre der dritten Neokorie zu erhalten, hat man ihm dabei doch sicher sehr hofiert. Daß ihm von P. Ved. Antoninus (3) im Bouleuterion eine Statue errichtet wurde[350], hatte allerdings noch nichts zu sagen, wissen wir doch aus Funden und Inschriften, daß vor ihm allen Kaisern (samt Familienangehörigen) mindestens eine solche aufgestellt wurde. Auch in der Münzprägung geschah nichts Auffälliges, außer daß ein Rückseitenbild mit einem Togatus vor dem Kultbild der Artemis ein Opfer des Verus anzeigen dürfte (daneben gibt es ein anderes, auf dem beide Kaiser der Göttin opfern). Es waren jedoch alle Anstrengungen in Richtung Neokorie von vornherein sinnlos, da schon 162/3 in einem Reskript der beiden Kaiser, das sich auf die Behandlung alter und z.T. schon unkenntlich gewordener Kaiserbildnisse bezog (deren Identität eruiert werden sollte, bevor man sie vorschnell einschmolz), festgestellt wurde, daß sie *für die geplanten Ehren nicht zugänglich* seien (was natürlich auf die Einstellung des Marcus zurückging), *noch mehr wenn andere* (Ehren auf sie) *übertragen* werden sollten[351]: Offenbar hatte man vorgeschlagen, alte Bildnisse einzuschmelzen und daraus neue für Verus und Marcus zu schaffen. Aurelius war sicher kein Freund der Neokorien. Abb. 83

Etwa zur selben Zeit (162–4) wurde durch Edikt des Proconsuls ein älterer Beschluß der Boule bestätigt, wonach im Monat *Artemision,* in dem das heilige Fest der Artemis abgehalten wurde, Feiertagsruhe herrschen sollte[352]. Damit wurde die Bedeutung der Göttin noch mehr betont, und vielleicht lag darin einer der Gründe für das genannte Münzbild mit den beiden Kaisern, unter denen dies geschah.

Vermutlich auch am Beginn dieser ersten Samtherrschaft erhielt Ephesos seine fünfte Therme, den Kernbau des „Ostgymnasiums“ am Magnesischen Tor, wo sich Verus bereits ergötzt haben mag. Es würde nicht verwundern, wenn einmal eine Inschrift auftauchte, die auch diesen Großbau als vedische Stiftung ausweist, wurde doch seine Palästra wenig später (um 170) von der Tochter des P. Ved. Antoninus (3), der Prytanin Vedia PHAEDRINA, erbaut[353], vielleicht zusammen mit ihrem Mann, dem Sophisten T. Fl. DAMIANUS, der 166/7 (und auch noch später) als Beamter und Mäzen sehr aktiv war. So hat er im Variusbad (S. 107) einen *oîkos* (Kaisersaal) versprochen[354]; dazu paßt, daß im „Ostgymnasium“ seine Statue gefunden wurde, die ihn als *Kaiserpriester* zeigt – hat er an diesen Orten die offiziöse Verehrung von Marcus und Verus besorgt? Damianus war ein Schüler des berühmtesten dieser Philosophen-Gattung seiner Zeit, des Fl. PHILOSTRATOS II., der wenig später zum Intellektuellen-Kreis um die Kaiserin Iulia Domna gehörte. Abb. 86

Als Verus den Partherkrieg 165 durch seine Generäle siegreich beendet hatte, eilte er in den Westen zurück und wird Ephesos nochmals berührt haben. Nach ihm kamen 166 auch Kontingente der siegreichen Truppen in die Stadt, die über Land abgerückt waren und hier auf ihre Ausschiffung warteten, was etliche Zeit in An-

Abb. 84 spruch nahm. Für die Verpflegung der Verbände kam als Grammateus Damianus auf, der über einen Zeitraum von 13 (3?) Monaten insgesamt etwa 10 Millionen Liter = 7.000 Tonnen(!) Getreide (wohl Gerste) aus eigenem bestritt[354], welch gewaltige Menge freilich nur für ca. 9.000 (bei 13 Monaten) bzw. 35.000 Mann bei 3 Monaten reichte. Gewiß wurden diese nicht innerhalb der Stadt einquartiert, sondern außerhalb kaserniert. Trotz der generellen Belastung (die zuletzt angeführten Münzbilder könnten freilich auch damit etwas zu tun haben: als Aufforderung zur oder als Dank für Kompensation), die eine solche untätige Soldateska für eine Zivilstadt bringt, werden die ephesischen Kneipen und Etablissements, aber ebenso andere Sparten damals hervorragende Umsätze gemacht haben, so daß der römische Sold auch den Stadtsäckel füllte. Aus diesem Grunde war es dann sicher mehr als bloße Pflichtübung, daß auf den Münzen der große Sieg verherrlicht wurde: So erscheint die Nike ziemlich häufig auf den Geprägen für Marcus und seine Gattin Faustina II. sowie Verus, wobei mit der Legende *Nike Romaîon* (= Victoria Romanorum) und der, auf einen Schild schreibenden, Siegesgöttin neue Typen in direkter Anlehnung an die reichsrömischen Muster eingeführt wurden.

Abb. 87 Aber nicht nur damit wurden die Helden gefeiert. Ephesos hat auch mit einem Prachtbau, dessen monumentale Reliefs später teilweise vor der Bibliothek aufgestellt wurden (S. 130; sie bilden heute das Prunkstück des Wiener Ephesos-Museums), ein übriges getan: Auf diesen ist dargestellt sozusagen die Geschichte der Dynastie, von der Adoption angefangen über den Parther-Triumph bis – wie manche meinen – zum frühen Tod des Verus im Jahr 169. Dies großartigste Beispiel kaiserzeitlicher ephesischer Reliefkunst mit seinem z.T. vollplastischen Klassizismus, berührenden Realismus und seiner überraschend verhaltenen, heroischen Übersteigerung stellt auch weit über Ephesos hinaus einen kunstgeschichtlichen Höhepunkt dar. Neben der statischen Adoptions-Szene und den bewegten, aber doch irgendwie erstarrten Schlachtenbildern sind es die mythischen Darstellungen, die den Betrachter fesseln, wie die rasende Fahrt des Helios-Wagens, den ein Gepanzerter besteigt (wohl Verus selbst, weshalb man aus der „Himmelfahrt" auf seine Consecratio geschlossen hat), und die Fahrt der Selene auf dem Hirschenwagen (als das untergehende Gestirn des Verus angesehen). Ebenso schwierig wie deren restlose Deutung ist auch die Frage nach dem ursprünglichen Standort des Monumentes, das als Monumentalaltar zu rekonstruieren ist. Obwohl schon mehrere Punkte und einmal sogar ein bestimmtes Fundament dafür „entdeckt" worden sind[355], ist die Lösung weiterhin offen, und die Suche dürfte auch davon abhängen, ob das „Parthermonument" primär ein Ehren- oder ein Totendenkmal war. Da Verus nicht in Ephesos gestorben ist und hier sicher auch nicht geheiratet hat, muß ein Bezugsanlaß zu seinem Tod (dann käme am besten ein Punkt an der Prozessionsstraße in Frage) ausgeschlossen werden, wenngleich dieser noch vor Vollendung der Reliefplatten eingetreten sein mag. So handelt es sich wohl um ein reines Siegesdenkmal, das den Kaisern und ihren glorreichen Truppen nach der Siegesmeldung von 166 errichtet wurde, wobei die Familie eines Timaios *70.000 Silberdenare* (d. s. in Silber immerhin 235 kg) für Jagdspiele stiftete[356]. Als ein äußerst geeigneter Standort dafür wäre die südöstliche Schulter des Panayır dağı anzusehen, wo über dem „Variusbad" auf einem Luftbild ein großer quadratischer Bau mit Exedra sichtbar geworden ist: Denn dieser Punkt ist weithin zu sehen, vor allem vom Austritt der großen Landstraße aus dem Marnastal, von wo die Truppen angerückt waren, und sieht selbst weit nach Osten hinein.

Mit den heimkehrenden Truppen kam eine echte Epidemie in den Westen, die Pest. Daß sie auch Ephesos betroffen hat, hat erst jüngst eine Inschrift in Form eines Apollo-Orakels[357] eindringlich gezeigt. Ansonsten erfahren wir aber von Ehren für die Kriegshelden, wie z. B. den Iunius Maximus FRONTO, der hier 167/8 das Amt des Quaestors von Asia innehatte[358].

X. 5. d. ß. Wohnen am Hang. Privathäuser werden zu Palästen

Die Bewohner des Zentrums entlang des Embolos hießen *Embolitai*[359]. Sie waren gewiß nicht nur stolz auf die vielen Prachtbauten an ihrer Straße, sondern auch darauf, daß die Artemis-Prozessionen hier Stationen hatten wie jene auf dem kleinen Platz hinter dem Traianus-Tor, wo ein Kultbild aufgestellt war (S. 132); von hier zweigte auch eine Straße nach Westen ab, über die – den Hafen entlang – die Prozession am Geburtstag der Göttin nach Ortygia zog. Dazu kam, daß in den Häusern auf den *Hangterrassen*, die zu beiden Seiten aufstiegen, zumindest in den unteren Lagen eine gehobenere Schicht wohnte. Die Verbauung an der Südseite, also am Nordhang des Bülbül dağı, an der Stelle, wo von 1960–86 die beiden Straßeninseln der „Hanghäuser" systematisch ausgegraben wurden (H. Vetters), hatte noch im 1. Jh. n. Chr. begonnen, erfuhr aber erst während des 2. Jh. s einen prachtvollen Höhepunkt. Abb. 88

Wie überall sonst in Ephesos sind diese *insulae* allseitig von Verkehrswegen umgeben, im Norden von der „Kuretenstraße", im Süden von einer Fahrstraße quer zum Hang, und im Westen und Osten von je einer steilen *Stiegengasse* nur für Fußgänger. Auf unterschiedlich angelegten Terrassen befinden sich unterschiedlich große, jeweils in sich geschlossene *Wohneinheiten* z.T. unter gemeinsamen Dächern, denen als Charakteristikum ein – meist mit einem Brunnen ausgestatteter – zentraler offener Innenhof (atriumähnlicher *Peristylhof*) eignet, um den herum, teilweise in bis zu zwei Stockwerken, sich die Wohnräume gruppieren. Abb. 90

Nur in einem Fall ist uns ein ehemaliger Besitzer bekannt geworden, der auf der untersten Terrasse von „Hanghaus 2" in der 2. Hälfte des 2. Jh. s eine riesige Grundfläche von ca. 2500 m^2 und zwei Wohneinheiten zusammen besaß, so daß sein Haus (in dem mehr als genug Platz für eine Familie, ja einen klassischen antiken Haushalt war) einen größeren und einen kleineren Peristylhof, mehrere Salons und einen 15. 5 x 12 m großen ungedeckten Saal enthielt. Alle Räume waren (und sind auch noch großteils) mit Fresken, marmornen Wandverkleidungen und Mosaikböden ausgestattet. Das Zentrum der palastartigen Anlage bildet eine Raumgruppe besonderer

Art: Von der Südwest-Ecke des großen Peristyls gelangte man zu einer Tür, hinter der sich für jeden Besucher ein überraschender Anblick bot, nämlich ein kreuzgewölbter
Abb. 91 Marmorsaal mit einem Springbrunnen(!) in der Mitte und einem anschließenden offenen Gewölbesaal mit einer Bad-Nische. An der Südseite des Marmorsaales öffneten sich über einer Freitreppe große Türen in das Herz des Hauses, einen 12.5 × 7 m großen und 11.5 m hohen tonnengewölbten Saal mit einer Apsis am Südende. Vor dessen Südwest-Ecke führt eine schmale Tür in einen, aus dem anstehenden Felsen gehauenen, tonnengewölbten Salon (*triklinion*), dessen Decke mit höchst qualitäts-
Abb. 89 vollen Stuckreliefs überzogen ist.

Der Mann, der über diesen Palast herrschte, hieß C. Fl. Furius Aptus und war, neben Funktionen wie jener des *alytarches* (Festspielleiters [der Olympien]) und Neokoros, Priester des *bacchischen Berg-Dionysos vor der Stadt*[360], was er auf die, sekundär in das Peristyl eingebaute, Brunnenfassung schreiben ließ. Als solcher hat er sein Haus, das er sicher nach dem Kauf(?) nach seinen Bedürfnissen und Vorstellungen eingerichtet hat, auch spezifisch adaptiert, was der Stuckraum mit seinem dionysischen Thema deutlich verrät. Und in der großen Halle hat er nicht nur seine Gäste empfangen, sondern in dieser *Basilica privata* (Vetters) wohl auch Zeremonien zu Ehren seines Gottes, und das heißt dann wohl auch dionysische Feiern veranstaltet. (Das Kult-Kollegium, dem er vorstand, hatte es natürlich schon längst vorher gegeben, wie z. B. die Ehrung für Hadrianus durch die Mysten zeigt[361].)

Solche privaten „Thronsäle" gab es auch sonst in den Quartieren der Reichen, wie gleich daneben im „Hanghaus 1" (in einer Wohneinheit mit einem übergroßen Peristylhof), wo die Hausherren ihre Klientel zu empfangen und Feste auszurichten pflegten. Daß sie dazu noble Gäste begrüßten, zeigen die – wohl von solchen dedizierten – beiden Basen (leider ohne die Statuen aufgefunden) auf der Freitreppe vor der Halle des Aptus, deren Inschriften Aphrodite (vielleicht als Allegorie auf seine Frau) anrufen und ihn sowie einen Perikles (seinen Sohn?) dem Schutz der Kythera (wieder Aphrodite) anempfehlen (merkwürdigerweise nicht dem Dionysos, dessen Verbindung zu Aphrodite nur in der Zeugung des Priapos besteht). Die reichen Ephesier wohnten also fürstlich. Von ihnen wird es insbesondere während der großen Blütezeit vermutlich eine stattliche Anzahl gegeben haben, hervorgerufen durch die blühende Wirtschaft, die den Tüchtigen zu blendenden Geschäften verhalf. Es wäre denkbar, daß Aptus z. B. ein Reeder war, dessen Schiffe des Schutzes der meergeborenen Göttin bedurften (Vetters), besonders wenn sie um die Peloponnes herum und an Kythera vorbeifuhren. Sein Reichtum war auch die Grundlage dafür, daß sein Sohn T. Fl. Lollianus Aristoboulos später Senator wurde[362]. Dieser wird das Haus am Embolos noch weiter bewohnt haben; er oder seine Erben haben dann die kleinere Wohneinheit wieder aufgegeben bzw. verkauft, um „nur" noch ca. 800 m^2 zu bewohnen. Ob die Familie bis zum großen Erdbeben (s. X. 7. a) hier verblieb, läßt sich nicht entscheiden, erschiene jedoch denkbar, da die Bezüge zu Aptus nicht entfernt worden sind.

X. 5. d. γ. Überschrittener Höhepunkt

Daß der ephesische Höhepunkt gegen Ende des 2. Jh. s sich zu neigen begonnen habe, würden die damaligen Zeitgenossen entrüstet zurückgewiesen haben. Aber wenn auch noch alles florierte, und die Stadt weiterhin hektisch pulsierte, nahm der Boom langsam ab. Freilich wurde weiter gebaut, und die Münzbilder, die jetzt (noch unter Marcus) den Androklos zum ersten Mal als *ktístes* „Gründer" feierten (welcher Begriff inzwischen auch gerne für die großen Stifter wie die Vedier angewandt wurde), lassen vermuten(?), daß man das Plateau um sein „Grab" (S. 104) zu einem säulenumstandenen Hof gestaltete, dessen gut in diese Zeit passende geringe Architekturreste merkwürdigerweise dazu angeregt haben, hier das *macellum*, den Fleischmarkt zu vermuten (als ob die Antike einen solchen hätte in die Höhe verlegen müssen): Obwohl es da eine Verbindung zum nahen Olympieion, d. h. zu Hadrianus als Zeus Olympios, gab (in einer Inschrift vom mittleren Kaystrostal heißt es interessanterweise, daß dem Kaiser *aus den Steuern des Dorfes [Larisa] eine Statue und das makellon [ringsum]* errichtet wurde[363], was ganz der ephesischen Situation entspräche, wenn vorstellbar wäre, daß die Larisenoi in Ephesos eine Stiftung vorgenommen und diese auch zuhause verkündet hätten), zeigen andere Inschriften die Zugehörigkeit dieses Marktes zur Agora, auf dem um 220 goldbronzene Eros-Statuen aufgestellt wurden[364].

Vielleicht schon unter Commodus (180–92) wurde der Platz vor der Bibliothek und einem, nur in diesem Zusammenhang erwähnten, *audeitórion* neu gepflastert[365]. Dieses eigentlich lateinische Wort (*auditorium*) bezeichnete einen Hörsaal, der nur mit ringsum (zumindest an drei Seiten) aufsteigenden Sitzstufen vorzustellen ist: Tatsächlich sind solche am Geländeabfall von der „Marmorstraße" zum Bibliotheksvorplatz angetroffen worden, wobei die Freitreppe zur neronischen Agora-Osthalle einbezogen, und runde Stufen vor den älteren Grabbau-Sockel daneben gelegt waren. Auf diese Weise sperrte der sonst vollkommen freie und unüberdachte „Saal" die Zufahrt zum Agora-Südtor, während für Fußgänger der Durchgang frei blieb.

Dieses Auditorium vor der Bibliothek mit ihren Bücherschätzen diente gewiß öffentlichen Vorträgen und akademischen Diskussionen, vielleicht auch universitären Veranstaltungen, und ist darum als der Ort anzusehen, wo sich die Philosophen trafen und ihre Vorlesungen abhielten. Dies waren im 2. Jh. vor allem die *Sophisten* wie Damianus und Soteros[366]. Einer ihrer Vorgänger, der in der hadrianischen Zeit wirkte, war T. Cl. Flavianus Dionysios, Rhetor und Sophist sowie *procurator* (kaiserlicher Finanzbeamter)[367], der nach Philostratos II. *in der Agora* von Ephesos bestattet wurde[368]: Sein Ruhm hatte die Stadt also veranlaßt, ihm gemäß der uralten Tradition an der ehemaligen Prozessionsstraße das Grabrecht einzuräumen. Nun ist sein schmuckloser Sarkophag[369] nicht auf der Agora, sondern etwas außerhalb, in dem Gang unter der Freitreppe der Osthalle, angetroffen worden, wohin er sekundär verbracht zu sein scheint: Vermutlich aber hatte man ihn gar nicht weit schieben müssen, denn er könnte ursprünglich in einer kleinen (Grab-?)Kammer gestanden haben, deren Reste gleich neben dem Südtor unter der Treppe festgestellt wurden. So hätte er also seine letzte Ruhestätte in unmittelbarer Nähe zu seiner Wirkungsstätte gefunden (wobei Philostratos dann eben nur einen kleinen Irrtum begangen hätte; freilich besteht auch die Möglichkeit, daß der Bereich vor der Bibliothek tatsächlich noch zur Agora gezählt wurde).

Der große vedische Stifter P. Ved. Antoninus (3) war am Ende des 2. Jh. s noch immer aktiv, wie eine Spendenliste[370] zeigt, nach der er, seine Frau und die Tochter (S. 105) mit zwei Söhnen in ihrer Eigenschaft als Prytanen 2250 Denare für Gerousia und Kureten stifteten. Aber auch der Schwiegersohn Damianus war nicht untätig, der – sicher mit hohen Kosten – eine 13 m breite *Verbindungsstraße* zwischen dem Artemision und dem Magnesischen Tor schuf (also über den Marnas und an der Trecheia entlang, wo es natürlich schon immer einen Weg gegeben hatte)[371], womit sowohl für die Prozessionen als auch den Verkehr zwischen dem politischen Zentrum am „Staatsmarkt" und dem Heiligtum endlich ein kürzerer prunkvoller Weg vorhanden war: Eine Hälfte war dabei als Stoa überdacht (eine Versuchsgrabung hat kürzlich einen Sektor freigelegt, dabei wurde festgestellt, daß diese Straßenhalle mit Kreuzgewölben überdeckt war[372]), *damit die Kultgemeinde nicht bei Regen abgeschreckt werde* (was sich vor allem auf Überschwemmungen durch den Marnas beziehen dürfte).

Die Söhne und Enkel dieses bedeutenden Ephesiers haben – selbstverständlich auch aufgrund seines bedeutenden Vermögens – wie jene des Aptus (S. 112) hohe und höchste Reichsämter erreicht[373] und damit ihrer Stadt Ehre gemacht.

Aus der Zeit des Commodus stammt ein Dekret[374], laut dem eine vergessene bzw. aus Geldmangel aufgegebene Einrichtung des Lysimachos (nämlich alljährliche Geldspenden für die Geronten und Bürger am Feste der Artemis, hier mit dem Beinamen *Soteira* „Retterin") wiederbelebt wurde. Das Artemisfest hatte insgesamt also im 2. Jh. gesteigerte Bedeutung erhalten (S. 109).

Commodus selbst wurde von den *koressischen Sackträger-Mysten des Urvaters Dionysos* als „neuer Dionysos" gefeiert[375], woraus hervorgeht, daß es im Stadtteil Koressos ein (altes?) Dionysos-Heiligtum gegeben haben muß, das möglicherweise schon unter M. Antonius (s. IX. 2. a) bestanden hatte. Jedenfalls ist auffällig, daß Dionysos, wenngleich anscheinend weniger im offiziellen Bereich (und darum auch nicht auf den Münzen), in Ephesos doch eine wichtige Rolle gespielt hat, da wir überall auf seine verschiedenen Spuren stoßen.

X. 5. d. δ. Polykrates. Kräftiges Lebenszeichen der ephesischen Christen

Die verstärkte Pietät gegenüber der Artemis sowie die Restaurierung ihrer alten Schutzfunktion (die Sehnsucht nach Errettung entsprach der Zeit, was übrigens auch einer der Gründe für die zunehmende Verehrung des Dionysos war) fällt in die gleiche Zeit wie ein kurzes Schlaglicht auf die ephesische Christengemeinde.

Über diese wissen wir von Hadrianus bis Macrinus nichts, keine Nachricht und kein Fund erhellen das Dunkel und durchbrechen das Schweigen, so daß man meinen könnte, sie hätte aufgehört zu existieren. (Von Eusebios hören wir nur von einem falschen Märtyrer namens ALEXANDER [vgl. den Schmied Alexander: S. 93], der vom Proconsul wegen zahlreicher krimineller Delikte vor 185 verurteilt wurde[376].) Aber gerade während des 2. Jh.s wurden – von der „heidnischen" Öffentlichkeit unbemerkt bzw. ignoriert – ihre Traditionen fixiert, wie z. B. *die apokryphen Iohannes-Akten* (S. 97). Iohannes (nicht Paulus) wurde dabei zur zentralen Figur und zwar unter dem Begriff dessen, *der an des Herren Brust gelegen hatte*, vor allem aber des *Lehrers* und damit des Begründers der ekklesia von Ephesos. Das führte zur Ausbildung seines „Titels" *theológos*, unter dem er dann insbesondere in der offiziellen christlichen Zeit des Imperiums verehrt und weithin berühmt wurde[377]. Dieses für uns scheinbar sofort verständliche Wort stammt aus dem griechisch-„heidnischen" Bereich, wo es den „(Tempel-)Festredner" bezeichnete (eig. den, *„der von dem Gott spricht"*), wofür es seit der Salutaris-Stiftung (S. 101) auch ephesische Beispiele gibt[378]; daraus war leicht – und für die „heidnische" Umgebung unverdächtig – mit christlichem Sinn *„der von (dem einen) Gott Lehrende"* zu machen, obgleich natürlich beides in der Wirkung (vielleicht auch im Engagement) prinzipiell gleich war.

Der Mann, der mit seinem Brief an den römischen Bischof Victor I. (189–99) schlagartig ans Licht tritt, war der ephesische Bischof POLYKRATES[379], der den Iohannes mit etlichen anderen Heiligen quasi nur als Zeugen anführt (S. 96). Denn Polykrates, der im Alter von 65 Jahren schrieb und der achte einer bischöflichen Familien-Dynastie war (nur von Ephesos? – Damit wären die 70 Jahre seit Onesimos leicht abgedeckt), zeigt sich in seinen Worten sehr kämpferisch, die uns urplötzlich jenes leidige Thema auftun, an dem u. a. die Kirche Jahrhunderte später in Ost und West zerbrach: den *Osterfeststreit*. Danach hielten die Ephesier wie die übrigen Kleinasiaten gegenüber Rom an der jüdischen Überlieferung des Passah-Termines fest[380], was zum einen zeigt, daß hier die Judenchristen bzw. deren Traditionen (die Zeugen des Polykrates) dominierten (das läßt vermutlich Rückschlüsse auf die Genese in der urchristlichen Zeit zu, s. X. 4), zum anderen, daß die Gemeinden blühten und sich solcher Sicherheit erfreuten, daß sie nicht nur derlei theologische Fragen disputieren, sondern – natürlich mit Ephesos an der Spitze – auch militant und selbstsicher verteidigen konnten. Es nimmt wunder, daß dieses Auftreten und die zu vermutende Empörung über Victors Androhung der Exkommunikation im „heidnischen" d. h. offiziellen Umfeld nicht bemerkt wurde bzw. zu keiner Reaktion geführt zu haben scheint.

X. 6 Die Severerzeit. Letzte große Bautätigkeit der „Heiden"

Mit der neuen, von L. Septimius SEVERUS Pertinax 193 installierten, Dynastie drang infolge seiner Ehe mit der Tochter des Baal-Priesters von Emesa, Iulia DOMNA, ein sehr orientalisches Element in die Machtebene ein, da diese echte Mitregentin wurde. Das bedeutete, wenn Severus auch nominell an die Antonine anknüpfte, für

die Neokorien werbenden Ostgriechen und allen voran die Ephesier eine neue Hoffnung, da diese nach langen, diesbezüglich enttäuschenden Jahrzehnten bei der Kaiserin Verständnis erwarten konnten. In der Tat wurden sie, zwar nicht sofort, schließlich auch erhört. Nach 200, vielleicht noch unter Severus, erhielt Ephesos
Abb. 93 seine letzte große Therme, die vor dem Theater (wo um 205 das Sonnensegel [S. 106] repariert werden mußte[381]) zwischen der Prozessionsstraße und den Verulanushallen an einem Platz errichtet wurde, der damals wohl kaum noch eine Baulücke gewesen sein kann (weshalb hier vermutlich Älteres weichen mußte). Damit standen jetzt sechs solcher Anlagen zur Verfügung, die wohl einen enormen Bedarf widerspiegeln und damit vermuten lassen, daß die Stadt inzwischen weiter gewachsen war und nun auch ein Maximum (das sich freilich nicht mit gutem Gewissen schätzen läßt) an Einwohnern beherbergte: Das führte dazu, daß jetzt (unter Caracalla ab 212/ 3) zu den bisherigen acht Phylen eine letzte, die *phyle Antoneiniané*, hinzugefügt wurde, deren 54 Chiliastyen jetzt immerhin 54.000 Bürger umfaßten.

Dementsprechend haben sich auch die Friedhöfe mit Sarkophagen gefüllt. Eines der eindrucksvollsten Beispiele der in jener Zeit errichteten Mausoleen und Totenhäuser ist der zweigeschoßige Grabbau vor dem Austritt der Marnas-Schlucht, in dem einst drei qualitätsvoll geschmückte Marmorsärge gestanden haben, die für eine Cl. Antonia Tatiane, ihren Mann und ihren Bruder i. J. 204 gefertigt wurden[382]. Wie auch sonst und überall haben später Grabräuber in den ephesischen Nekropolen alles systematisch nach Beigaben-Schätzen durchsucht und dabei vielfach unnötige Kunstzerstörung betrieben. Und noch später ist so mancher der im allgemeinen ja leicht zugänglichen, Sarkophage im Kalkofen verschwunden, fiel unverständigem Vandalismus zum Opfer oder wurde – im besten Fall – zweckentfremdet als praktischer Brunnentrog verschleppt.

X. 6. a. Caracalla und die dritte Kaiser-Neokorie

Nachdem die Münzen der Stadt bis 211 (also außer für Septimius S. auch alle Gepräge für Domna und ab 198 bzw. 209 für ihre beiden Söhne) stets wahrheitsgetreu nur das *zweifach-neokoros* verkündet hatten (nur ein Rückseitenbild des Severus verrät wieder den Versuch, mehr scheinen zu wollen, indem es mit der Darstellung des Artemisions zwischen den beiden Kaisertempeln die Dreizahl suggerierte), gelang unter der Samtherrschaft des M. Aurelius Antoninus Caracalla und des L. Septimius Geta endlich der Durchbruch zur *3. Neokorie*. Vielleicht schon vorher haben die Ephesier mit einem neuen Münzbild für Domna, auf dem eine Kuh ihr Kalb säugt, und das die Legende *die erste von Asia* führt, über den eigenen Bezug hinaus schmeichelnd auf die Kaiserin zu wirken versucht, die ja seit 195 den Titel *mater* in sechs Varianten führte.

Auf jeden Fall wurde die neue Neokorie noch vor der Ermordung des Geta im Dezember 211(?) zugesprochen, da seine Münzen den erweiterten Titel vorweisen. Abb. 92 Dieser hatte als solcher schon vorher eine spezifische Veränderung erfahren, indem die Stadt sich *zweifach-neokoros der Kaiser* (Vespasianus und Hadrianus) *gemäß Senatsbeschluß und neokoros der Artemis* nannte[383] und somit praktisch *„dreifach-neokoros"* war. Dementsprechend schrieb sie jetzt auf ihre Gepräge *dreifach-neokoros [der Kaiser] und [neokoros] der Artemis,* obwohl nur drei Tempel (Artemision + 2) abgebildet wurden! Danach wurde der Scheinschritt zur „4. Neokorie" doch nicht gewagt.

Die neue Ehre bedingte einen neuen Tempel, und zwar für die beiden Brüder zusammen. Abb. 94 Man hat dafür den Prachtbau am Hang westlich der Agora in Anspruch genommen, den J. Keil wegen seiner Wasserbecken und einer Inschrift für Serapis und Caracalla[384] als „Serapeion" deutete (das als solches jedenfalls älter zu sein scheint). Hätte es auch zu diesem Kaiser gepaßt, sich mit Serapis als Parhedros verehren zu lassen (vgl. seinen Serapistempel in Rom), könnte das nur ab 212 geschehen sein, da ja Geta auf der Inschrift fehlt. Auf den ephesischen Münzen erscheint Serapis neben der Ephesia nur bei Domna, und es ist auch außer den Tempelbildern allein die Göttin, die – zwischen den beiden Kaisern zu Pferde stehend – noch die Neokorien verkündigt; so sieht es fast danach aus, als ob sich Caracalla und Geta im Artemision einen Schrein hätten errichten lassen. Demgegenüber hat sich gezeigt, daß die – genau Ostwest ausgerichtete – Südhalle des hadrianischen Olympieions erst am Beginn des 3. Jh. s monumental ausgebaut wurde, und zwar eindeutig als Doppelbau mit je einer Exedra im Osten und Westen, so daß es gut denkbar wäre, daß die Doppel-Neokorie hier eine würdige Heimstatt erhielt: Mit einer Länge von 265 m = 900 Fuß war sie das längste Gebäude der Stadt aus einem Guß. Dazu kommt noch, daß die Herrscher der syrischen Dynastie sich als Baal = Helios verstanden (so Severus[385]), weshalb Caracalla und Geta auf gemeinsamen Münzvorderseiten als *neoì Hélioi* tituliert sind; als solche standen sie entsprechend der syrischen Auffassung dem Zeus Olympios ohnehin sehr nahe.

Zu der angeführten Bautätigkeit kam noch, ebenfalls 211/2, ein großangelegter Abb. 95 Umbau der Agora-Hallen, wie die Reste der Architravinschrift erweisen[386]. Bemerkenswert ist dabei die homogene Ausstattung dieser zweischiffigen Stoen (die durch eine mittlere Stützenreihe gekennzeichnet sind) mit monolithen Granitsäulen. Auch die dahinter liegenden 97 Gewölbekammern für Geschäfte etc. wurden damals in der erhaltenen Form errichtet. Dies weist deutlich auf den weiterhin blühenden Handel.

Als Caracalla seinen Bruder in den Armen der Mutter erdolcht hatte, verhängte er über diesen die damnatio memoriae. Das führte für die Ephesier zum zweiten Mal zum „Neokorien-Schock", da damit natürlich auch sämtliche Ehren für Geta, und das hieß: auch alle jene, die beide gemeinsam innegehabt hatten, annuliert werden mußten. Somit erlosch auch die 3. Neokorie schon nach einem Jahr. Es muß große Aufregung in der Stadt geherrscht haben (wo überall der Name des Geta und die Titulatur *dreifach + einfach neokoros*[387] getilgt wurden; das ging sogar so weit, daß man auf einem Münzstempel die Legende *trís* [dreifach] auf *dís* [zweifach] umschnitt, vgl. S. 106), und im Bouleuterion wird eine Krisensitzung der anderen gefolgt sein. Schließlich fand man die Lösung:

Da es den Ephesiern in erster Linie um den Titel des *dreifach-neokoros* ging, schlugen sie dem Kaiser wohl vor, die Neokorie der Artemis einfach zu den beiden alten Kaiser-Neokorien hinzuzählen zu dürfen. Dies hatte tatsächlich Erfolg, denn in einem Brief aus der kaiserlichen Kanzlei der Domna, die die Reichsgeschäfte führte, wurde im Namen Caracallas festgehalten, daß fortan *die Stadt dreifach neokoros sei, und die Neokorie, die meinen Namen trägt, gemäß meiner großen Ehrfurcht der weithin wirkenden Göttin übertragen werde, damit nicht aus mir Ehre gewonnen werde*[388].

So konnte Ephesos ab 213 stolz verkünden, daß es anstelle von *dís* doch *trìs neokóros* war. Auf den Inschriften hat es diesen Titel dennoch auch wieder erläutert, indem *zweifach der Kaiser und einfach der Artemis* hinzugefügt wurde[389], während auf der Inschrift für eine Caracalla-Statue von 211/2[390] bloß die richtige Kaiser-Zählung *dís* erscheint.

Eine ganze andere Ehre wurde der Stadt zuteil, als einer ihrer Söhne, Tib. Cl. Severus (Proculus?) i. J. 200 als erster Ephesier römischer Consul wurde und damit das höchste Amt erreichte[391].

X. 6. b. Macrinus – ein Jahreskaiser wird umworben

Obwohl die Regierung des M. Opellius Severus Macrinus, der den Caracalla zu beseitigen genötigt war, nur vom 11. April 217 bis Mai/ Juni 218 dauerte, und dieser Mann als Ritter der erste Kaiser war, der nicht dem Hochadel angehörte, scheint Ephesos ganz besondere Hoffnungen in ihn gesetzt zu haben, die natürlich mit der Erringung der nächsten Neokorie zu tun hatten.

Am Anfang steht dabei ein Münzbild, auf dem vor dem Kultbild die, als Amazone charakterisierte, Stadtgöttin dem Kaiser gegenüber kniet, womit außer der Reverenz wohl eine bestimmte Petition gemeint ist. Diese mag sich auf die Gesandtschaft eines – uns leider namentlich nicht bekannten – ephesischen Anwaltes (der insgesamt eine ganze Reihe von Ämtern innehatte) beziehen, der zwischen 208 und 217 mehrere ausgedehnte und gewiß auch anstrengende Reisen im Auftrage seiner Stadt unternahm, die hauptsächlich mit der Neokorie zu tun hatten. Da diesem Mann am Ende eine ausführliche Ehreninschrift gesetzt wurde[392], die an der „Kuretenstraße“ gefunden wurde, war sie sicher an einem prominenten Platz aufgestellt, auf daß jeder lesen konnte, um welch tüchtige Persönlichkeit es da ging:

> *Der vor unserem Herrn, dem Imperator M. Opellios Severos Makreinos und seinem Sohn, dem Caesar Diadoumenianos, Verhandlungen um den Stadttitel und andere Rechtssachen gewonnen hat, der als Gesandter und Rechtsvertreter vor die verstorbenen Kaiser Severus und Antoninus trat und mehrmals in der Hauptstadt*

Rom und in Britannia und Obergermania und für seine Heimat sogar beim Heiligtum des Apollo Grannus und in Sirmium und Nikomedeia und Antiocheia war, aber auch des öfteren mit Vollmachten bis nach Mesopotamien kam und alles glücklich zu Ende brachte.

Der verdiente Syndikos war also zu Severus und Caracalla nach Rom gesandt worden, folgte dem ersteren 208 nach Britannia, dem letzteren 213 nach Germania Superior, wo er ihn offenbar bei dessen Besuch eines Tempels des keltischen Grannus (wohin sich der Kaiser Genesung heischend gewandt hatte[393]) erreichte, dann 214 auf den Balkan, im Winter 214/5 nach Nikomedia in Bithynia und 215/6 nach Antiochia in Syria; schließlich reiste er 216/7 zuerst dem Caracalla auf den parthischen Kriegsschauplatz nach und wandte sich hier 217/8 an Macrinus. Sein Auftrag betraf dabei wohl stets in erster Linie oder sogar ausschließlich die ephesische Neokorien-Werbung: So wird wahrscheinlich der Erfolg von 212 ihm zu verdanken gewesen sein (Rom); doch zeigt sein hartnäckiges Nachreisen danach, daß Ephesos immer noch mehr wollte. Dieses Mehr erzielte der Anwalt schließlich bei Macrinus, der in Sachen *proteía* = „des ersten Ranges" eine Zusage abgab, die zugleich ein Triumph über die vom Kaiser gemaßregelten Pergamener war[394] (vgl. S. 106). Vor diesem Abb. 96
Hintergrund wird ein anderes außergewöhnliches Münzbild verständlich, auf dem eine Gruppe von (auf den Varianten schwankend zwischen 5 und 11) Ephesiern vor einem eindeutigen Kaisertempel einen Stier zu einem Altar führt, wobei alle Personen ihre Hände zu der Figur im Tempel (= zum Kaiser) erheben. Das Besondere ist dabei, daß entweder auf dem Tempelgiebel oder im Münzabschnitt das lateinische Wort *vota* griechisch geschrieben (ΒΩΤΑ) steht: Damit ist angezeigt, daß dieser Tempel – wohl gleich nach der Rückkehr des Anwaltes – *gelobt* wurde (keinesfalls kann es sich, wie jüngst behauptet wurde, um die üblichen kaiserlichen Jahresvota handeln[395], die sich als solche dann ja auch sonst auf den Münzen niedergeschlagen hätten). Zu dieser Prägung gehört ein ähnliches Rückseitenbild, auf dem neben dem Tempel zwei agonistische Schilde erkennbar sind, die *Adrianea* und *Ephesia* (?) nennen: Aus der leider beschädigten Umschrift geht aber hervor, daß außer *Oly]mp* ... auch noch eine Neokorie angeführt ist, während alle übrigen Münzen von 217/8 überhaupt keine anführen. Alles zusammengenommen, legt die Evidenz nahe, daß für Macrinus möglicherweise doch eine Neokorie eingerichtet wurde, und zwar vielleicht wieder im Olympieion, die freilich noch schneller als die vorangegangene mit seiner damnatio memoriae wieder verlorenging.

Bei den übrigen Münzbildern unter Macrinus fällt auf, daß sie vielfach Mythisches zum Thema haben: So treten zum ersten Male nebeneinander die beiden Heroen Androklos und Koressos mit entsprechender Umschrift auf, die verraten, daß man immer noch um die alten Bezüge Bescheid wußte; in diesem Fall könnte man vielleicht sogar daran denken, daß mit den beiden „Gründerheiligen" eben Macrinus und Diadumenianus als Wohltäter und *ktístai* gefeiert wurden.

Der Prätendent der syrischen Truppen gegen Macrinus hieß Varius Avitus, war Priester des Sonnengottes von Emesa, Großneffe der I. Domna und nannte sich als Kaiser M. Aurelius Antoninus mit dem Beinamen ELAGABALUS. Auf seinem Zug nach Rom Anfang 219 könnte er auch nach Ephesos gekommen sein: Dafür spräche, daß hier jetzt vor allem – jedenfalls mehr als zuvor – Münzbilder geprägt wurden, die sich auf ihn selbst bzw. den neuen Helios-Kult beziehen, den er im Reich offiziell einführte.

So erscheinen der Adler von Emesa, der Kaiser mit seinem Gott (der ihn bekrönt) und seine Büste in einem agonistischen Kranz. Münzen mit ihm vor dem Kultbild der Ephesia und solche, die ihn vor dem Artemision opfernd zeigen, wurden zwar von den Griechen als eindeutige kaiserliche Reverenz, wie sie immer üblich gewesen, verstanden, folgten aber einem neuen Sinn: Denn Elagabalus, der alle Götter dem von Emesa als untertan ansah, trat so vor die Artemis als Repräsentant des gemeinsamen Allerhöchsten, und wenn er im Artemision ein Opfer darbrachte, so für diesen als an der Stätte einer seiner Vasallinnen. Breiten Raum nahmen unter ihm die verschiedenen Agone ein, die die Jahre bis 222 erfüllt haben müssen: Olympien, Ephesien und Hadrianeen (oikumenische und pythische), wobei offenbar zu jedem Festspiel eigene Münzen geschlagen wurden. Auffällig ist dabei, daß einige dieser alten Spiele, wie die beigefügte Zahl *A* = 1. bezeugt, entweder neu belebt oder aber – was bei Elagabalus wahrscheinlicher ist – im Sinne einer neuen Ära neu begonnen wurden.

Für Ephesos, das bei all dem mit Sicherheit gerne mittat (auch wenn es viel Geld kostete, kam doch auch wieder genügend herein), war jedenfalls am wichtigsten, daß der „Sonnenkaiser" ihm seine *4. Neokorie* gewährte (bzw. durch den Senat verfügen ließ, was einige Münzlegenden und Inschriften anführen[396]), was es mit der entsprechenden Tempelanzahl und/oder der Legende *tetrákis* bzw. Δ *neokóron* (vierfach-
Abb. 97 neokoros) der Welt stolz verkündete. Da es aus dieser Zeit keine einzige Prägung mit der 3. Neokorie gibt, scheint die 4. sehr rasch erreicht worden zu sein. Noch immer ist freilich nicht die Frage geklärt, wo sein Tempel stand, oder ob er in einem bestehenden Bau verehrt wurde: Als Möglichkeiten wurden in Betracht gezogen sogar das Artemision (B. Pick) und – wegen der besonders betonten Olympien (dagegen gibt es allerdings kein Münzbild mit Zeus) – der Altar vor dem Vespasianus-Tempel. Als eine bessere Variante erschiene heute die, von Caracalla und Geta „verlassene", Südhalle des Olympieions, da damit die schon in der syrischen Religion vorgegebene Affinität zu Zeus viel eher zum Ausdruck gekommen wäre.

Als der von seiner Religionspolitik besessene Elagabalus am 11. 3. 222 erschlagen worden war, wurde auch sein Name überall gelöscht, und Ephesos stand zum dritten Mal vor einem geleerten Kaisertempel. Doch diesmal gab es nicht auf und behielt unter dem nachfolgenden Cousin des Verfemten, dem M. Aurelius SEVERUS ALEXANDER (222–35), die 4. Neokorie bei: Auf dessen Münzen erscheint nämlich nicht, wie zu erwarten wäre, die Zahl 3, sondern stets nur die *4* ! Obwohl das zu besagen scheint, daß man sich nun nicht um die Vorschriften kümmerte, wäre dies – schon angesichts der Proteste der übrigen Städte – schier unglaublich, weshalb nur eine Erklärung bleibt: Da auf Inschriften[397] der Name des Elagabalus und auch *tetrákis*[398] eradiert wurden, ist seine Neokorie auf jeden Fall verloren gegangen. Da die Münzen jedoch weiterhin die 4. Neokorie führen, kann diese nur auf Alexander Severus zurückgehen, wofür spricht, daß sie erst nach dessen damnatio memoriae 235 endgültig verschwand (ab Maximinus Thrax erscheint 20 Jahre lang nur noch die 3. Neokorie).

X. 7. Das 3. Jahrhundert. Der Niedergang beginnt

Wenn auch in den letzten Jahrzehnten bis zum Ende der ephesischen Münzprägung unter Gallienus ein gewaltiger Emissions-Ausstoß zu verzeichnen ist, gibt es kaum noch neue Typen, sondern hauptsächlich die stereotype Wiederholung des alten Bild-Inventars. Unter GORDIANUS III. (238–44) erlebte ein Spezifikum innerhalb der ostgriechischen Prägetätigkeit einen besondern Aufschwung: Die *Homonoia-* Abb. 98
Münzen.

Diese seit Domitianus auftretenden „Eintracht"-Prägungen verbanden meist zwei (manchmal auch drei) Städte. Ephesos schloß dabei nicht nur mit 20 Städten der eigenen Provinz, sondern auch mit dem makedonischen Perinthos, dem pamphylischen Perge und vor allem dem ägyptischen Alexandreia solche Freundschaftsverträge. Während diejenigen mit den ewigen Neokorie-Rivalinnen Smyrna und Pergamon im Sinne immer wieder notwendig werdender Versöhnungen verständlich sind, müssen jene mit kleineren Städten wie z. B. Laodikaia oder Nysa einen anderen Zweck verfolgt haben: Da auf all diesen Münzen auch das Kultbild der Ephesia (einmal größer, einmal kleiner) erscheint, wäre daran zu denken, daß dadurch das Geld dieser Provinzstädte (die offensichtlich die Homonoia-Münzen auch selbst emittiert haben) aufgewertet werden sollte, indem Ephesos als Quelle insinuiert wurde. Andererseits verhalf die Anzahl solcher gemeinsamen Prägungen den größeren Städten gewiß auch zu gesteigertem Ansehen. Die *homonoiai* mit den entfernteren Städten erfüllten zwar den gleichen Zweck, müssen aber mehr bedeutet haben: Besonders bei Alexandreia stand dahinter die alte Verbindung der beiden Brückenköpfe des östlichen Mittelmeeres, vornehmlich natürlich der Umstand, daß Ephesos von dort sehr viel bezog – wirtschaftlich und kulturell. Insgesamt dürfte jedoch in erster Linie ein wirtschaftlicher Aspekt zugrunde gelegen haben, der sich auch darin ausgedrückt haben mag, daß sich Ephesos etwa von den Städten 2. und 3. Ranges in irgendeiner Form dafür bezahlen ließ, daß diese seine Artemis auf ihren Münzen abbildeten.

Unter Gordianus III. wurden im Theater Reparaturen am Sonnensegel vorgenommen, und dem dortigen *Nemeseion* eine Vorhalle zugebaut[399]. Danach wachte die
Schiedsgöttin also weiterhin über die musischen Agone. Abb. 99

Unter den beiden Philippi (244–49) taucht das Münzbild einer Galeere mit der Umschrift *kataploûs A* „primäre Anlandung“ auf (S. 108), was zeigt, daß Ephesos dies Recht nicht nur entsprechend der offiziellen Verordnung weiter besaß, sondern dieses auch immer wieder stolz vorführte. Viel mehr als alte Privilegien und Verbindungen gab es jetzt auch kaum noch zu verkünden. So stagnierte die Bautätigkeit, zumindest im bisherigen Sinne, da Großbau an Großbau gefügt woden war. Da die Stadt auf diese Weise praktisch alles an den verschiedensten Anlagen erhalten hatte, die sie benötigte, war das zunächst wohl auch weniger ein Zeichen wirtschaftlichen Abstiegs. Und natürlich wurde weitergebaut, mußten Straßen neu gepflastert werden (wie der „Clivus Sacer“ zwischen Prytaneion und dem Platz vor dem Vespasianus-Tempel[400]), und wurden Wohnungen umgebaut.

Unter Alexander Severus wurde immerhin ein neues Tor am Hafen errichtet[401], das – abweichend von den vergleichbaren Bauten – fünf (!) Durchfahrten besaß. Dieses zweigeschoßige *Propylon* war der Eingang zu einer (noch unausgegrabenen) Ostwest-Straße Richtung Theater. Und knapp vor der Mitte des 3. Jh. s (?) scheint als 3. Hafentor das nördliche gestiftet worden zu sein[402], das mit seinen drei Durchfahrten wieder als Triumphtor gestaltet war. Beide Tore zeigen, daß Ephesos bemüht war, sein Haupt-Entree noch repräsentativer auszubauen und damit zu dokumentieren, wie reich es war.

Als man gerade dabei war, das Haus des C. Fl. Furius Aptus (S. 111 f.) neu zu adaptieren, d. h. in mehreren Räumen die marmorne Wandvertäfelung zu erneuern, wurde Ephesos von einem Ereignis erschüttert, das der Stadt zwar nicht das Rückgrat brach, dessen Folgen sie jedoch weitgehend ihrer Finanzkraft beraubten. Dabei hatte sie es kurz zuvor noch einmal geschafft, eine neue Neokorie und damit die verlorene vierte zurückzugewinnen: Dies gelang unter der Samtherrschaft von P. Licinius Valerianus und P. Licinius Egnatius Gallienus kurz vor 259, wobei die Frage nach dem zugehörigen (Doppel-)Tempel neuerlich ungeklärt ist. Ephesos war also mit seinen Titeln wieder voraus.

X. 7. a. Das folgenschwere Erdbeben von 262

Die Katastrophe, die den Umbau des Aptus-Hauses so jäh unterbrach und die Menschen überall erschreckt aus den Häusern trieb (wobei jemand im Nachbarhaus seine Börse ausstreute), war nach den Zerstörungsspuren eindeutig ein *Erdbeben*, das – wie aus den zahlreichen Münzfunden von den Böden hervorgeht – in der Zeit des Gallienus, und zwar i. J. 262, auftrat. Es war dies ein Beben, das nicht nur lokalen Charakter hatte (also primär nicht auf einen der tektonischen Brüche unter dem Kaystros-Golf zurückging [vgl. W. Vetters]), sondern auch anderswo wirkte, wie z. B. im 330 km entfernten thrakischen Ainos. Nach Aussage der Scriptores Historiae Augustae[403] wurde die Mittelmeerwelt zwischen Rom, Libya und Asia zu der Zeit von einem besonders schweren seismischen Unheil heimgesucht, das vor

Abb. 101

allem auch ein Seebeben war. Gleichzeitig wird von einer (Sonnen-)*Finsternis* berichtet, und tatsächlich ist eine solche für den Morgen des 4. Juni 262 über dem Sudan errechnet worden[404], die z. B. in Ephesos noch fast die halbe Sonne verdeckte.

Nun hat die hiesige Tradition diese gewiß als besonders ominös empfundene Katastrophe gewissermaßen verdrängt. Stattdessen hören wir davon, daß just zu jener Zeit *Führer der Goten mit Schiffen nach Asia vordrangen ... und den hochberühmten Tempel der ephesischen Diana ... einäscherten*[405]. Dies ist auch heute noch Allgemeingut und überall nachzulesen. Dabei wurde freilich (wie beim „herostratischen" Brand, s. VII. 5) nie die Frage gestellt, wie selbst eine größere Goten-Bande den Marmorbau habe in Brand stecken können, geschweige denn wozu; ebensowenig ist darüber nachgedacht worden, wie die Goten – die sonst nur Siedlungen überfielen und Angriffe auf Heiligtümer wieder abbrachen – ausgerechnet in Ephesos ihre Scheu vor dem umgrenzten Heiligtum derart abgelegt haben sollen. Bedenkt man aber, daß infolge des Erdbebens das Tempeldach eingestürzt, und durch die ständigen Feuer auf den Altären das geborstene trockene Dachstuhlholz entzündet worden sein kann, wird der Raubzug verständlicher: Wenn ein gotischer Haufen jetzt, da man allerorts mit Aufräumungsarbeiten beschäftigt war, die Fahrt durch den im Augenblick wohl schlecht bewachten Hellespont wagen konnte, um gezielt zu den Schätzen des Artemisions vorzustoßen, brauchte er auch keine Angst mehr vor der Göttin zu haben, deren Machtlosigkeit ja bewiesen war. Es war dann sicher auch nicht schwer, bis ins Heiligtum vorzudringen, wo vermutlich schon alles, was aus den Trümmern hatte gerettet werden können, fein säuberlich aufgeschichtet lag: So brauchten die Plünderer nur die Priester und deren Helfer zu verjagen und ihre Schiffe zu beladen, und waren wieder fort, bevor irgendeine Ordnungstruppe aus der Stadt anrücken konnte (obwohl sie auch eine solche kaum gefürchtet haben werden).

Den Goten noch mehr anzulasten, nämlich einen Angriff auf die ummauerte Stadt und dann gar die Zerstörungen in derselben (wie z. B. jene im „Hanghaus"[406]), ist besonders unzulässig. Größere und zugleich leichtere Beute, als ihnen im Tempel zugefallen war, konnten sie ja wohl nicht erhoffen, der Aufwand – selbst wenn sie in Armeestärke angerückt wären (was nicht der Fall war) – wäre zu groß gewesen. So segelten sie davon, um ihren Raub in Sicherheit zu bringen, aber unterwegs ging ihnen vieles davon verloren und versank in der Tiefe der Ägäis – tragikomisches Ende eines Abenteuers, das den Reichtum der Artemis und damit auch ihrer Stadt von einem Augenblick zum anderen buchstäblich verschlang.

In Ephesos reagierte man wie 618 Jahre zuvor: Nicht eine Naturkatastrophe habe den Tempel vernichtet, sondern Frevler, nicht ein Gott habe die Göttin bezwungen, sondern wieder der Mensch. So wenig die beiden Tragödien auch miteinander vergleichbar erscheinen, gewinnt zudem angesichts der Geschehnisse von 262 doch der Verdacht Gewicht, daß 356 v. Chr. ebenfalls Plünderungsversuche unternommen wurden (s. VII. 5). Dazwischen hatte es verschiedentlich ganz spezifische Prophezeiungen und Warnungen vor Erdbeben seit dem 2. Jh. v. Chr. gegeben[407], die auch in den apokryphen Iohannes-Akten verarbeitet wurden. Sie fußten selbstverständlich auf dem, gewiß aus unzähligen kleineren Beben gewonnenen Wissen um die seismische Anfälligkeit des Gebietes, die man zwar keineswegs erklären konnte, die aber größeres Unheil voraussehen ließ. Doch Ephesos hat derlei offensichtlich nicht beachtet, denn es hat nie versucht, den *Erderschütterer* Poseidon prophylaktisch zu besänftigen – sein Bild erscheint auf keiner Münze, und nur eine einzige Inschrift[408] ist ihm geweiht (vgl. S. 39).

Das Beben ist in der Stadt an mehreren Stellen direkt wie indirekt nachweisbar: So betraf es die neronische Osthalle der Agora, an der wenig später Reparaturarbeiten feststellbar sind, den Bibliothekssaal und das kleine Atriumhaus gleich daneben sowie sicher viele andere Bauten, für die eine entsprechende Zerstörungs-Datierung noch aussteht (was in vielen Fällen auch unmöglich bleiben wird, da die älteren Ausgräber auf derlei oft gar nicht geachtet haben). Natürlich hatten die Goten mit dem Artemision-Schatz nicht das ganze Geld aus der Stadt geschafft, so daß der Wiederaufbau an vielen Stellen gleich eingesetzt haben wird. Nicht jedoch am Artemision, in der Bibliothek und dem genannten Atriumhaus, nicht im Hause des Aptus, wo überall Schutt eingefüllt wurde; dafür aber wurden andere Wohneinheiten der „Hanghäuser" wieder hergerichet. Wieder andere Bauten hatten den Erdstößen getrotzt oder waren nur teilweise in Mitleidenschaft gezogen worden, wie Theater, Stadion und Bouleuterion, aber auch die augusteische Basilica am „Staatsmarkt".

Die Entführung des Artemis-Schatzes muß der unmittelbare Grund für das abrupte Ende der ephesischen Münzprägung gewesen sein, wenn es auch nicht allein darin zu suchen ist. Kann man auch davon ausgehen, daß die Münzstätte, die nach allem wohl im Temenos des Artemisions gelegen hatte, ebenfalls zerstört war, werden ihre *Kupferbarren* (Silber wurde ja längst nicht mehr ausgeprägt) kaum ein Ziel der Räuber gewesen sein. Verschwand mit diesen gewiß auch manches, in den Depots der Göttin aufbewahrte, private Kapital, ist kaum vorstellbar, daß es in Ephesos jetzt überhaupt kein Geld mehr gegeben haben soll. War seine Finanzkraft noch so dramatisch geschwächt, hätte man trotzdem weiter Münzen prägen können. So muß also ein Grund vorgelegen haben, der übergeordnet war, da er auch andere Städte betraf, wohin niemals Goten gekommen sein können. Im Rahmen der generell sich verschlechternden Entwicklung der Reichswirtschaft während des 3. Jh. s mußten die florierenden autonomen Münzproduktionen für die Zentrale immer lästiger werden, die selbst in der Silberprägung zu immer drastischeren Metallwert-Reduktionen gezwungen war, so daß das gute autonome Kupfer zu einer echten Konkurrenz avancierte. In diesem Sinne mußte der Schock von Ephesos der willkommene Anlaß dazu sein, die Wiederaufnahme der Provinzprägungen durch ein Überschwemmen mit Reichsgeld (etwa im Zuge einer Finanzhilfe für den Wiederaufbau) zunächst hintanzuhalten und schließlich ganz unattraktiv zu machen.

Noch etwas anderes verschwand damals sang- und klanglos, und zwar so nachdrücklich, als hätte es nie bestanden: die Neokorien. Ab 262 kündet keine Inschrift mehr von der Tempelpflege weder der Artemis noch jener der Kaiser. Ab nun finden wir allein Hinweise auf den generellen Kaiserkult, wie er überall gepflogen wurde, und es ist bezeichnend, daß diese von lateinischen Inschriften stammen: so wurde das *numen*, die göttliche Majestät, des Kaisers M. Cl. TACITUS (275/6) durch den örtlichen Kultus-Chef gefeiert[409]. Saß die Göttin selbst jetzt auch zwischen Trümmern, scheinen die Kaisertempel mehr oder minder intakt geblieben zu sein, so daß das Beben auch hierin nur mittelbare Ursache gewesen sein kann. Wahrscheinlich waren die mit der Titelsucht verbundenen Streitereien der Städte und ihr dauerndes Pochen auf die richtige Ansprache untereinander, im Verein mit dem ständigen Gebuhle bei Kaisern und Senat, Rom schon ein derartiger Dorn im Fleisch, daß es – da ja im Moment der wichtigste Tempel eine häßliche Ruine war, die man nicht zu „fegen" brauchte – auch hier den Anlaßfall sah, die Titel generell in Frage stellte und am Ende aussetzte. Denn die für die Loyalität der Provinzialen wichtige Institution des Kaiserkultes brauchte die ostgriechischen Auswüchse ohnehin nicht mehr, der Kult als solcher blieb ja bestehen.

Wurde in der Folge im Artemision auch aufgeräumt, und die Göttin wieder auf ihren Sockel gestellt, war das Siebente Weltwunder dahin: Denn es kam zu keinem Wiederaufbau in der alten Pracht. Freilich, Heiligtum und Kult bestanden weiter, aber das Ende der großen ephesischen Göttin war eingeleitet. All das hat selbstverständlich nichts mit den Christen zu tun gehabt, die damals vielleicht nicht einmal frohlockten, denn noch waren sie viel zu weit davon entfernt, irgendwo eingreifen zu können; im Gegenteil haben ihre Apologeten sich (vor allem im 2. Jh.) sehr bemüht glaubhaft zu machen, daß sie die bestehende Obrigkeit anerkannten und in Wahrheit eine echte staatstragende Kraft seien (so Iustinus vor 165): Ihre Ideen werden auch in Ephesos vertreten worden sein. Der Kampf gegen die Artemis sollte erst später aktuell werden (s. XI. 3).

X. 7. b. Überleitung

Während zwar echte Neubauten in der zweiten Hälfte des 3. Jh.s nur begrenzt nachweisbar sind (hierher gehört das Peristylhaus am Südhang der Akropolis, das an die Befestigungsmauer von 191 v. Chr. [S. 69] gebaut wurde und mit einfachem Mosaikboden ausgestattet war), erfolgten einzelne Umbauten und Restaurierungen in der Stadt, die z.T. noch in die Reihe der Schadensbehebungen gehörten. Zumindest an der Embolos-Straße war bald wieder alles in Ordnung, so daß es heißen konnte, dies sei *des Stadtkerns schönster Boulevard*[410]. Ephesos hatte sich also blendend erholt. Abb. 102

Mit der Verschönerung der „Kuretenstraße" hatte wohl vor allem die Aufstellung des „Hadriantempels" zu tun, der um 300 entweder wieder oder von Grund auf neu (das hieße: von anderswo hierher gebracht, vgl. S. 103) aufgeführt wurde. Auf jeden Fall erhielt er dabei in der Vorhalle einen neuen Relieffries, dessen Darstellungen wie eine letzte Hommage an die „heidnische" Welt anmuten: Neben der bewegten Szene mit Androklos, der zu Pferde den Eber jagt, steht eine Reihe recht statischer Götter- Abb. 100

bilder wie aufgefädelt, unter denen Dionysos und sein Gefolge hervorgehoben sind, während auffälligerweise das typische Kultbild der Ephesia fehlt. Die vor den Frontstützen befindlichen Statuenbasen könnten der ursächliche Anlaß für die Wiedererrichtung des Baues gewesen sein, der diesen als monumentale Umrahmung diente: Hier standen nämlich die Bildnisse der Tetrarchen C. Galerius Valerius Maximianus, M. Aurelius Val. Maximianus, C. Aur. Val. Diocletianus und C. Fl. Val. Constantius I. Chlorus[411], die von 293 bis 305 gemeinsam das Reich regierten. In diese Zeit fällt eine systematische Christenverfolgung, doch der Versuch, die Christen auszumerzen, scheiterte. Vor solchem Hintergrund werden wohl auch die genannten Reliefs verständlich, die freilich bis auf den allgemeingültigen Gründerheros und den Erlösergott Dionysos sonst ziemlich lahm geraten sind. Ähnliche Tetrarchenbasen waren auch vor dem Hydreion am Memmiusgrab aufgestellt[412]: Dies zeigt, daß die Stadt sich nicht nur kaisertreu, sondern ganz im Sinne des Diocletianus zu gerieren trachtete, zugleich aber auch, daß hier – wenngleich noch so abgeschwächt – die alte lokale Kaiserverehrung in gewissem Sinne fortgesetzt wurde, obwohl die *numina* keine Neokorien mehr brachten.

Um 300 ehrten die Ephesier den Proconsul L. Artorius Pius Maximus, der seine Heimatstadt mit vielen und großen Bauten geschmückt und das *Augustus-Gymnasium* erneuert hatte[413]: Es ist dies jene Therme, die auch *Gymnasium des Augustus* hieß (S. 107); obwohl damit nur eine „Kaiser-Therme" gemeint sein mag, könnte es ebensogut ein Bauwerk der augusteischen Zeit sein, das wir so wenig kennen wie das Gymnasion des Strabo (s X. 1): Vielleicht sind beide ident, so daß der Bau als 7. (und ältestes) Bad zumindest in seiner durch Artorius restaurierten Form noch festzustellen sein müßte.

X. 8. Das vierte Jahrhundert. Das Imperium wird christlich

Der große Umschwung wurde von Fl. Val. Constantinus d. Gr. eingeleitet, der (nachdem schon 311 die Christenverfolgungen durch Galerius beendet worden waren) mit dem sog. *Toleranzedikt* von Mailand im Jahr 313 die Gleichberechtigung der Christen und damit Religionsfreiheit einführte. So wie er 312/3 den nordafrikanischen Proconsul anwies, daß das christliche Kirchengut zurückgegeben, und dem Klerus Steuerfreiheit gewährt werde[414], sind wohl ähnliche Schreiben an die anderen Provinzen ergangen, also auch nach Ephesos: Freilich haben wir bislang nicht die geringste Vorstellung davon, welche Gebäude etwa der Gemeinde gehört haben mögen, geschweige denn wo ihre Kirche(n) lag(en); heute darf auch nicht mehr davon ausgegangen werden, daß die Marienkirche schon unter Constantinus bestanden habe (s. XI. 3). Ab jetzt konnten sich die Christen offen deklarieren, ja es war plötzlich sogar von Vorteil, Christ zu sein. Es fällt nicht schwer, daraus abzuleiten, daß nun (natürlich wie auch anderswo im Reich) so mancher Ephesier getreu der uralten opportunistischen Tradition (s. IV. 1) sich auch als solcher bekannte.

Trotz der Angabe des *Chronicon Paschale* (7. Jh.) und anderer[415], Constantinus habe i. J. 325 (nachdem er den Ost-Augustus, C. Val. Licinianus Licinius, der die Christenverfolgungen noch einmal hatte aufleben lassen, beseitigt hatte) per Edikt alle Kultbilder zerstören, die Tempel schließen[416] und deren Vermögen einziehen lassen, blieb ersteres die absolute Ausnahme, während letzteres eine übliche fiskalische Maßnahme war. Zur Ausschmückung seiner neuen Hauptstadt Konstantinopolis freilich ließ er von *überallher* Statuen und Weihegeschenke überführen: Obwohl in der Aufzählung des Georgios Kodinos (14. Jh.) Ephesos selbst nicht angeführt ist, wird wohl die *Stele der Artemis*, die im Hippodrom aufgestellt war, von dort stammen[417].

Constantinus brachte seiner Welt nicht nur in religionspolitischer, sondern auch wirtschaftlicher Hinsicht Beruhigung und damit neuen Aufschwung. Unter diesem Aspekt wäre erklärlich, daß in Ephesos wieder gebaut wurde: Allerdings ist die Evidenz dazu keineswegs durch engere Datierung ausgezeichnet, so daß vieles nur allgemein ins 4. Jh. gesetzt zu werden vermag. Doch gibt es gerade in diesem Jahrhundert eine Cäsur, die durch eine Reihe schwerer bis schwerster Erdbeben zwischen 359 und 366 hervorgerufen wurde, als vor allem verheerende *Seebeben* den östlichen Mittelmeerraum heimsuchten, wodurch wohl auch die seismische Aufwölbung unter der Kaystros-Bucht entspannt wurde (W. Vetters): Infolge der damit verbundenen Höhenversetzungen müssen die ephesischen Bauten erhebliche Zerstörungen erfahren haben. Deshalb werden die diversen feststellbaren Wiederaufbauarbeiten und Umbauten am ehesten nachher zu datieren sein (s. X. 8. b).

Eine gesicherte Bautätigkeit davor betraf das Hafengymnasion, wo unter dem Proconsul L. Caelius MONTIUS kurz vor der Mitte des 4. Jh.s als neuer Eingangsaal das dreischiffige *atrium thermarum Constanti(s)*, also für die Kaiser Constans (337–50) bzw. Constantius II. (337–61), errichtet wurde[418]. Montius weihte auch den Neu- bzw. Erweiterungsbau des *hydreion* (S. 88), d. h. der „Fontäne am Staatsmarkt", ein[419].

X. 8. a. Kaiser Iulianus. Ephesos' Beihilfe zum Apostaten

Der Umstand, daß der zwanzigjährige Prinz Fl. Cl. IULIANUS i. J. 351/2 in Ephesos von dem Sophisten, Theurgen und Mystagogen MAXIMOS in die chaldäischen Mysterien eingeführt wurde, hat mit Sicherheit dazu beigetragen, daß der auch sonst mit einer hervorragenden klassisch-„heidnischen" Bildung Versehene wenig später als Kaiser die Entwicklung seit Constantinus I. reaktionär wieder rückgängig zu machen suchte und vom Christentum abfiel, was schließlich sogar von antichristlichen Maßnahmen begleitet wurde. Maximos führte ihn in den ephesischen Untergrund ein (in den jetzt die religiösen Nichtchristen gegangen waren), in irgendein Hypogäum (vielleicht eine Höhle der Trecheia, vielleicht aber auch eher z. B. die weitläufige Kryptoportikus des Vespasianstempels): *Er stieg in eines der verbotenen Gelasse, die sonst unbetretbar und furchterregend waren, wo er immer unheimlichere Schreckbilder sah, ungewöhnliche Geräusche hörte, eklige Gerüche wahrnahm, feurigen*

Spuk und allerlei Zauber vorgesetzt bekam; und von diesem Tage (seiner Initiation) *an war er von Dämonen erfüllt*[420]. Das ausklingende „Heidentum" der Alten Welt hat sich also in Ephesos, wo in dieser Zeit des Umbruchs gewiß viele religiös verunsichert waren, mit Nachdruck an einem nostalgischen Schwärmer manifestiert und diesen zu dem berühmten Apostaten gemacht. Vermutlich werden ihm hier darin bald auch noch andere nachgefolgt sein.

Dem Kaiser Iulianus (360–3) hat man denn auch wie allen Herrschern vor und nach ihm Statuen aufgestellt. Aber auf deren Basis-Inschriften[421] wurde noch einmal sein *numen* angesprochen, das zuletzt während der Tetrarchie (S. 126) den Kaiserkult angezeigt hatte, dem sich Iulianus wieder näherte. Sein Mystagoge Maximos machte 362 Karriere, da er ihn als Berater an seinen Hof nach Illyria holte: Beim Aufbruch von Ephesos nach Konstantinopolis wurde er umjubelt und überall in Asia begeistert begrüßt[422], was zeigt, daß die Hoffnungen auf sein Mitwirken an einer nicht-christlichen Restitution hier hochflogen. Damit war Ephesos (wo sich die Christengemeinde bald verdeckt halten mußte) zumindest auf kurze Zeit wieder ein Zentrum des alten Geistes und Focus der „Heiden".

Einer der Vertrauten des Iulianus, der hochgebildete Rhetor Libanios, schrieb in seinem gewaltigen Œvre auch über die Artemis und hielt fest, daß *bei den Ephesiern die Münzen quasi im Tausch für die Göttin die Hirschkuh trugen*[423] – 100 Jahre nachdem dieser Typ zum letzten Male ausgeprägt worden war. Das bedeutet, daß die Altgläubigen Testimonien zu ihren gefährdeten Göttern sammelten und hochhielten.

X. 8. b. Wiederaufbau

Die Zerstörungen der Erdbebenserie bis 366 scheinen sehr umfangreich gewesen zu sein, so daß die betroffenen Städte auf die Hilfe von außen, d. h. Roms, angewiesen waren. Tatsächlich wurde diese auch erteilt, wie aus der – auf dem Sockel des Oktogon-Grabes an der „Kuretenstraße" eingemeißelten – zweisprachigen Inschrift hervorgeht[424]: In diesem Brief des Kaisers Valens an den Proconsul von 370/1, Eutropius (der wohl mit dem Verfasser des beliebten Kompendiums der *Römischen Geschichte* ident ist[425]), wird – da die Wiederaufbauhilfe wegen korrupter Beamter nicht alle Städte im geplanten Ausmaß erreicht hatte – anhand von Ephesos ein Modell vorgestellt, nach dem zunächst diesem die Erträge aus bestimmten kaiserlichen Domänen in der Provinz zugeteilt werden sollten; erst wenn es hier funktioniert hatte, war seine Übertragung auf die anderen vorgesehen. (Die Inschrift daneben, ein Brief des Valens an den Proconsul Festus, betrifft die Aufteilung der Kosten für die alle vier Jahre abgehaltenen Provinzialfestspiele [*koinà Asías*] auf die vier Metropoleis Ephesos, Smyrna, Sardes und Pergamon[426], was sicher als Entlastung für

Abb. 103

Ephesos gedacht war, obwohl die Provinz als solche seit der Neuordnung des Imperiums durch Constantinus d. Gr. als *dioecesis Asiana* erheblich verkleinert worden war und nun einen Teil der Orient-Präfektur darstellte.)

Überall in der Stadt wurde aufgebaut, repariert und saniert. Im Theatergymnasion, dessen steinerne Tonnengewölbe gehalten hatten, wurden Pendentif-Kuppeln aus Ziegelmauerwerk (vielleicht die ältesten dieses Typs in Ephesos) über dem Kernbau errichtet. Der (christliche)Proconsul Messalinus sorgte für die Wiederherstellung des Theaters, wofür er als *Gründer, vortrefflicher als Androklos, und großer Stifter* gefeiert wurde[427]. Die Hallen der Agora, die infolge der Beben eingestürzt waren, mußten neu aufgeführt werden, wobei man die Säulen einfach aus den Trümmerstücken wieder zusammensetzte; auch das Westtor des Markplatzes wurde repariert. In den Hanghäusern verfuhr man beim Wiederaufbau einzelner Peristyle ähnlich wie auf der Agora, indem man einfach irgendwelche Säulenstümpfe übereinanderstellte. Am Traianus-Nymphaion kam es zu einem Umbau im Erdgeschoß, den grob gefertigte Hermen (Pfeiler mit bärtigen Köpfen) charakterisieren. Die Basilica auf dem „Staatsmarkt" scheint weniger gelitten zu haben, doch meinte man jetzt, ihre statische Sicherheit verbessern zu müssen, indem man Zwischensäulen im Mittelschiff einzog: Da diese auf den Stylobat gestellt wurden, wo nach der Planung des augusteischen Baumeisters Stützen nicht vorgesehen gewesen waren, und darum nur seichte Fundierung bestand, drückte das Gewicht der neuen Säulen diese bald ein, so daß ein geradezu gegenteiliger Effekt entstand.

Durch die kaiserlichen Subventionen wurden natürlich keineswegs alle Kosten abgedeckt, die für den Wiederaufbau notwendig waren. So sprangen wieder private Stifter ein. Als ein Beispiel dafür, wie gut sich inzwischen auch die Christen in deren Reihen etabliert hatten, steht die Stiftung der *frommen und hochgebildeten Frau* Scholastikia, *die viel Geld für die Erneuerung des eingestürzten Teiles des hiesigen* (Gebäudes) *aufbot*[428]: Damit ist das Bad hinter dem „Hadriantempel", das Varius-Gymnasion, gemeint, in dessen *apodytérion* (Umkleidesaal) diese Inschriftbasis samt einer kopflosen weiblichen Sitzstatue gefunden wurde. So wie die Säulentrommeln von der Vorhalle des Prytaneions für die Reparatur verwendet wurden, stammte auch die Statue aus älterem Zusammenhang (2. Jh. n. Chr.), deren Porträtkopf umgearbeitet worden sein mag[429]. Die reiche Christin (am Beginn ihrer Inschrift steht ein Kreuz) hatte also nicht nur Geld für die Handwerker etc., sondern auch für Baumaterial ausgegegeben, das aus der Stadt stammte: Das Faktum, daß sie solches Abbruch-Gestein vom alten religiösen Mittelpunkt holen bzw. erwerben konnte, muß für die Altgläubigen ein Schock gewesen sein, die jetzt das Prytaneion entweder nicht mehr instandzusetzen oder zu retten vermochten (s. XI). Auf jeden Fall war es ein Zeichen dafür, daß endgültig eine neue Zeit angebrochen war, in der das Alte nichts mehr galt oder dafür herhalten mußte, das Neue zu unterstützen. Die Christin Scholastikia, die ein typisches Relikt der Vergangenheit renovierte und ein anderes – die Statue – zur Verkündung ihrer Leistung heranzog, stand damit deutlich an der Wende.

Abb. 104

Abb. 105

Ein anderer ephesischer Christ ließ die Südhalle der „Kuretenstraße" vor den Hanghäusern wiederherstellen und den Boden auf eine Länge von 60 m mit einem bunten Mosaik-Teppich auslegen, dessen in das geometrische Grundmuster eingestreute Bilder von Vögeln und Gefäßen typisch für die frühchristliche Zeit sind. Da der Stifter die Funktion eines *alytarches* (S. 112) hatte[430], war auch er ein Vertreter der Übergangszeit. Der alten Epoche hingegen gehörte noch der Proconsul STEPHANOS an, dem eine Statue an der „Kuretenstraße" errichtet wurde, deren Basisinschrift[431] ihn trotz des Kreuzes als Anhänger des Bakchos ausweist! Es wäre denkbar, daß denselben Stephanos auch das Epigramm auf der Fassade der Celsus-Bibliothek meint[432], das zusammen mit dem aufgemalten Namen PHILIPPOS[433] auf die besondere Neugestaltung deren Front zu beziehen ist: *Sieh, wie mit so vielen goldschimmernden Werken Stephanos Ptelea und Ptelea den Stephanos geschmückt hat*; auch hier ist also mit dem alten ephesischen Ortsnamen „Ulm" (S. 24; nach Dionysios errichteten die Amazonen den Tempel der Artemis an einem Ulmenstrunk[434], vgl. I. 3) „heidnische" Nostalgie zum Ausdruck gebracht, die wohl ebenso hinter der neuen baulichen Fassung der Bibliotheks-Fassade steckt: Dabei diente nämlich diese – offensichtlich immer noch aufrecht stehende – Tabernakelwand als imposanter (im Vergleich sogar imposantester) Hintergrund für einen neuen Brunnen, der mit den meisten der bisher bekannten Reliefplatten des Parthermonumentes s. S. 110) geschmückt wurde. Das bedeutet, daß dieses ebenfalls gelitten haben mußte, und seine Bauteile nun anderwärts wiederverwendet wurden (sie sind bisher auf der Strecke zwischen „Staatsmarkt" und Hafenthermen aufgetaucht, was für einen Transportweg von oben nach unten spricht, der wieder ein Hinweis auf die Lage des Monumentes im postulierten Bereich sein dürfte); die Aufstellung der Platten an einem so prominenten Ort verrät, daß hier nicht christliche Bilderstürmer (wie sie wenig später massiert auftraten, s. XI. 1) am Werke waren, sondern eher altgläubige Pietät, die bewahren wollte.

XI. Die Spätantike

XI. 1. Beginn der wahren christlichen Ära

Mit dem (ähnlich schon zwischen 341 und 356 nicht sehr nachhaltig ausgesprochenen) Verbot vom 24. 2, 16. 6. 391 und 8. 11. 392[435], heidnische Tempel zu besuchen und dort Opfer darzubringen sowie schließlich überhaupt nichtchristlichen Kult auszuüben, setzte Kaiser Theodosius I. dem Schwebezustand ein Ende, der offiziell zwischen „Heiden" und Christen geherrscht hatte, dem letztere – nun bereits in der Mehrheit – aber längst nichts mehr abgewinnen konnten. Immerhin gab es auch – quasi als Ventil – ein Edikt[436], wonach die Tempel außerhalb der Städte zu belassen waren. Die alten und hartnäckigen Anhänger der Ephesia konnten also zumindest heimlich die – ohnehin desolate – Stätte des Artemisions aufsuchen. Während hier fanatische Ikonoklasten weder das alte Wahrzeichen antasten durften noch sonderlich an der Ruine interessiert waren, haben sie dafür in der Stadt umso mehr gewütet und die Zeichen der untergegangenen Ära, unter der die Christen so lange den z.T. schlimmsten Verfolgungen ausgesetzt gewesen waren, niedergerissen. Wie überall richtete sich der Zorn vor allem gegen jene Bauten, die die oft schmerzliche Erinnerung an den einstigen Kaiserkult wachhielten, der ja mit der Forderung nach göttlicher Verehrung eines Menschen in erster Linie zur Konfrontation der Christen mit der Staatsgewalt geführt hatte, also die einstigen Neokorie-Tempel, die freilich – auch wenn sie die Erdbeben überstanden hatten – längst nicht mehr ihre frühere Bedeutung hatten (vermutlich gab es zuletzt auch höchstens noch Rudimente der ehemaligen Priesterschaften). Karte 6

Diejenigen Bauwerke, die damals in Ephesos (wo wir trotz der Siebenschläfer-Legende [s. XI. 2] wegen der sonst fehlenden Nachrichten freilich generell keine allzu intensiven Christen-Pogrome annehmen dürfen) abgerissen und dem Erdboden gleichgemacht wurden, müssen aber auf jeden Fall primär solche sein, die mit dem am meisten gehaßten Teil des überwundenen „Heidentums" in Zusammenhang standen. So verwundert es nicht, daß der Koloß des hadrianischen Olympieions um 400 abgetragen, die Bauquader zerschlagen und vor Ort zu Kalk gebrannt wurden, so daß in der Mitte der – belassenen – umgebenden Hallen nun eine weite leere Fläche gähnte. Eine ähnlich vollständige Zerstörung erfuhr etwa gleichzeitig auch der kleine Tempel auf dem „Staatsmarkt", wobei man nach der Schleifung des Aufgehenden einen „Stollen" in das betonharte Fundament trieb, anscheinend um den Kultschacht in seiner Nordwest-Ecke aufzuspüren, so daß auch daher der Schluß nahe liegt, daß der Bau etwas mit dem offiziellen „heidnischen" Kult zu tun hatte (S. 77 und 82). Ebenso werden der Vespasianus-Tempel (wenn er noch stand) und die anderen Neokorie-Tempel (Elagabalus – S. Alexander, Valerianus-Gallienus) damals niedergelegt worden sein, die wir möglicherweise gerade deshalb noch nicht feststellen konnten; dagegen ist eher zu bezweifeln, daß auch das Prytaneion den Eiferern, die insgesamt eine gewaltige Arbeitsleistung an den Tag gelegt haben, zum Opfer fiel: Dafür spricht sogar, daß die hier aufgestellten Statuen der Artemis, die als christliche Abb. 107

Angriffsziele gelten mußten, vielleicht vom letzten Prytanen im Hof kultisch bestattet wurden, womit der Bau selbst (ohnehin schon eine teilweise abgebrochene Ruine, s. S. 129) „entschärft" war. Während man hier also der Schändung zuvor kam, warf ein DEMEAS die hinter dem Traianus-Propylon aufgestellte (S. 99) Artemis-Statue um und schrieb stolz auf deren Sockel die zwei Distychen(!)

Artemis', des Dämons trügerisch Bild entthronend
hat Demeas dies Mal aufgerichtet der Wahrheit,
um den Gott, der Idole vertreibt, und das Kreuz auszuzeichnen,
Christi Symbol, das den Sieg trägt und wird niemals vergehen.[437]

Mit dieser Stigmatisierung folgte der Eiferer den Vorschriften, wonach die Götzenbilder durch das Kreuz unschädlich zu machen waren[438]. Ähnlich wurden die – offenbar noch immer an ihrem Platze in der augusteischen Basilica stehenden – Statuen von Augustus und Livia zerschlagen und unter die Erde gebracht, nachdem man ihnen ein rohes Kreuz in die Stirne gegraben hatte, so daß sie auch im Boden kein Unheil mehr stiften konnten.

Weniger wahrscheinlich ist dagegen, daß der Kirchenvater Iohannes Chrysostomos (344–407), Patriarch von Konstantinopolis, in Ephesos die Artemis *entkleidete*, also die Kultstatue bis auf das Kernholz (*xóanon*) entblößte[439], da seine Anwesenheit in der Stadt nicht nachweisbar ist, und die Tat zusammen mit anderen ähnlichen ihm von dem christenfeindlichen Proklos (* um 410) in die Schuhe geschoben wurde.

Die Ephesia war aber damals auf jeden Fall ein wichtiges Thema sowohl für Altgläubige als auch Christen. So zitierte der „heidnische" Antiquar Macrobius um 400 in seinen *Saturnalia*[440] den Alexandros Aitolos (3. Jh. v. Chr.), der über die Sänger-Wettbewerbe zu Ehren der Göttin und den Tempel der Opis, ihrer Hypostase, am Kenchrios (S. 79), geschrieben hatte. Und der Kirchenvater Hieronymus (der Autor der *Vulgata*) stellte um 392 in seinem Kommentar zum Epheser-Brief fest, daß *die Ephesier die vielbrüstige Diana verehrten ..., um nämlich auch mit diesem Bild selbst vorzutäuschen, daß sie die Nährmutter aller Tiere und Lebewesen sei*[441]. Der Begriff der *multimammia* (griech.: *polymastós*) rührt vom christlichen Unverständnis des Behanges der Kultstatue her (vgl. S. 39) und hat – da ja echte Nachrichten zu den Kultgeheimnissen der Ephesia praktisch fehlen – die späteren Auffassungen nachhaltig präjudiziert.

Generell haben die Christen keineswegs alle paganen Heiligtümer unterschiedslos zerstört und ausgelöscht; mit etlichen Kulten, wie den Erlöser-Religionen insbesondere Ägyptens, fühlte man sich eher verwandt und dazu veranlaßt, ihre Anhänger zu gewinnen und deren Kultstätten für Kirchen weiterzuverwenden.

In diesem Sinne wird z. B. das „Serapeion" nicht angetastet worden sein, sondern es wurde – irgendwann nach 391 – im Inneren eine Kirche eingebaut; deshalb dürfte das Gebäude auch erst einem späteren Erdbeben zum Opfer gefallen sein, bei dem die gewaltige Front-Architektur auf den Vorplatz stürzte. Auch der „Hadriantempel" wurde belassen, ja sogar noch einmal offiziell hervorgehoben, indem anstelle des Maximianus eine Statue des Fl. Theodosius, des Vaters des Kaisers, samt Inschriftbasis[442] aufgestellt wurde.

Die Bautätigkeit, die gegen bzw. um 400 einsetzte, war natürlich hauptsächlich christlich orientiert und basierte auf der jetzt allein staatstragenden *katholischen* (so seit Ignatios) Religion. Deshalb möchten manche Scholastikia-Therme und Alytarchen-Stoa auch erst nach 391 datieren, obgleich für beide ein Zeitpunkt davor passender erschiene (s. X. 8. b). Was bis dahin an heimlichen, dann geduldeten christlichen Versammlungsräumen und Kirchen in gewiß bescheidenem baulichen Umfang bestanden hatte, konnte jetzt nicht nur siegreich an die Öffentlichkeit treten, sondern sich auch entsprechend dem Gemeindevermögen sowie der privaten und kaiserlichen Unterstützung räumlich ausbreiten; dazu konnten entweder Erdbebenruinen oder aufgelassene Tempel etc. verwendet werden. Ein Beispiel dafür ist die basilikale Kirche, die in der Südwest-Ecke der Therme am Magnesischen Tor (Ostgymnasion), also an einem wichtigen Punkt der ehemaligen Prozessionsstraße, erbaut und mit einem prächtigen Mosaikboden ausgestattet wurde, der die verschiedensten komplizierten geometrischen Muster zeigt.

Nach der Schleifung des Tempels auf dem „Staatsmarkt" erhielt dieser ein etwas höheres Niveau und wurde vermutlich neu gepflastert, so daß sich hier jetzt eine große freie Fläche monumental ausdehnte. Da eine Inschrift ein *phóros Theodosianós* nennt[443], ist es sehr wahrscheinlich, daß damit dieser neue Platz gemeint ist, der wohl in Anlehnung an das Forum Theodosianum in Konstantinopolis die Provinzhauptstadt Ephesos gleich neben die neue Reichshauptstadt stellen sollte.

Knapp unterhalb des Memmius-Grabes wurde über die „Kuretenstraße" ein Straßenbogen mit zwei Reliefpfeilern gestellt, die je ein spiegelgleiches Relief des Herakles tragen (dieser ehemalige Kraftgott und antike Erlöser wurde von der Gnosis als Vorläufer Christi angesehen; die Christen nahmen ihn als moralisches Vorbild, da er sich nach der von Prodikos um 500 gefaßten Erzählung *am Scheidewege* für die mühevolle Tugend endschied. Wer also durch dieses Tor trat, passierte eine magische Pforte, deren mystischer Sinn für Christen und „Noch-Heiden" gleichermaßen begreiflich war): Da zwischen den Pfeilern nur ein schmaler Durchgang für Fußgänger besteht, war die Hauptstraße des Embolos für den Wagenverkehr nicht mehr benützbar, und die „Kuretenstraße" somit wahrhaft eine *„Fußgängerzone"* geworden! Fortan mußte der Schwerverkehr von der Kreuzung östlich des Heraklidentores über die Straße hinter den „Hanghäusern" geführt werden – vermutlich war der relativ steile Abfall Richtung Bibliothek immer schon ein Ärgernis für Fuhrleute und Anwohner gewesen, da hier sicher mehr als anderswo in der Stadt geflucht wurde; die zur Tugend ermahnenden Herakliden standen demnach hinter der Kreuzung als ein städtebaulicher Garant dafür, daß ab diesem Punkt Ruhe herrschte.

Abb. 106

Die Neugestaltung von Plätzen und Straßen scheint damals überhaupt im Vordergrund gestanden zu haben. So können wir einer Inschrift entnehmen, daß unter Fl. Arcadius, der als Sohn des Thedosius 383–408 den Ostteil des Reiches regierte,

Abb. 108 die 525 m lange Straße zwischen Hafen und Theater ausgebaut und als *Arkadiané* („die Arkadianische") neu benannt wurde[444]: Die (zeitlich jüngere) Inschrift berichtet auch, daß an den begleitenden Seitenhallen *50 Fackeln* zur Beleuchtung angebracht waren, die *bis zum Eberjäger* reichten: Daraus hat man abgeleitet, daß etwa vor dem Theater eine Statue des ebertötenden Androklos gestanden habe, was bedeuten würde, daß sich alle 10.5 m eine Fackel befunden habe (wenn sie nur auf einer Seite montiert gewesen wären); eine solche Ausleuchtung scheint aber gar nicht notwendig gewesen zu sein, weshalb z. B. der immer noch ausreichende doppelte Abstand über die Arkadiane hinaus zu Punkten führte, wo ein Androklos-Standort entweder gesichert oder wahrscheinlich zu machen ist: So ist eine Basis[445] am Ende der „Marmorstraße" gegenüber dem „Androklos-Heroon" (S. 80) entdeckt worden, bis wohin die Fackeln bei einem Abstand von 17 m reichen würden; als Alternative bietet sich das „Androklos-Mnema" auf der ehemaligen Akropolis an (S. 104), das die Fackeln bei einem Abstand von 22.5 m erreicht hätten. Die Inschrift lehrt nicht nur, daß der Stadtkern mit seinen wichtigsten Straßenzügen nächtens beleuchtet wurde (weniger aus „großstädtischen" als aus Gründen der Sicherheit [vgl. S. 141]), sondern daß der uralte Ktistes selbst in der christlichen Zeit noch auf seinem Sockel stand – er muß also mit einem neuen Sinngehalt versehen worden sein: Da derjenige, der den, den Weinberg (= Kirche) verwüstenden, Eber (= Verfolger) tötet, geradezu ein christlicher Heros ist, war Androklos vermutlich eben zu einem solchen geworden[446].

XI. 2. Das Erwachen der Siebenschläfer: Der ephesische Beitrag zum Volksglauben

Nach einer frommen Legende (deren – vermutlich syrische – Urfassung bereits vor 521 greifbar ist, die wenig später durch Bischof Gregorius v. Tours ins Lateinische übertragen wurde[447] und als 18. Sure [„die Höhle"] auch in den Koran Eingang fand) versteckten sich 7 ephesische Jünglinge aus Ephesos vor den Verfolgern des Kaisers Decius (249–51) in einer Höhle, wo sie in Schlaf fielen, eingemauert wurden und erst unter Theodosius II. (408–50) nach fast 200 Jahren wieder erwachten, als jemand die Mauer wegräumte. Da sie Hunger verspürten, schickten sie einen Gefährten in die Stadt, um Lebensmittel zu kaufen: Den Händlern fielen die Münzen des Decius auf, mit denen er bezahlen wollte, und so wurde das Wunder entdeckt. Nachdem auch der Kaiser selbst herbeigeeilt war, sanken die Jünglinge in ihrer Höhle in den endgültigen Schlaf.

Es wäre vorstellbar, daß den Anlaß zu dieser Legende die Entdeckung einer Gruft bildete, in der man Münzen des Decius fand und die man trotz dieser prinzipiell „heidnischen" Beigaben-Sitte für christlich hielt, überhaupt wenn die Leichen darin zufällig sehr gut erhalten bzw. mumifiziert waren und so die Phantasie in Richtung Auferstehung anregten. Angeblich ließ Theodosius über der Grabstätte eine Kirche erbauen; immerhin wurde ein Siebenschläfer-Heiligtum um 530 im Pilgerführer des Theodosios Archidiakonos bezeugt.

Als Schauplatz nennen die Überlieferungszweige einen Berg *Celeus* (Celius, Chilleus) bzw. *Ochlon*(?), der nach dem konstantinopolitaner Synaxarion (liturgisches Sammelbuch) zum 8. Mai *Cheileton* (Cheilaion) hieß: Danach war er vom Grab des Hl. Timotheos auf dem Peion getrennt (S. 94); aber am Eingang zur Höhle lag die Gedächtnisstätte der Hl. Maria Magdalena (Synaxar zum 22. Juli)[448]. Nun hat die Erforschung des ausgedehnten christlichen *Coemeteriums* (Gräberbezirkes) in einem Einschnitt der Westflanke des Panayır dağı (Tracheia-Peion) gezeigt, daß dieser Ort das Ziel zahlreicher mittelalterlicher Pilger war und immer als Siebenschläfer-Grotte verehrt wurde. Außerdem scheint die im Synaxarion angegebene Situation bestätigt zu werden, da ein Einzelgrab neben dem Eingang zu der – möglicherweise ältesten – Katakombe mit zehn(!) Grabkammern unter einer Kirche liegt. Gibt es hier schon mit der Zahl gewisse Schwierigkeiten (s. aber unten), widersprechen die tradierten Namensformen der Stätte dem Platz und dessen Namen: Andererseits muß *C*(h)*e*(i)*l*(-l)*e*(a/i)(t)us/*on* verderbt sein (noch mehr [o]ch-l-on [*óchlos* bedeutete „Menge, Haufen"]), vielleicht aus griechischem *koilás* oder *koilíe*, **koilíon* (Schlucht, Höhlung), was wieder exakt zum Panayır dağı und seinem Coemeterium paßte, wonach also nicht ein bestimmter Name, sondern dessen Situation angegeben gewesen wäre. Man könnte freilich auch erwägen, daß hier in Anlehnung an die älteren römischen Sieben Brüder (der sog. Söhne der Hl. Felicitas; Märtyrerfest: 10. Juli) der Panayır dağı mit dem ebenfalls zweigipfeligen Caelius in Rom geglichen wurde. Abb. 110. 111

Das Fest der ephesischen Jünglinge, die unter verschiedenen Namen genannt werden, hat in die Kalendarien sehr unterschiedlich Eingang gefunden: 27. Juni, 27. Juli, 2. August, 22./23. Oktober; entsprechend der Mystik der 7 (obwohl eine etwas höhere Zahl [8–9] die ursprünglichere ist) wurde es schließlich zu dem bekannten Wetter-Lostag.

XI. 3. Das 3. oikumenische Konzil und der Sieg Mariens

Hatten die Christengemeinden und ihre Führer vor Constantinus, sei es wegen der Verfolgungen, sei es wegen des Kampfes gegen Häresien u. a., kaum viel Zeit gehabt, sich untereinander zu streiten, war dafür in der Staatskirche der Boden bereitet: Jetzt gab es genügend Muße, um für Theologien und Dogmen zu kämpfen, und es traten Männer auf, die ihre Überzeugungen militant verteidigten oder zur Stärkung ihrer Machtposition verwendeten. Natürlich war da der Osten wieder in seinem Element, wo in dem Bermuda-Dreieck Konstantinopolis – Alexandreia – Antiocheia die christliche Nächstenliebe verschwand. Unter Theodosius II. kam es über der Frage der Natur(en) Christi, die elementar den immer stärker werdenden Marienkult und damit jedermann berührte, zu einem theologischen Krieg zwischen den alexandrinischen *Monophysiten* (nach denen der Gottessohn auch nach seiner Menschwerdung nur eine, die göttliche, Natur besaß) und den antiochenisch-konstantinopolitanischen *Dyophysiten* (nach denen in Christus die göttliche und menschliche Natur vereint seien). War für die einen Maria demnach *theotókos* „Gottgebärerin" (so zuerst bei Hippolytos um 200)[449], erklärten sie die anderen zur *christotókos* „Christusgebärerin".

Die Speerspitzen bildeten zwei Männer, der hochgebildete Patriarch der Hauptstadt, Nestorius, und der cäsarische Oberhirte von Alexandreia, Kyrillos, dem es bald gelang, seinen Gegner bei Papst Coelestinus anzuschwärzen, so daß es beinahe zu einer Absetzung des Nestorios gekommen wäre (da er überdies der Kaiserschwester Pulcheria mißliebig war). Hier konnte nur noch eine Synode helfen, die vermutlich von beiden Parteien angestrebt wurde: Der Kaiser berief sie für das Pfingsfest d. J. 431 nach Ephesos ein, was wie die Wahl eines neutralen Ortes aussieht; in Wirklichkeit scheint sich aber der Metropolit von Asia (seit dem Konzil von Konstantinopolis 381 Patriarch), MEMNON, angeboten zu haben, ging es doch um ein Thema, das für die ephesischen Christen größte lokale Bedeutung haben mußte.

Die Ausrichtung des Konzils, zu dem hunderte Bischöfe zu erwarten waren, bedurfte entsprechender Vorbereitungen und vor allem geeigneter Räumlichkeiten für die Sitzungen. Solche waren offenbar in und bei der (noch unbekannten) Metropolitankirche nicht ausreichend vorhanden, denn nach den ausführlichen Konzilsakten (die als authentisch gelten[450]) tagten die erschienenen 198 Bischöfe z.T. im Episkopion (Bischofspalast), z.T. *in der nach Maria benannten heiligen und großen Kirche*[451]. Nun galt als sicher, daß die ephesische Patriarchenresidenz und damit die Bischofskirche nur mit der neben dem Hafengymnasion entdeckten Marienkirche gemeint sein können. Doch einmal ist es praktisch unmöglich, daß die Metropolitankirche damals schon ein Marienpatrozinium besaß, da dafür zunächst nur lokale Märtyrer und Heilige in Frage kamen: In Ephesos wäre deshalb in allererster Linie an Timotheos und Iohannes zu denken, was allerdings bedeutete, daß sein ursprüngliches Grab bzw. jenes der beiden „Iohannesgräber" (S. 95), das als solches angesehen wurde, nicht auf dem Selçuker Burgberg (s. XII) gelegen haben kann.

Der Umstand, daß die Marienkirche später unter der regulären Bezeichnung *die allerheiligste Kirche der vollkommen heiligen, hochherrlichen und immer jungfräulichen Maria*[452] sich de facto beim Hafengymnasion, d. h. in der ehemaligen Südhalle des längst verschwundenen Olympieions, befand, daß sie jedoch nach den jüngsten archäologischen Erkenntnissen erst 70 Jahre nach dem Konzil an dieser Stelle errichtet wurde (!)[453], läßt zum andern nur den einen Schluß zu, daß nämlich die Halle für die Synoden verwendet und für diesen Zweck der Maria geweiht wurde. Der Bau bot sich schon wegen seiner ziemlich exakten Ostwest-Ausrichtung an und wurde jetzt – freilich keineswegs über seine ganze Länge hin – adaptiert. Dabei scheint man jedoch die offenen Fronten des Mittelteiles nicht geschlossen zu haben[454], so daß der Luftzug bei längeren Sitzungen unangenehme Folgen gezeitigt haben müßte (?). Tatsächlich enthalten die Akten die Klagen der Teilnehmer über Erkrankungen, die mit Sicherheit nicht auf Malaria u. ä. deuten, wie manche gerne aus dem angeblich bereits versumpften Hafen schließen möchten (weiteres s. XI. 4. a).

Beklagenswert war auch der Verlauf des Konzils. Nachdem Kyrillos mit seinem Anhang als erster eingetroffen war, eröffnete er als Stellvertreter des Papstes (mit dieser Berufung hatte Rom seinen Primatanspruch auf den Osten ausgedehnt) eigenmächtig die Sitzungen, bevor Bischof Iohannes von Antiocheia eingetroffen war. So gelang es dem Alexandriner quasi im Handstreich, den Nestorios am 22. Juni als Häretiker absetzen zu lassen, worauf ihn wiederum die Antiochener für abgesetzt erklärten, ja zusammen mit Memnon (Ephesos war demnach monophysitisch) exkommunizierten. Da Papst und endlich auch Kaiser die dogmatische Linie des Kyrillos billigten, wurde Nestorios politisch fallen gelassen.

Das Ergebnis der Synode, die erst dadurch als 3. oikumenisches Konzil Ruhm erlangte, war das Dogma der *theotókos*; wenn auch rasch wieder kontroversiell, blieb es mittels einer zweideutigen antiochenischen Unionsformel von 433 bestehen. Der theologisch-politische Streit wogte weiter, neu angeheizt durch die überspitzte monophysitische Formulierung des Archimandriten Eutyches, den Konstantinopel und dann auch Rom exkommunizierten. Theodosius mußte 449 eine *zweite Synode* nach Ephesos einberufen, wobei den Alexandrinern, jetzt unter Dioskouros, eine Rehabilitierung des Eutyches und die Verdammung des Konstantinopolitaners Flavianus gelang. Damals ging es in Ephesos noch wesentlich wilder zu als 18 Jahre zuvor, wo es nur hitzige Debatten gegeben hatte: Denn jetzt prügelten Mönchshorden und Milizbanden (s. XI. 4. b) der alexandrinischen Partei die Gegner nieder und verschuldeten damit sogar den Tod des Flavianus. Es hatte nichts genutzt, daß der neue Papst, Leo I. d. Gr. (432–61), in einem Lehrschreiben an die Synode die ideale Kompromißformel aufgezeigt hatte (wonach die Naturen Christi *sowohl untrennbar als auch unvermischbar* seien), die Monophysiten – die sich durch die Vergottung des Erlösers im Grunde als eindeutig antikisch erwiesen – waren noch zu keinerlei Nachgeben bereit und schlugen lieber mit der Faust zu. Das brachte dieser häßlichen Synode, deren Tumulte sich wahrscheinlich um das Konzilsgebäude von 431 abspielten, die scharfe Kritik Leos als *latrocinium* „Räuberbande" ein. Der Kampf wurde schließlich 451 durch das Konzil von Chalcedon unter Annahme der Formel Leos entschieden. Auf diesem Konzil wurde als neuer ephesischer Erzbischof der orthodoxe Iohannes bestimmt, was natürlich zu heftiger Reaktion in der monophysitischen Stadt führte[455].

Ephesos, das 449 trauriger Schauplatz unwürdiger Szenen geworden war (an denen es freilich auf Seiten der Alexandriner mitbeteiligt gewesen sein dürfte), hatte für sich etwas sehr Wertvolles gewonnen: Mit dem bleibenden *theotókos*-Dogma war Maria wesentlich besser als „Kampfmittel" gegen die immer noch im Volke latent verehrte Artemis einzusetzen denn als „Christusgebärerin" – eine *jungfräuliche Gottesmutter* mußte selbst den hartnäckigsten Anhängern einer jungfräulichen Göttin dieser überlegen erscheinen! In diesem Sinne dürfte auch die Wahl der ehemaligen Südhalle des Olympieions als einer der Tagungsorte des Konzils nicht von ungefähr kommen: Da sie genau auf den Panayır dağı ausgerichtet ist, der schon wegen der alten Prozessionen als Artemis-Berg galt, war damit unweigerlich eine spezifische

Stoßrichtung symbolisiert. Darum riefen die Ephesier nach der Verkündung des Dogmas – ähnlich wie sie einst wie aus einem Munde der Ephesia zugeschrieen hatten (S. 92) – begeistert aus:

Der Feind der vollkommen heiligen Jungfrau ist besiegt. Ehre der großen hochherrlichen Gottesmutter!

Nach allem ist anzunehmen, daß die ephesische Maria-Magdalena (S. 135) hier schon vorher entsprechend umgemünzt wurde, und man im 5. Jh. sich zu erzählen begann, daß die Hl. Maria selbst nach Ephesos gekommen sei (S. 97). Auf jeden Fall trat sie jetzt den letzten entscheidenden Kampf gegen die alte Göttin an, deren heimliche Verehrer bald auch die letzten Relikte der Erde anvertrauten – so wie jener, der unter dem Boden des West-Chalkidikons der augusteischen Basilica eine nicht mehr ganz heile Terrakotta-Statuette des Kultbildes beerdigte. Wurde so der christliche Sieg immer perfekter, blieben aber staatliche und kirchliche Verwaltung weiterhin in den Mauern der Stadt, die 400 Jahre lang unter dem Schutz der uralten Ephesia gestanden hatte und noch immer deren Namen trug.

XI. 4. Ephesos' letzte große Zeit in den alten Mauern

Die Metropolis von Asia, die nun eine Stadt Mariens war, muß offensichtlich wirklich christlich geworden sein, da sie i. J. 441 sich für ihre alten Rivalen, die Smyrnäer, beim Proconsul Phlegetos einsetzte, als jene für einen Frevel bestraft werden sollten[456]. Derlei wäre früher wohl unmöglich gewesen und hätte nur Schadenfreude erweckt (vgl. S. 106).

Die Rivalitätsverhältnisse hatten sich freilich auch längst verändert: Jetzt war es Konstantinopolis, das in allem – stärker als jemals das ferne Rom – direkt über die kleinasiatischen Provinzen und seine Hauptstädte zu herrschen bemüht war. Seit dem Konzil von Chalcedon stellte es den alleinigen Patriarchen, so daß einzelne bedeutendere Metropoliten, also auch der ephesische, nur noch den Rang eines *éxarchos* „Stellvertreters" bekleideten.

Die Bautätigkeit, die sich nach den Synoden entfaltete, hielt sich zunächst noch in Grenzen und wurde neuerlich durch Erdbebenserien bestimmt (Jonien war speziell 467/8 betroffen). Gegen 500 kam es zu einem Ausbau des Siebenschläfer-Bezirkes, wo vor allem eine Apsis-Krypta, Stockwerke und Terrassen um die Kernkatakombe errichtet wurden. Der Einsturz der augusteischen Basilica führte zu einer bedeutenden städtebaulichen Einbuße, da damit auch der Platz davor („Theodosius-Forum") entwertet war. Abb. 109 Irgendjemand aber ließ sich von den noch ganzen Teilen des Obergeschoßes im Ost-Chalkidikon ein kleines, aber sehr reizvolles Peristyl aufrichten und im östlichsten Teil der Basilica ein paar Wohnräume einbauen.

XI. 4. a. Die Marienkirche – das neue Zentrum der Stadt

Die 1984 wiederaufgenommene Untersuchung der Marienkirche hat sehr schnell gezeigt, daß die bisherige Datierung deren ältester Phase in die konstantinische Zeit falsch ist: Nach der archäologischen Evidenz aus der Baugrube der Nordwand kann sie erst ab dem 3. Viertel des 5. Jh. s aufgeführt worden sein, wobei man die bis dahin noch offenen Fronten mit großen Kalksteinblöcken schloß (vermutlich stammten diese aus den riesigen Fundamentreihen des Olympieions, die zur selben Zeit aus dem umgebenden Gußfundament herausgelöst wurden). Für den Kirchenbau verwendete man nur die westliche Hälfte der alten Südhalle der hadrianischen Anlage: Gemäß dem bereits im 4. Jh. entwickelten Grundrißschema zerfiel der Baukörper in zwei Teile, im Westen in ein großes Peristyl („Atrium"), auf das ein äußerer und ein innerer *narthex* (Vorhalle) folgten, im Osten die eigentliche Kirche; deren basilikale (dreischiffige) Gestalt setzte diejenige des kaiserzeitlichen Vorgängers zwar fort, hat sich aber nicht an dessen Säulenstellung gehalten. Das *baptistérion* (Taufhaus), das ja im Eingangsbereich liegen mußte, wurde nördlich des Atriums in die ehemalige Westhalle des Olympieions gesetzt.

Abb. 113

Abb. 117

Der Rest der Halle östlich der Kirche erhielt ein geräumiges *episkópion* (Bischofspalast) mit ca. 1250 m^2 eingebaut, das nach der üblichen Art des insbesondere in Ephesos so ausgeprägten *Peristylhauses* nicht nur angenehmes Wohnen, sondern auch ranggemäßes Repräsentieren erlaubte. Die Datierung dieses Teiles führt uns ebenfalls in die Zeit um 500, so daß feststeht, daß der Metropolit damals seinen Sitz hierher verlegt hat.

Diese Übersiedlung im Zusammenhang mit der Ersterrichtung einer echten Marienkirche mutet etwas seltsam an, da es dabei nicht nur um eine bloße Übersiedlung der *káthedra* (des Bischofsthrones), sondern auch des (der?) Heiligen ging, was allein unter bestimmten liturgischen Voraussetzungen möglich war. Die Aufgabe des alten Ortes und die Translation der Reliquien mag aus zweierlei Gründen notwendig geworden sein: Einmal, um eine prachtvollere Metropolitankirche zu erhalten, zum anderen um der Theotokos eine würdige und weithin strahlende Heimstätte zu geben. Abgesehen von der Möglichkeit, daß Maria (spätestens) nach dem Konzil einen Platz in der alten Bischofskirche hatte, fällt auf, daß man ihr nicht sofort nach 431 ein eigenes Heiligtum errichtete. Anscheinend hielten die Ephesier dies aber wegen des weiter wogenden Streites (s. S. 137) um Christi Natur(en) für weniger opportun und mögen sich erst dazu entschlossen haben, als Kaiser Anastasios I. (491–518) sich 511 auf die Seite der Monophysiten stellte. Da Marienkirche und Bischofspalast nun ein neues Zentrum in der Unterstadt bildeten, um das sich bald andere Bauten scharten, war Maria spätestens jetzt der Hauptpatron der Stadt. Das bedingte, daß der vermutliche Ur-Patron Iohannes diese entweder bereits verlassen hatte oder dies gleichzeitig tat (s. XII).

Die zeitliche Einordnung der Iohanneskirche auf dem Burgberg ist noch immer nicht zufriedenstellend gelungen: Immerhin scheint hier schon ab dem 2. Jh. eines der „Iohannesgräber“ (s. S. 95) existiert zu haben, das im 4. Jh. zu einem Memorialbau erweitert wurde. Die große Kreuz-Basilika, die dann darüber aufgeführt wurde, stammt nach einer Meinung aus der Zeit um 400, nach einer anderen aber jener um 500. Für letzteres scheint die einschneidende Veränderung zu sprechen, die Verlegung des Bischofssitzes und Errichtung der Marienkirche bedeuteten.

XI. 4. b. Letzter städtebaulicher Ausdruck

Mit der Marienkirche hatte Ephesos nicht nur einen neuen geistlichen, sondern überhaupt städtischen Mittelpunkt erhalten. Damit dürfte auch der Ausbau der Anlage östlich des Episkopions zusammenhängen, die aufgrund ihrer Einrichtungen
Abb. 114 (Apsiden- und Baderäume) als Therme aufgefaßt wurde (vom Ausgräber F. Miltner in einer Laune als *Sarhoş Hamam* „Bad des Betrunkenen“ benannt): Tatsächlich handelt es sich dabei aber vielmehr um einen, durchgehend mit Unterflurheizung versehenen, weitläufigen Palast von etwa 4000 m^2 Grundfläche, in dem es eine Reihe von Bädern gab. Der 50 m lange doppelapsidale Saal im Westen diente als monumentale Eingangshalle, von der man in einen großen überkuppelten Konchensaal gelangte, der als eine Art von „Thronsaal“ ähnlich den Basiliken in den Hanghäusern (s. S. 112) anzusprechen ist, weshalb die Deutung des Komplexes daraus als *Statthalter-Palast* (der auch über eine eigene Kapelle verfügte) wahrscheinlich ist.

Hätten so kirchliches und weltliches Zentrum in direkter Nachbarschaft gelegen,
Abb. 115 wären diese – vermutlich gemeinsam – ca. 1 km weit vom ehemaligen Mittelpunkt in der Oberstadt weg in die Nähe des Hafens gezogen. Diese städtebauliche Schwerpunktverlagerung kommt auch in einer neuen Stadtmauer-Anlage zum Ausdruck, die deshalb wohl schon in das 5./6. Jh. zu datieren sein dürfte: Da diese vom südlichen Hafentor entlang der Arkadiane zum Theater geführt ist, von wo sie den westlichen Gipfel des Panayır dağı umrundet, um – unter Einbeziehung von Stadion, Vediusgymnasion und der Weststoa des Olympieions – zur Nordseite des Hafens zurücklaufen, war damit die komplette Oberstadt samt Embolos ausgeschlossen, aber freilich noch nicht ganz aufgegeben, wie z. B. der Befund in den Hanghäusern gezeigt hat. Eine Art von „Außenfort“, das die Agora einbezog, wurde später auf dem Bibliotheks-Vorplatz errichtet, um das Einzugsgebiet der „Kuretenstraße“ zu kontrollieren. Ob jene dreischiffige Kirche mit prachtvollen Mosaikböden, die in die Palästra des „Ostgymnasions“ hineingebaut ist und mit ihrer Apsis auf der alten Stadtmauer steht und die anscheinend um die Mitte des 7. Jh. s (wahrscheinlich durch die Araber, s. XI. 4.c) zerstört wurde[457], in die Überlegungen um die ursprüngliche Bischofskirche bzw. ein Weiterleben gewisser alter Zentren der Oberstadt einzubeziehen ist, kann nur durch die Fortsetzung der Grabung geklärt werden.

Die Stadt war damit deutlich kleiner geworden und umfaßte jetzt nur noch etwa ein Drittel der lysimachisch-römerzeitlichen Fläche. Als wichtigste Hauptstraße fungierte seither die Arkadiane, in deren Mitte vier auf prachtvoll geschmückten Postamenten frei aufragende Säulen errichtet wurden, die angeblich Statuen der Evangelisten trugen. Hier kam es jetzt auch zur Maßnahme der nächtlichen Beleuchtung (s. S. 134), die daher rührte, daß in dieser Spätzeit die innere Sicherheit der Städte durch Banden gefährdet und nur noch mühsam aufrecht zu erhalten war, was z. B. auch durch ein Edikt illustriert wird, mit dem das (geradezu schon mittelalterliche) Tragen von Waffen unter Strafe gestellt wurde[458]. Abb. 112

Als Stifter des Viersäulenbaues feiert die Inschrift[459] einen PHRONTINOS, der danach Bauten finanziert habe, *wie sie lange Zeit zuvor nicht vollendet worden waren.* Wenn dies keine schmeichelnde Übertreibung ist (vgl. Messalinus: S. 129), könnte Phrontinus z. B. jener Mann sein, dem die Stadt die Marienkirche zu verdanken hatte. Ephesos wurde wie jede frühbyzantinische Stadt – wenn auch gewiß niemals so stark wie Konstantinopolis selbst – von den neuen politischen Volksverbänden geprägt, die in die Parteien der *Blauen* und *Grünen* zerfielen: Diese waren als Stadtmilizen organisiert, zwischen denen immer wieder Rivalitätskämpfe ausbrachen. Seit der Mitte des 5. Jh. s traten religiös-theologische Parteinahme hinzu, indem die Blauen die Orthodoxie, die Grünen aber die Monophysiten unterstützen. Man kann sich gut vorstellen, wie letztere 431 und 449 (s. XI. 3) für ihre Sache eintraten; auf späteren Inschriften werden aber beide Parteien friedlich nebeneinander genannt[460].

Als letztes Bauwerk von Bedeutung auf dem Gebiet des alten Ephesos – wenn auch praktisch bereits außerhalb – wurde im (späten) 6. Jh. (oder aber auch erst im 7. Jh.) im Siebenschläfer-Coemeterium von einem Fl. ABRADAS und dem Kämmerer LEON[461] ein kreuzförmiges Mausoleum mit Zentralkuppel errichtet, das aber nicht mehr vollendet wurde. Solche Kuppeln hatten gewiß den justinianischen Neubau der Iohanneskirche zum Vorbild (s. XII), der sich vermutlich auch auf den Umbau der Marienkirche ausgewirkt hat:

Hier wurde nämlich zumindest der Westteil der Säulenbasilika komplett verändert, indem anstelle der tragenden Architektur schwebende Überwölbung trat, die in der Mitte von einer Kuppel überhöht wurde. Im Ostteil wurden die Säulen durch Pfeiler ersetzt, welche Maßnahme als letzte Bauphase interpretiert worden ist: Viel wahrscheinlicher ist jedoch (vorbehaltlich weiterer Untersuchungsergebnisse), daß Kuppel- und Pfeilerhalle gleichzeitig, und hier dadurch jetzt zwei hintereinander gestaffelte Kirchenräume entstanden, die als getrennte Gemeinde- und Bischofskirche („Kirchenfamilie") aufzufassen sein mögen. Als ein Anlaß für den umfassenden Umbau (der auch das Episkopion betraf), dem gewaltige Abtragungsarbeiten vorangegangen sein müßten, wäre das große Erdbeben von 557 anzusehen (das dann auch der Grund für den justinianischen Umbau der Iohanneskirche gewesen sein könnte). Solange aber jede archäologische Datierungs-Evidenz aussteht, wäre eher an das Beben vom Beginn des 7. Jh. s (?) zu denken, das z. B. im Hanghaus 2 nachweisbar war: Wenn der Befund zutrifft, dann wurden hier jetzt die letzten Wohnungen verlassen, Abb. 118

die Räume z.T. systematisch verschüttet, und darüber einfache Bauten (Werkstätten) errichtet, die zusammen mit einer Kette von Rad-Mühlen eine Art von *suburbanem* „Industrieviertel" abgaben.

XI. 4. c. Mu'āwija – Der erste Angriff der Araber

Byzanz hatte von Rom den latenten Krieg im Osten gegen die Perser (Sassaniden) geerbt. Aber während diese trotz wechselnder Erfolge das Reich selbst kaum direkt (außer 617 und 626) bedrohten, bis sie von Kaiser Herakleios (610–41) entscheidend besiegt wurden, trat gleichzeitig eine neue Macht auf den Plan, die sich mit östlichen Eroberungen (wie jenen Syriens, Ägyptens und Nordafrikas) nicht begnügen wollte. Die durch den Propheten Muhammed im Islam vereinten Araber zielten sehr bald auf „Europa", und als erster erreichte der Statthalter von Syrien, MU'ĀWIJA (Kalif 661–80), i. J. 647 Kleinasien: Als militärisches Genie erkannte er die Notwendigkeit einer Hochseeflotte, mit der er schon 649 mitten in das byzantinische Gebiet einfuhr. 654 nahm er Kreta, Rhodos und Kos, in der deutlichen Absicht, nach Konstantinopolis vorzustoßen. Im Zuge dieser Expedition wurden 654/5 auch die jonischen Städte geplündert[462]: Diese Heimsuchung betraf Ephesos ebenso, in das nach 1000 Jahren zum ersten Male wieder die Brandfackel geworfen wurde.

Die Spuren dieser Zerstörung wurden z. B. im Episkopion angetroffen: Durch die Münzfunde wird sie in die Zeit nach 615 datiert. Überhaupt reißt in Ephesos die kontinuierliche Funddichte der Münzen mit Geprägen der Herakleios-Ära plötzlich ab und endet ganz mit wenigen Exemplaren des Konstans II. (641–68). [Danach werden erst wieder mittelalterliche Prägungen gefunden.] Dies hat nun weniger mit Versorgungsschwierigkeiten oder gar einem absoluten finanziellen Niedergang zu tun als vielmehr mit einer folgenschweren Cäsur, die das Schicksal dessen, was einmal Ephesos war, im Grunde für immer besiegeln sollte.

Die archäologische Evidenz im Episkopion hat nämlich gezeigt, daß dieses nach dem Mu'āwija-Brand als Residenz aufgegeben wurde. Das bedeutet, daß der Erzbischof seinen Sitz anderswohin verlegte, woraus sich schließen läßt, daß auch der Statthalter (seit der Neuordnung des Reiches durch Herakleios in *thémata* „Militärbezirke" als *strategós* Chef der Provinz *Thrakesion*) gleiches tat. Offenbar hatte das Verteidigungssystem des neuen Stadtmauerringes (s. S. 140) nicht gehalten und erschien auch für die Zukunft nicht verläßlich.

Nach allem wurde Ephesos jetzt nicht nur offiziell verlassen, sondern auch von der Mehrzahl der Bewohner aufgegeben, wofür schon das erwähnte Abreißen der Münzfunde spricht. Dennoch blieb z. B. ein so wichtiges Gebäude wie die Marienkirche weiterhin in Funktion, allerdings nicht mehr als *metrópolis* „Mutterkirche", sondern als hochheiliges Wallfahrtszentrum. Während sich also die Nachfolgerin der Artemis-Stadt „davonmachte", hielt Maria als Nachfolgerin der alten Göttin die Stellung – wie um deren Rückkehr für immer zu verhindern. Ausgelöst hatte dies nicht bloß der Schock nach dem ersten militärischen islamischen Vorstoß, sondern auch eine interne

Entwicklung, die geradezu als Abkehr von der jahrtausendelangen Dominanz einer weiblichen Gottheit zu werten ist: Denn mit Iohannes, unter dessen direkten Schutz sich Ephesos jetzt stellte, da es zu seinem Grabe zog, obsiegte hier zum ersten Male das Männliche. In Wahrheit war damit auch Maria verlassen worden, zurückgelassen an einem Orte, den sie nicht zu schützen vermocht hatte, aber überlassen dem Volksglauben, der weiterhin an seiner Göttin – ob diese nun Artemis oder Maria hieß – festhielt.

Die Zeiten, da Schutzgöttinnen die Menschen vor Unbill bewahrten, schienen vorbei. Das neue Bedrohende, das mit Mu'āwija einen Vorgeschmack auf kommende Katastrophen gebracht hatte, war männlich-aggressiv, dem nur wieder männlich zu begegnen war. Konnte dafür jemand besser geeignet sein als – wie man vielleicht meinte – ein Apostel, der noch dazu die Überwindung des Unheiligen visionär geschaut hatte und „Sohn des Donners" hieß[463]?

XII. Der letzte Standort: Die Burg des Hl. Iohannes

Hundert Jahre zuvor waren die Dinge noch ganz anders gewesen. Da hatte man
Abb. 116. 119 zwar die Iohanneskirche (s. S. 140) unter Fl. Iustinianos I. (627–65) durch einen monumentalen Prunkbau mit gewaltigen Kuppeln und einem ausgedehnten Atrium (von der anderthalbfachen Größe desjenigen der Marienkirche) ersetzt, der als Replik der verlorenen konstantinopolitanischen Apostelkirche eindeutig hauptstädtische Dimensionen nach Ephesos brachte, aber die – offenbar bereits latenten – Rangstreitigkeiten (sicher auch angeheizt durch solche Lobpreisungen der neuen Iohanneskirche wie jene des Prokopios[464] oder kaiserliche Adressen[465]) gingen noch für die Marienkirche aus, da diese ja die Archiepiskopal-Kirche war.

Zwei fragmentarische Erlässe des Iustinianos scheinen darauf Bezug zu nehmen, ermahnen sie doch zur Bewahrung der Ordnung der Gerechten, gegen Aufsplitterung und zur Harmonie[466]. Daran schließen zwei Hirtenbriefe des Erzbischofs Hypathios an, in dessen einem die Rede ist von der hochheiligen großen Kirche, wo der Gottesdienst verrichtet wird, und den Anbetern im ehrwürdigen Tempel des Hl. Iohannes, des Theologen und Evangelisten; in dem anderen wird festgestellt, daß die Marienkirche nicht nur Vorsorge für die Bestattung der Verstorbenen, sondern auch für die Finanzierung derselben getroffen habe, damit dem *„jüdischen Geiz"* gewehrt werde[467]. Mit dem Begräbnisrecht verteidigte die Marienkirche also ihren Primat, doch war dieser dennoch im Schwinden.

Denn schon in der justinianischen Zeit wurden zumindest Teile der erzbischöflichen Verwaltung noch vor 555 in die Iohanneskirche verlegt, wie der Bau des *sekreton* „Geheimkanzlei" durch Iohannes (III.) beweist[468]. Die Entwicklung wurde sicher
Abb. 120 auch dadurch gefördert, daß vermutlich bereits im 6. Jh. – wohl im Zuge des Neubaues der Iohanneskirche – mit der Anlage einer umfassenden Befestigung des Hügels von Selçuk begonnen wurde, als deren prachtvollster Teil das monumentale Burgtor im Süden noch immer aufrecht prangt (die Legende hat ihm den Namen *„Tor der Verfolgung"* gegeben, angeregt durch die Darstellung auf einem der hier eingebauten spätantiken Sarkophag-Reliefs, das die Schleifung Hektors zeigt: Diese deutete man als christliches Martyrium, gewiß nicht ohne dabei an den Hl. Paulus zu denken). So war hier eine neue „Akropolis" entstanden, hinter deren Mauern nicht nur der Heilige, sondern bald auch eine neue Siedlung geschützt in gut zu verteidigender Position lagen. Darauf weist vor allem der mächtige Aquädukt[469], der damals aus den Bergen im Osten (aus dem Klaseas-Tal [s. S. 88]?) hierher geleitet wurde.

All diese Bauten wurden unter Zuhilfenahme unzähliger Bauteile aus Ephesos und natürlich insbesondere dem nahen Artemision aufgeführt, das damals zu einem regelrechten Steinbruch wurde. Auf diese Weise war und ist der Burgberg eine höchst wertvolle archäologische Fundgrube, aus der immer wieder bedeutende Antworten zu ephesischen Fragen geborgen werden. Allein dies zeigt schon eindringlich, daß die alte, von Lysimachos großzügigst konzipierte und während der Römerzeit mit Stolz zu einer Art von griechischem Rom ausgestaltete, Stadt – von Erdbeben erschüttert, vielfach unbewohnbar und zum Großteil ohnehin längst aufgegeben – zum endgültigen Untergang verurteilt war.

Selbst der *Reststadt* am Hafen, den jetzt nur noch ein mühsam freigehaltener Kanal mit dem immer weiter hinausrückenden Meer verband, war kein langes Leben beschieden, da sie – trotz Marienkirche – nicht mehr die Kraft noch wohl auch die Aufgabe hatte, als eine Art von ephesischer Komprimierung zu fungieren, sondern bestenfalls als historisches Komplement, eher aber nur als ein Kondensat ein letztes Festhalten an der Tradition darstellte. Das kurze, auf einer Säule der Agora eingegrabene Stoßgebet: *† Gottgebärerin, hilf der Stadt*[470] als das einzige erhaltene dieser Art widerspiegelt so nicht nur die Angst um den untergehenden Stern von Ephesos, sondern zeigt auch, daß die Anrufungen Mariens jetzt hinter den zahlreichen des Hl. Iohannes[471] zurücktreten. Aber während die Theotokos an ihrem „Heimatort" offiziell an die zweite Stelle verwiesen wurde, blieb sie innerhalb des byzantinischen Reiches bis zu dessen Ende einer der wichtigsten Adressaten frommer Gebete, was vor allem die Formeln auf den Rückseiten unzähliger Bleisiegel lehren.

Die Übersiedlung des Erzbischofs von der Marien- zur Iohanneskirche bedeutete, daß der alte Stadtname mit ihm hinübergehen mußte: Denn sein Titel lautete *archiepískopos Ephesíon* „Erzbischof der Ephesier". So blieb der ehemals „heidnisch"-heilige Name Ephesos an der heiligen Kirche haften, nicht an der weltlichen Administration, denn der Proconsul, der wohl mitübersiedelte, führte im Titel noch immer den Namen der Provinz Asia[472]. Freilich galt die Iohanneskirche längst auch als in Ephesos gelegen[465], so daß es hier de iure zu gar keinem Ortswechsel kam (wie ein solcher im frühmittelalterlichen Europa in manchen Fällen sogar zum Namenswechsel des Bischofssitzes führte). Dennoch war dies bloß die – auf den territorialen Fakten basierende – offizielle Formulierung. Die Ephesier selbst, d. h. einmal diejenigen, die zuerst noch in der alten Stadt gewohnt hatten und sich dann in und bei der „Iohannesburg" neu ansiedelten, zum anderen diejenigen, die weiterhin außerhalb blieben, werden niemals „nach Ephesos" gegangen sein, wenn sie zur Burg kamen, sondern immer „zum Hl. Iohannes".

Entsprechend der damals gültigen Auffassung der Person des Iohannes wurde jedoch weniger sein Name als sein Titel *theológos* hervorgekehrt. (Im 6. Jh. hatte Ephesos, offenbar im Zuge neuer Rangstreitigkeiten mit der alten Rivalin Smyrna, gegen deren hochbedeutenden Märtyrer Polykarpos sämtliche auf Iohannes beziehbare Attribute ins Treffen geführt, als deren Summe der „Gottlehrer" erscheint[473].) Darum hieß seine Kirche *Hagíou Theológou* „des hl. Theologen", und darum hießen auch neue Burg und Siedlung im örtlichen Sprachgebrauch *Hágios Theológos.* Abb. 121

XIII. Epilog

So hatte Ephesos zum fünften und letzten Male seinen Standort gewechselt und war endgültig an einen Platz gezogen, wo es sich in Sicherheit wähnte, an dem es aber sein Ende finden sollte. Obwohl es zusammen mit dem Hl. Iohannes nicht in die Burg gezogen war, um sich hier quasi zum Sterben hinzulegen – tatsächlich hat es noch viele Jahrhunderte überlebt, ja schließlich (wenn auch am Ende unter völlig anderen Vorzeichen) in den byzantinischen Mauern sogar länger ausgeharrt als in den lysimachischen, knüpfte es doch wieder an einen – wenngleich vollkommen verschollenen – Totenplatz an: Denn hier hatten 2000 Jahre zuvor Mykenäer ihre letzte Ruhestätte gefunden (s. I. 2). Und wenn der Hügel gar die früheste Siedlung getragen haben sollte (s. I. 1), kehrte Ephesos damit an seinen Ausgangspunkte zurück, schloß sich jetzt der Kreis. Doch hatte sich damit alles verändert. Von allem Früheren war nur noch der Name Ephesos geblieben, und dies allein auf dem „Papier", denn das Volk hatte sich bereits anders entschieden: Der Hügel über der Ruinenstätte des Artemisions hieß zwar *(E)Libaton*[474], mit welchem Eigenschaftswort schon Homer die Felsen (so z. B. denjenigen am Eingang der Polyphem-Höhle) bezeichnete, weshalb sich der Name also auf seine Natur bezog („hoch" oder nach einer anderen Etymologie „karstig"), aber seitdem hier das Grab des Iohannes verehrt wurde, begann dessen Name in den Vordergrund zu treten. Am Ende verdrängte er auch Ephesos, so daß die vorrückenden Türken (Selçuken) um 1200 nur Hagios Theologos vorfanden, aus dem sie entsprechend der griechischen Aussprache *Ayaslug* machten.

Ephesos, das seinen Namen der großen alten Göttin verdankte, die ihre spezifische Bedeutung aus dem sicheren Ankerplatz in der tiefen Bucht gewonnen hatte, konnte auch nicht mehr wirklich Ephesos sein, nachdem die Göttin vertrieben, und kaum noch ein funktionstüchtiger Hafen vorhanden war. Freilich war die Hl. Maria an die Stelle der Ephesia getreten, wodurch wenigstens das Prinzip der jungfräulichen Schutzgöttin erhalten blieb. Aber so sehr die Theotokos auch die volkstümlichen Charakteristika der Artemis übernehmen und diese dadurch überwinden mochte, hatte die Stadt anscheinend längst auf etwas anderes gewartet. Blieb sie in ihrer Frömmigkeit der Maria gleichwohl auch weiterhin verbunden, folgte sie dennoch bald dem Hl. Iohannes – und dies für immer. Nach Jahrtausenden hatte plötzlich ein „Gott" die Göttin verdrängt.

Dies könnte bedeuten, daß das männliche Prinzip – beinahe auf Dauer unterdrückt, aber stets latent vorhanden – nun doch wieder erfolgreich durchgebrochen war, daß also in den dunkelsten Anfängen ein Gott die Stätte regiert haben mag, den die Ephesia zuerst noch als *parhedros* „Genossen" duldete (vgl. S. 62), dann aber in der Versenkung verschwinden ließ. Vielleicht ist der lokale Leto-Mythos als ein Hinweis auf ihn zu werten, wonach ja auch Apollo in Ortygia geboren wurde, und vielleicht war sogar der Apollo im nahen Klaros der vertriebene Gott. Andererseits spräche gerade in Ephesos viel für den – von den Bienennymphen mit Honig aufgezogenen! – uralten kretisch-ägäischen Dionysos, da dieser hier immer wieder deutlich durchscheint (vgl. S. 114). Zeus Patroos, Kureten und Dionysos, aber auch der Olympios der römischen Kaiser waren so wohl Ausdruck der Sehnsucht nach einem Gegengewicht zum femininen Kult der Artemis und ihren verweiblichten Priestern. Und der absolut männliche Iohannes setzte für seine Verehrer – wenn auch noch so unbewußt – die Reihe fort. Ob dabei realisiert wurde, daß dieser „Sohn des Donners" (*brontès hyiós*[463]) an den Beinamen des Dionysos, *Bromios* „Lärmer"[475], anklang?

Mit Iohannes, seiner großen Kirche, der Burg ringsum und der neuen Siedlung in dieser endet die Geschichte der Stadt der Artemis. Nicht nur war die Göttin endgültig auch dadurch überwunden, daß ihre „Nachfolgerin" Maria zurückgelassen wurde, sondern die Trümmer ihres Heiligtums dem neuen Zeitalter willkommenes Baumaterial lieferten. Solches mußte auch die Stadt hergeben, deren Randbereiche vor allem ausgeschlachtet wurden. Unter dem Namen Ephesos-Hagios Theologos ging freilich die Geschichte des Ortes weiter, aber jetzt hatte dieser die Antike endgültig verlassen und war in das Mittelalter eingetreten.

Die Geschicke der Burg sollten bald an die vorrömische Zeit erinnern, denn sie wurden wieder durch Überfälle geprägt. Die Not der letzten Ephesier muß dabei manchmal viel größer als je zuvor gewesen sein. Abgeschnitten vom Meer, das immer weiter sich aus der Bucht zurückzog, und zu Land isoliert infolge besetzter Straßen, blieb ihnen vielfach nur das Gebet.

Die evocatio der Göttin *Groß ist die Artemis der Ephesier* war verklungen, aber vermittels der Apostelgeschichte jedermann bekannt. Die Anrufung Mariens besorgten jene, die sich in die Kirche in der verlassenen Stadt hinüberwagten. Aber in Hagios Theologos erfüllte die widerhallenden Kirchenschiffe der Ruf

† Heiliger Iohannes Theologe, hilf Deinen Dienern †

Anmerkungen

(Zu den jüngeren Zitaten s. nähere Angaben in der Bibliograhie)

1 W. VETTERS, in *Lebendige Altertumswiss.* 33 ff.
2 Pausanias 7. 2.
3 Obwohl gerade jüngste tiefengeologische Untersuchungen zeigen, daß die Stelle des Artemisions selbst nicht auf Sand ruht – aber die günstigen Voraussetzungen für das Heiligtum hat in jedem Fall erst der Fluß geschaffen.
4 s. A. BAMMER, in *ÖJh* 57, Beibl. 4 ff.
5 S. HEINHOLD-KRAHMER, *Arzawa* (1977) 93 ff.; F. SCHACHERMEYR, in SBerWien 472 (1986) 186 ff.; KARWIESE, *Gedanken* ... (1990)
6 s. G. M. A. HANFMANN, in *AJA* 66 (1962) 1 ff.
7 Dionys. Per., *perieg.* 828.
8 vgl. W. OBERLEITNER u. E. LESSING, *Ephesos* (1978) 12.
9 Strabo, *geogr.* 14.4.
10 Aelian *var. hist.* 8.5.
11 *Indogerm. etymol. Wtb.* (1959) 697.
12 s. W. HELCK, *Beziehungen zwischen Ägypt. u. Vorderas. zur Ägäis* (1979) 153 f.
13 Klem. Alex. *strom.* 1 73.1.
14 Paus. 7. 2,8.
15 *Etymol. Magnum* s. v. Eph. gramm.
16 *Apg.* 19.35.
17 Kallimach. *hymn.* 3. 237 f.
18 *n. h.* 5.29.
19 s. W. VETTERS, in *Leb. Alt. wiss.* 35.
20 Athenaios *epitome* 8.62.
21 Philostr., *eikon.* 2.8.
22 Strabo *geogr.* 14.21.
23 7. 2, 9.
24 Steph. Byz. s. v. *Larisa.*
25 Plin., *n. h.* 5.29.
26 Hdt., *hist.* 1.84.
27 Steph. Byz. s. v. *Benna.*
28 Athen., *epit.* 6.267.
29 7. 2,5 u. 4,3.
30 Eusebios, Chron. Can. 108 Synkellos 334, 18.
31 Kallimach. *hymn.* 3. 251 ff.
32 *lex.* s. v. Lygdamis.
33 Schol. in Pacem 410.
34 Athen., *epit.* 12.525; Strabo, *geogr.* 14.647.
35 *Suidas* s. v. Pythagoras.
36 Ael., *v. h.* 4.27; Nikol. Dam. *frm.* 65.
37 Hdt. 1.26.
38 Ael., *v. h.* 3.26.
39 Hdt. *a. O.*; Polyain., *stratag.* 6.50; Ael., *a. O.*
40 Strabo, *geogr.* 14.640.
41 *Antheia u. Abrokomes* 2.
42 *IvE* 110; 115.
43 Hdt. 1.92.
44 Diog. Laert., *Arist.* 19; Plin., *n. h.* 36.95.
45 Paus. 10.38,3; Athenagor., *pro Christ.* 19, 8; Plin., *n. h.* 34.58 u. 53; 7.127 u. 33.154; Ael., *v. h.* 2.2.
46 Ael., *v. h.* 3.26.
47 *Suidas* s. v. Aristarchos.
48 *FGH* 70 F58.
49 Hdt. 1.141.
50 Hdt. 1.162.
51 *Suidas* s. v. Hipponax.
52 cf. Hdt. 6.19.
53 Hdt. 3.90.
54 Paus. 6.3,6.
55 in *Antike Welt* 10/3 (1979) 3 ff.
56 Athen., *epit.* 10.425.
57 Strabo, *geogr.* 14.633.
58 Strabo, *geogr.* 14.647.
59 Plin., *n. h.* 36.5.
60 *Frg.* 24 a.
61 Strabo, *geogr.* 14.633.
62 *Anthol. Gr.* 7.536; vgl. auch ebda 7, 405 u. 408
63 Fm. (65 A→3).
64 Fm. A 1, 5.
65 Vitruv., *de arch.* 2.2.
66 Cic., tusc. 5. 105.
67 Athenagoras *presb.* 31.2.
68 *Anthol. Gr.* 7.79.
69 Hdt. 5.100.
70 Hdt. 5.102.
71 Hdt. 5.107 f.
72 Hdt. 6.8.
73 Hdt. 6.16.
74 Strabo, *geogr.* 14.634; Solin., *coll.* 183.23.
75 Hdt. 8.103.
76 Hdt. 9.84.
77 Thuk. *syngr.* 1.137.
78 Thuk. *syng.* 3.32.
79 Thuk., *syngr.* 4.50.
80 Satyr. Kall. *Alk.* fr. 1.
81 Thuk. *syngr.* 8.19.
82 Thuk. *syngr.* 8.109.
83 Xen., *Hell.* 1.2,6. s. KARWIESE, in *Pro Arte Ant.* 2 (1986) 218 f.

84 *IvE* 114; 116; 112; 117; 118; 119; 131.
85 Xen., *Hell.* 1.5, 1.
86 Plut., *Lysand.* 3.2.
87 Xen., *Hell.* 1.5, 12 ff.
88 Xen., *Hell.* 1.6, 7.
89 Paus. 10.9, 4.
90 Paus. 6.3, 15.
91 s. KARWIESE, in *NC* 7.19 (1980) 1 ff.
92 s. KARWIESE, in *Pro Arte Ant.* 2 (1986) 219.
93 Plut., *Lysand.* 26.
94 Ael., *v. h.* 13.8; Alkiphr., *2. ep.* 1.2.
95 Xen., *anab.* 2.2, 6 u. 6.1, 23.
96 Xen., *anab.* 7.8, 24.
97 Xen., *anab.* 5.3, 6.
98 Hdt. 3.1, 4.
99 Xen., *Hell.* 3.2, 12 f.
100 Xen., *Hell.* 3.4, 16 ff
101 Paus. 6.3, 16.
102 Diodor, *bibl.* 14.99.
103 Aristeid., *Rh. conc.* 24.
104 Arrian., *anab.* 1.17, 12.
105 Plut., *Alex.* 3.3.
106 Solin., *mem.* 183.23.
107 Val. Max., *mem.* 8.14.
108 s. dazu KARWIESE, in *E. Atalay Mem.*
109 Strabo *geogr.* 14.640.
110 Aristot. *meteor.* 3.1.
111 Cic., *de div.* 1.47.
112 Cic., *nat. deor.* 2.69; Plut., *Alex.* 3.3.
113 Cic. *Kolot.* 32.1126 D.
114 Philostr. II., *soph.* 1.3.
115 Xen., *Hell.* 1.6.
116 Demosth., adv. Timotr. 136.
117 Polyain., *stratag.* 7.27, 2.
118 Arrian., *anab.* 1.17, 10.
119 ed. Freinsheim 2.7,
120 Arrian., *anab.* 1.18, 4.
121 119 a C. Rufus 2.6.
122 Strabe, *geogr.* 14.640, 22.
123 Aristot., *oikon.* 2.1349 a.
124 s. *FiE* 1, 251 f.
125 Plin., *n. h.* 36.95.
126 Ael., *v. h.* 2.3; Plut., *Alex.* 4.
127 Plin., *n. h.* 35.92.
128 Polyain., *stratag.* 6.49.
129 *IvE* 107/8, 1220.
130 *IvE* 101–4.
131 Diod., *bibl.* 18.52.
132 Diod., *bibl.* 20.109.
133 *IvE* 1449.
134 Diod., *bibl.* 20.107.
135 Diod., *bibl.* 20.111.
136 *IvE* 1448.
137 Polyain., *stratag.* 4.7, 4.
138 Polyain., *stratag.* 5.19; Frontin., *stratag.* 3.3, 7.
139 *SIG* 3.368.
140 VETTERS, in *AnzWien* 123 (1968) 97.
141 VETTERS, in *AnzWien* 119 (1982) 68 f.
142 Strabo, *geogr.* 14.640, 21.
143 Paus. 1.9, 7 u. 7.3, 4.
144 Memnon 12 *fr.* 8.
145 Polyain., *stratag.* 8.57.
146 Paus. 7.3, 1.
147 Plut., *parall. min.* 15.
148 Karwiese, in: AnzWien 113 (1976) 12.
149 Athen., *epit.* 13.593.
150 Frontin., *stratag.* 3.9, 10.
151 Appian., *Syr.* 559.
152 Liv., *a.u.c.* 34.60.
153 Liv., *a.u.c.* 34.61.
154 Liv., *a.u.c.* 35.14.
155 Liv., *a.u.c.* 36.44 ff.; Jul. Flor., *epit.* 1.24.
156 Liv., *a.u.c.* 37.13.
157 Liv., *a.u.c.* 37.14 f.
158 VETTERS, in *AnzWien* 119 (1982) 68 f.
159 Liv., *a.u.c.* 37.13.
160 Liv., *a.u.c.* 37.45.
161 Strabo, *geogr.* 14.641.
162 Strabo, *geogr.* 14.642.
163 Xen., *anab.* 5.3, 8.
164 *IvE* 202.
165 Jun. Justin., *trog. hist.* 36.4.
166 Strabo, *geogr.* 14.646.
167 in *Festschr. E. Akurgal* (1987) 183 ff.
168 *IvE* 8.
169 Appian., *Mithr.* 21.
170 Appian., *Mithr.* 22 f.
171 Appian., *Mithr.* 48.
172 *IvE* 8.
173 Appian., *Mithr.* 61.
174 *IvE* 417.
175 W. ALZINGER, in: *Bathron* (1988) 21 ff.
176 VETTERS, in *AnzWien* 119 (1982) 69.
177 *IvE* 3004.
178 Cic., *Att.* 4.18, 5.
179 Cic., *Att.* 5.13.
180 Cic., *fam.* 3.5, 5; 13.55 u. 69; *Tim.* 1.
181 Cic., *2. Verr.* 1.85.
182 Cic., *2. Verr.* 3.191.
183 vgl. *IvE* 1521 (um 0).
184 Caes., *b. c.* 3.33.
185 Caes., *b. c.* 3.105.
186 *IvE* 251.
187 *IvE* 702, 3066.
188 Plut., *Ant.* 24.
189 Appian., *emph.* 5.4.

190 Plin., *n. h.* 34. 58.
191 Dio Cass., *Rom. hist.* 48. 24; Fl. Ios., *arch.* 15. 89.
192 Appian., *Ant.* 5. 9.
193 Hirt., *Alex.* 4.
194 IvE 663.
195 Dio Cass., *Rom. hist.* 51. 20, 6.
196 Suet., *Aug.* 52.
197 *IvE* 1522.
198 Strabo, *geogr.* 14. 639.
199 Strabo, *geogr.* 14. 636.
200 Strabo, *geogr.* 14. 633 f.
201 Plin., *n. h.* 5. 120
202 aus dem Gesamtkontext erschließbar.
203 *IvE* 3006.
204 D. Knibbe u. a., in *ÖJh* 62 (1993) 123 f.
205 *IvE* 404.
206 *IvE* 10.
207 *IvE* 401–2.
208 *IvE* 405.
209 *Ive* 2018.
210 Vitr., *de arch.* 10. praef.
211 Plin., *n. h.* 5. 29.
212 Strabo, *geogr.* 14. 633.
213 Paus., 7. 5.
214 *IvE* 1062.
215 Karwiese, in *RE S.* 12, 337 f., 341.
216 Tac., *ann.* 4. 55.
217 Karwiese, in *RE S.* 12, 329.
218 Karwiese, in *RE S.* 12, 330.
219 Karwiese, in *RE S.* 12, 330 f.
220 *IvE* 3003.
221 *IvE* 411.
222 Tac., *ann.* 4. 13; Euseb., *chron. kan.* ad 2034.
223 Sen., *Luc.* ep. 102.
224 Plin., *n. h.* 5. 120; *IvE* 13.
225 H. Engelmann – D. Knibbe, in *Epigr. Anat.* 14 (1989).
226 Tac., *ann.* 16. 23.
227 Dio Cass., *Rom. hist.* 65. 9.
228 z. B. *IvE* 642.
229 *IvE* 3042.
230 vgl. *IvE* 3041.
231 *IvE* 695.
232 *IvE* 2034/5.
233 *IvE* 413.
234 *IvE* 415.
235 *IvE* 414.
236 vgl. *IvE* 508.
237 *IvE* 430.
238 *IvE* 1618.
239 *IvE* 427.
240 s. *IvE* 1988A.
241 *IvE* 234.
242 *IvE* 435.
243 *IvE* 3005.
244 *IvE* 3008.
245 *Ive* 455.
246 Dio Cass., *Rom. hist.* 67. 18.
247 *IvE* 230 ff.
248 *IvE* 799.
249 Euseb., *ekkl. hist.* 3. 1.
250 *Apg.* 18. 19 f.
251 vgl. W. Schneemelcher, Das Urchristentum (1981) 130.
252 Fl. Ios., *arch.* 16. 167.
253 *Apg.* 24 f.
254 *Apg.* 19. 1 f.
255 *Apg.* 8 f.
256 *Apg.* 11 f.
257 *Apg.* 17 f.
258 *Apg.* 16. 1 f.; 18. 5.
259 *IvE* 586.
260 *Apg.* 19. 23 ff.
261 *1. Kor.* 15. 32.
262 *2. Kor.* 1. 8.
263 *IvE* 3 (um 290 v. Chr.).
264 *Jes.* 22, 13; 56. 12.
265 *Apg.* 20. 16 ff.
266 *1. Tim.* 1. 3.
267 Euseb., *ekkl. hist.* 3. 4, 5.
268 *2. Tim.* 1. 16 ff.; 4. 14.
269 *2. Tim.* 4. 11.
270 *Kol.* 4. 9.
271 *acta S. Tim.* 12, 56 ff.
272 Phot., *bibl.* 254.
273 Euseb., *ekkl. hist.* 3. 23.
274 Klem. Alex., *sozom. plousios* 42.
275 Euseb., *ekkl. hist.* 3. 39.
276 Euseb., *ekkl. hist.* 7. 25.
277 *Apg.* 12. 2.
278 Evang. Joh. (1972) 41 ff.
279 Euseb., *ekkl. hist.* 5. 8, 4.
280 *Apokal.* 1. 9.
281 Iust., *dial.* 81. 4.
282 Euseb., *ekkl. hist.* 7. 25.
283 *Joh.-Ev.* 21. 23.
284 *Apokal.* 1. 10.
285 s. dazu O. Böcher, Die Johannesapokalypse[2] (1980) 31.
286 Geistesgeschichte der christlichen Antike (1978) 87 ff.
287 *Apokal.* 12. 4.
288 *Apokal.* 2. 5.
289 Euseb., *ekkl. hist.* 4. 14.
290 Euseb., *ekkl. hist.* 5. 18, 14.

291 vgl. *Ex.* 28.36 und *Lev.* 8.9 !
292 Euseb., *ekkl. hist.* 3.31, 8 und 5.24, 3.
293 3. Joh. 1.
294 *Röm.* 16.23.
295 Euseb., *ekkl. hist.* 25.19.
296 *Apg.* 12.25.
297 *Apg.* 15.37 f.
298 *2. Tim.* 4.11.
299 Epiph., *haer.* 11.24.
300 Euseb., *ekkl. hist.* 26.6.
301 Ps.-Proch., *prax. Ioh.* p. 15.
302 Ps.-Proch., *prax. Ioh.* p. 4.
303 Phot., *bibl.* 275.
304 Ignat., *Eph.* 6.2.
305 Ignat., *Smyrn.* 12.1.
306 Ignat., *Eph.* 9.2.
307 *IvE* 234–5, 239, 1498.
308 *IvE* 237, 424a.
309 Plin. Sec., *ep.* 6.31.
310 *IvE* 424.
311 *IvE* 3217.
312 *IvE* 4105.
313 *IvE* 425.
314 *IvE* 425a, 638.
315 *IvE* 461.
316 *IvE* 422.
317 *IvE* 422a.
318 *IvE* 5101, 5113.
319 Karwiese, *RE S.* 12, 333.
320 Plin. Sec., *ad Trai.* 17.a.
321 *IvE* 27.
322 *IvE* 3511/2.
323 *IvE* 429.
324 *IvE* 430.
325 *IvE* 278.
326 Paus., 7.2, 9.
327 *IvE* 500.
328 Karwiese, *RE S.* 12, 335.
329 Karwiese, *Koressos* (1992) 221
330 Paus., 7.2, 10.
331 Karwiese, *RE S.* 12. 335 f.
332 *IvE* 4107.
333 s. v. *Koressos.*
334 *IvE* 28.
335 s. *IvE* 279.
336 Wiener Münzkabinett Nr. 17073.
337 s. *IvE* 7/1 (1981) 88 ff.
338 *IvE* 2039.
339 *IvE* 438, 460.
340 *IvE* 27: 223.
341 *IvE* 1489 f.
342 Malal., *chron.*
343 *IvE* 633, 661.
344 Arist., *24. hier. log.* 2.309.
345 *IvE* 23.
346 *IvE* 3072.
347 SHA, *v. Veri* 7.7.
348 Ulp., *dig.* 1.16, 4, 5.
349 *IvE* 427.
350 *IvE* 1505.
351 *IvE* 25.
352 *IvE* 24.
353 *IvE* 733.
354 *IvE* 672, 3080.
355 W. Jobst, in *ÖJh* 54 (1983) Beibl. 216 ff.
356 *IvE* 721.
357 D. Knibbe, in *ÖJh* 62 (1993) 130 ff.
358 *IvE* 811.
359 *IvE* 3059.
360 *IvE* 1267.
361 *IvE* 275.
362 *IvE* 675.
363 *IvE* 3271.
364 *IvE* 1840, 3015.
365 *IvE* 3009.
366 *IvE* 1548.
367 *IvE* 3047.
368 Philostr., *v. soph.* 2.107, 28.
369 *IvE* 426.
370 *IvE* 47.
371 Philostr., *v. soph.* 2.23, 2.
372 D. Knibbe, in *BuM* 3 (1992).
373 s. *IvE* 7/1 (1981) 90.
374 *IvE* 26.
375 *IvE* 293.
376 Euseb., *ekkl. hist.* 5.18, 9.
377 vgl. *IvE* 45 aus dem 6. Jh.
378 s. auch *IvE* 22/4 aus der Zeit des Pius.
379 Euseb., *ekkl. hist.* 5.24.
380 Euseb., *ekkl. hist.* 5.22 ff.
381 *IvE* 2040.
382 *IvE* 2121.
383 *IvE* 2040: um 250.
384 IvE 1230: ab Ende 213.
385 so Severus: *IvE* 294.
386 *IvE* 3001.
387 z. B. *IvE* 647.
388 *IvE* 212.
389 *IvE* 300: nach September 313.
390 *IvE* 297.
391 *IvE* 648.
392 *IvE* 802.
393 Dio Cass., *Rom. hist.* 77.15, 5.
394 s. Dio Cass., *Rom. hist.* 78.20, 4.
395 s. S. R. F. Price, Rituals and Power (1984) 214 f.

396 z. B. *IvE* 625.
397 *IvE* 668A, 723.
398 *IvE* 625.
399 *IvE* 2041/2.
400 *IvE* 3071.
401 *IvE* 3086.
402 *IvE* 3091.
403 SHA *Gall. duo* 6. 2.
404 F. C. Ginzel, Spez. Kanon der Sonnen u. Mondfinsternisse (1899) 84 f.
405 Zosim., *hist. nea* 1. 28, 1 (um 500); Iord., *act. Get.* 20 (6. Jh.).
406 so C. Foss, Ephesus after Antiquity (1979) 3.
407 *orac. Sibyl.* 5. 293; Klem. Alex., protr. 4. 50 (um 200 n. Chr.).
408 *IvE* 1229.
409 *IvE* 3020.
410 *IvE* 1300.
411 *IvE* 305.
412 *IvE* 308.
413 *IvE* 621.
414 Euseb., *ekkl. hist.* 10. 5, 15 ff. u. 7. 1 f.
415 s. *FiE* I 268 Nr. 390.
416 so auch Euseb., *chron. kan.* ad 2347.
417 s. *FiE* I 246 Nr. 107
418 *IvE* 1314/5.
419 *IvE* 1316/7.
420 Greg. Naz., *or.* 4. 55 f.
421 *IvE* 313A, 3021.
422 Eunap., *vit.*
423 Liban., *Artemis*, s. *FiE* I s. *FiE* I Nr. 199.
424 *IvE* 42.
425 *IvE* 1304.
426 *IvE* 43.
427 *IvE* 2043/4.
428 *IvE* 453.
429 V. M. Strocka, in *Lebend. Alt. wiss.* (1985) 229 ff.
430 *IvE* 447.
431 *IvE* 1310.
432 *IvE* 5115.
433 *IvE* 5110.
434 Dionys. Per., *perieg.* 829.
435 *Cod. Theod.* 16. 10, 10 f.
436 *Cod. Theod.* 16. 10, 3.
437 *IvE* 1351.
438 *Cod. Theod.* 16. 10, 25.
439 *FiE* I 269 von 405/6.
440 Macrob., *Sat.* 5. 22, 4.
441 Hieron., *comm.* praef.
442 *IvE* 306.
443 *IvE* 1534.
444 *IvE* 557.
445 *IvE* 501.
446 s. *Psalm* 80. 14.
447 s. dazu F. Miltner, in *FiE* IV/2
448 *synax. Konst.* zum 8. Mai.
449 Hippol., I. 2, 41 f.
450 s. dazu P. T. Camelot, Ephesus u. Chalcedon (1963) 273.
451 s. Karwiese, *Marienkirche* 45.
452 *IvE* 4135.
453 s. Karwiese, *Marienkirche* 17 f.
454 s. Karwiese, *Marienkirche* 18.
455 *IvE* 4128.
456 *IvE* 1352.
457 Vetters, AnzWien 119 (1982) 71 f. – Ders.,, AnzWien 121 (1984) 166 f.
458 *IvE* 1355.
459 *IvE* 1305.
460 *IvE* 1192.
461 *IvE* 4233.
462 Konst. Porph., *prós Rom.* 20.
463 *IvE* nach *Mk.-Ev.* 3. 17.
464 Prokop., *perì ktísm.* 5. 1.
465 *IvE* 1353.
466 *IvE* 4133.
467 *IvE* 4134/5.
468 *IvE* 495.
469 *IvE* 4309.
470 *IvE* 1358.
471 *IvE* 4304, 4314 f., 4317/8.
472 *IvE* 1336.
473 *IvE* 45. s. S. 115.
474 *synax. Konst.* zum 8. Mai.
475 *IvE* 1600. Aischyl., *Eumenid.* 24.

Bibliographie: I. Antike Quellen

1. Literarisch

In dieser Übersicht werden nur die wichtigsten antiken Stellen zu Ephesos angeführt.

ACHILLEUS TATIOS (2. Jh. n. Chr.): *Leukippe u. Kleitophon* passim.

AILIANOS Claudius (ca. 170–235): *varia historia* 3. 26 et al.

ALKAIOS v. Messene (um 600 v. Chr.): in *Anthologia Graeca* 7. 536.

AMMIANUS MARCELLINUS (um 330–400): *res gestae* 22. 5 et al.

ANTIPATROS v. Sidon (2. Jh. v. Chr.): in *Anthologia Graeca* 58 & 790.

APOSTELGESCHICHTE (um 80–85 n. Chr.): 18. 19 ff.

APPIANOS (2. Jh. n. Chr.): *Mithridates* 21. 6 ff. et al.; *Syriaké* 559 ff. et al.; *Bürgerkrieg* 713.

APULEIUS (2. Jh. n. Chr.): *metamorphoses* 10. 2.

ARISTEIDES Ailios (ca. 117–189): *hieroì lógoi* 24. 309.

ARISTOPHANES (um 445–388): *nephélai* 599.

ARISTOTELES (384–322): *meteorologiká* 3. 1

ARNOBIUS d. Ä. (um 300 n. Chr.): *Gegen die Heiden* 6. 23.

ARTEMIDOROS v. Ephesos (2. Jh. n. Chr.): *oneirokritiká* passim.

ATHENAIOS (um 200 n. Chr.): *deipnosophístai* passim. *epitomé* 3., 6., 7. passim; 8. 62 et passim; 9., 10., 12., 13., 15. passim.

BATON v. Sinope (2. Hälfte 3. Jh. v. Chr.): *Über die ephesischen Tyrannen,* bei Athenaios u. Suda.

CAESAR C. Iul. (100–44 n. Chr.): *bellum civile* 3. 33 & 105.

CICERO M. Tull. (106–43 n. Chr.): *An Atticus* 4. 18; 5. 13 und passim in seinen Werken.

CURTIUS RUFUS [Freinsheim] (1. Jh. n. Chr.): *Alexander* 1. 1; 2. 6 ff.

DEMOKRITOS v. Ephesos (2. Hälfte 3. Jh. v. Chr.): *Über den ephesischen Tempel,* bei Athenaios.

DIO KASSIOS (ca. 163–230): *Romaïkè historía* passim.

DIODOROS v. Sicily (1. Jh. v. Chr.): *bibliothéke* passim.

DIOGENES LAERTIOS (3. Jh. n. Chr.): *Aristippos* passim.; *Herakleitos* 3 ff.

DION Chrysostomos (ca. 40–120): *de concord.* 40. 9 f.; *Rhod.* 31. 54 f.

DIONYSIOS v. Halikarnassos (1. Jh. v. – 1. Jh. n. Chr.): *archaiología* 2. 22; 4. 25.

DIONYSIOS Periegetes (2. Jh. n. Chr.): *periégesis* 828.

DURIS v. Eleia: in *Anthologia Graeca* 9. 424.; *Etymologicum Magnum* (12. Jh. n. Chr.): s. v. Daitis, Ephesos, Essen et al.

ETYMOLOGICUM MAGNUM (12. Jh.): s. v. Daitis, Essen, Ephesos

EUNAPIOS (345–420): *bíoi sophist.*

EUSEBIOS (um 260–340): *ekklesiastikè historía* passim.; *chronikoì kanónes* passim.

EUSTATHIOS (12. Jh. n. Chr.): in *Dionys. Perieg.* passim. in *Homer.* passim.

EUTROPIUS (4. Jh. n. Chr.): *brev.* 5. 5.

FLORUS Annaeus (2. Jh. n. Chr.): *epitoma* 1. 24.

FRONTINUS Sext.Iul. (1. Jh. v. Chr.): *stratagemata* 3. 3, 7 & 9, 10.

GELLIUS Aulus (2. Jh. n. Chr.): *noct. Att.* 6, 18.

GREGORIUS v. Tours (540–94): *Histor. 1; glor. mart.* 94

HERODOTOS (um 484–430): *historíai* passim.

HESYCHIOS (5. Jh. n. Chr.): *lexikón* passim.

HESYCHOS v. Miletos (6. Jh. n. Chr.): *Fragm. Graec. Hist. 390. 32 f.*

HIERONYMOS (um 400): *Kommentar zum Vorwort von Pauli Brief an die Epheser.*

HIPPONAX (6. Jh. v. Chr.): *Fragmente.*

HORATIUS Flaccus (658 v. Chr.): *1. Ode* 7. 2.

HYGINUS C. Iul. (64 v. 17 n. Chr.): *Fabeln* 223 u. 225.

IGNATIOS Bischof (107): *Brief an die Ephesier* u. a.

IOHANNES (1. Jh. n. Chr.): *apokálypsis* 1. 11; 2. 1 et al.

IORDANIS (6. Jh. n. Chr.): *Getica* 51; 107.

IOSEPHUS Fl. (um 37100): *Apion* 2. 131.; *archaiología* 15. 89; 16. 167.

ISIDOROS v. Alexandreia (um 500 n. Chr.): *Briefe* 4. 206 f.

JUSTINUS Trogus (um 0): *hist. phillip. epit.* 36. 4, 6.

KALLIMACHOS (um 300–240): *An Diana* 237 ff. in *Anthologia Graeca* 7. 80.

KALLINOS (7. Jh. v. Chr.): *Fragmente.*

KLEMENS v. Alexandreia (2. Jh. n. Chr.): *protreptikós* 4. 50 ff.; *strómateis* 1. 15; 5. 8.; *sozómenos ploúsios.*

LIBANIOS (314–393): *Artemis* 308, 313.

LIVIUS T. (59 v. – 17 n. Chr.): *Ab urbe condita* passim.

LUKANOS M. Annaeus (39–65 n. Chr.): *de bello civ.* 8. 244.

LUKIANOS (um 120–180): *Ikaromenippos* 24.; *Peregrinos* 22.

MACROBIUS Ambros. Theodos. (um 400 n. Chr.): *Saturnal.* 6. 7, 16.

MALALAS Ioannes (um 491–578): *chronographía* 246. 11, 344. 19.

MARTIALIS M. Valer. (40–102 n. Chr.): *epigram.* 10. 28.

MELA Pompon. (1. Jh. n. Chr.): *chorogr.* 17. 88.

MELEAGROS (140–70 v. Chr.): in *Anthologia Graeca* 7. 79.

NEPOS Corn. (100–25 v. Chr.): *Themist.* 8.

NIKOLAOS v. Damascus (1. Jh. v. Chr.): *Fragmente* 65 & 67.;

Hellenika v. OXYRHYNCHOS (4. Jh. v. Chr. ?): L. KOENEN, in *Stud. Papyr.* 15 (1976) 55 ff.; G. A. LEHMANN, in *ZPE* 26 (1977) 183 ff.

PAUSANIAS (2. Jh. n. Chr.): *periégesis* passim.

PETRONIUS Arbiter (1. Jh. n. Chr.): *satyr.* 3.

PHILON v. Byzantion (6. Jh. n. Chr. ?): *7 Weltwunder* 6.

PHILOSTRATOS II. (um 160–245): *Sophisten* 2. 23; *Apollonios v. Tyana* passim.

PHOTIOS (9. Jh. n. Chr.): *bibliothéke* 253 ff.; 275.

PLAUTUS T. Maccius (250–184 v. Chr.): *Bacch.* 2. 1, 2; 3. 2, 4 et al.

PLINIUS I. C. Sec. (24–79): *naturalis historia* passim.

PLINIUS II. C. Caecil. Sec. (62–114): *An Trajan* 17. a; *Briefe* 6. 31.

PLUTARCHOS (um 50–120): *Alexander* passim; *Alkibiades* 29; *M. Anton* 24. 4 et al.; *Lysandros* passim; *Kolotes* D.

POLLUX Jul. Polydeukes (2. Jh. n. Chr.): *onomastikón* 1. 37 et al.

POLYAINOS (2. Jh. n. Chr.): *strategémata* passim.

POLYBIOS (2. Jh. n. Chr.): *historíai* passim.

PRUDENTIUS Aur. Clemens (348–405): *2. Symmach.* 495.

Pseudo-PROCHOROS (5. Jh. n. Chr.): *Johannesakten* passim.

RUPHINOS v. Samos (2. Jh. n. Chr.): in *Anthologia Graeca* 5. 9.

SATYROS v. Kallatis (um 200 v. Chr.): *bíoi* 1.

SCRIPTORES historiae Augustae (4. Jh. n. Chr.): *Verus* 7. 7 *Gallieni duo* 6.

SENECA L. Annaeus (465): *ad Lucil.* 102. 21.

SOLINUS C. Iul. (3. Jh. n. Chr.): *memorabília* 40. 2 f.

STEPHANOS v. Byzantion (6. Jh. n. Chr.): *ethniká* s. v. Benna, Ephesos, Koressos, Larisa, Samorna.

STRABON (um 64 v. 19 n. Chr.): *geographiká* 14. 633 ff. et passim.

SUDA (10. Jh. n. Chr.): s. v. Aristarchos, Damianos, Hipponax.

TACITUS Corn. (um 55–120): *annales* 3. 61 et passim.

TERTULLIANUS Sept. Florens (150–230): *5. ad Marcion.* 11.

THUKYDIDES (um 460–400): *Syngraphe* passim.

TZETSES (ca. 1110–85): *Buch der Geschichten* 8. 388 u. 398.

ULPIANUS Domit. (um 200 n. Chr.): *Digesten* 1. 16, 4. 5.

VALERIUS Maximus (1. Jh. n. Chr.): *memorabilia* 8. 14, 5.

VITRUVIUS (1. Jh. v. Chr.): *de architectura* passim.

XENOPHON (um 430–355): *Helleniká* passim; *anábasis* 5. 3; *Agesilaos* 1. 25 f.

XENOPHON v. Ephesos (2./3. Jh. n. Chr.): *Antheia u. Abrokomes* 2.

ZONARAS Joh. (12. Jh. n. Chr.): *Geschichte* 4. 8.

ZOSIMOS (5./6. Jh. n. Chr.): *néa historía* 1. 28.

435 Stellen zum Artemision wurden von Richard C. KUKULA gesammelt und in Forschungen in Ephesos I (1906) 237 ff. publiziert. Der lateinische Text der Siebenschläfer-Legende (*Monumenta Germaniae Historiae, Scriptores rerum Meroving.* I 817 ff.) wurde zusammen mit einer deutschen Übersetzung von F. MILTNER in F. i.E. IV/2 (1937) 5 ff. herausgegeben.

2. Epigraphisch

Das epigraphische Material aus Ephesos ist vor kurzem in Form eines Repertoriums (mit Indices) als Teil der Serie *Inschriften griechischer Städte aus Kleinasien* 11. 117. 4: *Die Inschriften von Ephesos* (IvE) IaVIII, 2 (19791984 [wird fortgeführt]) neu ediert worden.

Eine der wichtigsten Inschriften der jüngsten Zeit, das Monumentum Ephesenum (Zollgesetz der Provinz Asia), wurde genauest untersucht und interpretiert von Helmut ENGELMANN and Dieter KNIBBE und in *Epigraphica Anatolica* (EA) 14 (1989) publiziert.

Bibliographie: II. Sekundärliteratur

Da Richard E. OSTER erst vor wenigen Jahren *A Bibliography of Ancient Ephesus* (in *ATLA Bibliography Series,* No. 19, Metuchen, N. J. – London 1987) mit 1535 Titeln kompiliert hat, kann hier auf eine Auswahl oder gar die Wiederholung seiner Liste verzichtet werden. Allerdings gibt es eine Reihe von wichtigen Publikationen, die als Handbücher eine Hervorhebung verdienen.

1. Laufende Serien und Handbücher

a. Jahreshefte des Österreichischen archäologischen Institutes (ÖAI), Wien: *ÖJh.*

Forschungen in Ephesos, Wien. Herausg. von ÖAI und Österr. Akademie der Wissenschaften (ÖAW): *FiE.*

Sonderschriften des ÖAI, Wien: *SoSchr.*

Berichte und Materialien, ÖAI Wien: *BuM.*

Anzeiger der philosophisch-historischen Klasse der Österreichischen Akademie der Wissenschaften, Wien: *AnzWien.*

b. Wilhelm ALZINGER, *Ephesos: B. Archäologischer Teil,* in *Pauly-Wissowa's RE Suppl.* 12 (1970) 1588 ff.

Stefan KARWIESE, *Ephesos: C. Numismatischer Teil,* in *l. c.* 297 ff.

Dieter KNIBBE, *Ephesos: A. Historisch-epigraphischer Teil,* in *l. c.* 248 ff.

Josef KEIL – Fritz EICHLER, *Ephesos. Ein Führer durch die Ruinenstätte und ihre Geschichte,* 5. Aufl. Wien 1964.

Anton BAMMER – Robert FLEISCHER – Dieter KNIBBE, *Führer durch das Archäologische Museum in Selçuk-Ephesos,* Wien 1974.

2. Neue Bibliographie (seit 1986)

AKURGAL, E., *Anadolu Uygarlıkları*[2] (1989) 396 ff.

ALZINGER, W., Basilika/Odeion [1985/6], in *ÖJh* 57 (1986/ 7) Grabungen 13.

DERS., Die Lokalisation des hellenistischen Rathauses von Ephesos, in *Bathron* (*Festschr. H. Drerup* 1988) 21 ff.

DERS., Vitruvs Basilica und der archäologische Befund in *Munus non ingratum* (= *Babesch Suppl.* 2 [1989]) 212 ff.

DERS., Ziele der Ephesosforschung von 1863 bis heute, in *Echo* (Festschr. J. B. Trentini 1990) 17 ff.

APPEL, W., Ein Textvorschlag zu der ephesischen Inschrift I.K. 16, Nr. 2072, in *ZPE* 92 (1992) 179 ff.

ARNOTT, W. G., New Evidence for the Opening of Menander's Perikeiromene?, in *ZPE* 71 (1988) 11 ff.

ATALAY, E., *Weibliche Gewandstatuen des 2. Jahrhunderts n. Chr. aus ephesischen Werkstätten* (= ÖAW phil.-hist. Kl. Denkschriften 206) Wien 1989.

AURENHAMMER, M., Römische Porträts aus Ephesos, in *Ritr. uff. e priv., Atti 2 conf. intern. sul ritr. Rom.* 1984 (1989) 123 ff.

DIES., Zu einem Corpus der ephesischen Skulpturen, in *Akt. 3. Österr. Arch. Sympos. 1987* (1989) 23 ff.

DIES., *Die Skulpturen von Ephesos. Bildwerke aus Stein. Idealplastik I.* (= *FiE* X/1) Wien 1990.

DIES., Das Porträt des Klinendeckels, in E. RUDOLF, *Der Sarkophag des Q. Aem. Aristides,* s. RUDOLF

BAMMER, A., Plinius und der Kroisostempel, in *ÖJh* 57 (1986/7) 13 ff.

DERS., Ephesos in der Bronzezeit, in *l. c.* Beiblatt 1 ff.

DERS., Gold und Elfenbein von einer neuen Kultbasis in Ephesos, in *ÖJh* 58 (1988) 1 ff.

DERS., *Ephesos. Stadt an Fluß und Meer* (1988).

DERS., Neue Grabungen an der Zentralbasis des Artemisions von Ephesos, in *ÖJh* 58 (1988) Beibl. 1 ff.

DERS., Bronzen und Sphyrelata aus dem Artemision von Ephesos, in *Guß und Form, Akt. 9. Kongr. Ant. Bronz. 1986* (1989) 21 ff.

DERS., Bronzen aus dem Artemision von Ephesos, in *Echo (Festschr. J. B. Trentini* 1990) 21 ff.

DERS., A Peripteros of the Geometric Period in the Artemision of Ephesos, in *Anatol.Stud.* 90 (1990) 137 ff.

DERS., Entre Terre et Mer; Les Temples d'Artemis; Les Fouilles Récentes dans la Ville Romaine; Les Restaurations, in *Le Monde de la Bible* 64 (1990) 8, 10, 23, 33 ff.

DERS., Les Sanctuaires des VIIIe et VIIe Siècles a l'Artémision d'Éphèse, in *RevArch* 1/1991, 63 ff.

DERS., Multikulturelle Aspekte der frühen Kunst im Artemision von Ephesos, in *ÖJh* 61 (1991/2) Beibl. 17 ff.

DERS., *Les Sanctuaires Archaïques de l'Artemision, in L'Espace Sacrificiel (Publ. Bibl. Salomon Reinach* 5) 1991, 127 ff.

DERS., *Recenti Scoperte Archeologiche a Efeso,* in *Dal Teatro Greco al Teatro Rinascimentale* (Trento 1992) 21 ff.

DERS., Zur Archäologie von griechischen Mythen und Ritualen, in *Volksfrömmigkeit (= Kulturstud., Bibl. der Kulturgesch.* 10) 1989, 29 ff.

DERS., *Vom Weltwunder der Artemis,* in *Arche* 1 (1992) 18 ff.

DERS., Éphèse, Capitale d'Asia, in *Ulysse* 24 (1992) 8 ff.

DERS., Ivories from the Artemision at Ephesus, in L. J. FITTON, *Ivory in Greece and the Eastern Mediterranean, BritMus Occ. Pap.* 85 (1992) 185 ff.

DERS., Zur Geschichte des Sekos im Artemision, in *ÖJh* 62 (1993) Beibl. 137 ff.

DERS., Artemision (Bericht 92), in *ÖJh* 62 (1993) Beibl. Grabungen 1992, 10.

BENDA, I., Vorbericht über die geometrischen und archaischen Keramikfunde unter der Agora von Ephesos der Kampagne 1985, 1986 und 1988, in *BuM* 1, 19 ff.

BEYLL, D., Terrasigillata aus der Marienkirche in Ephesos, 1. Zwischenbericht, in *BuM* 5 (1993) 5 ff.

BINGÖL, O., Zu den Columnae Cellatae, in *Anadolu* 22 (198183 [1989]) 115 ff.

BÖCHER, O., Die Johannesapokalypse 3 (= *Erträge der Forschung* 41) 1988.

BOSCH, J. S., Paul à Éphèse, in *Le Monde de la Bible* 64 (1990) 37 ff.

BRÜCKNER, H., (Geologische Tiefbohrungen) Bericht 92, in *ÖJh* 62 (1993) Grabungen 1992, 25 f.

BÜSING, H., Zweierlei Maß am Artemision von Ephesos? in *Archäologischer Anzeiger (AA)* 1986, 205 ff.

BÜYÜKKOLANCI, M., Fragmente der Bauplastik des Artemisions von Ephesos aus den Ausgrabungen der Johanneskirche in Selçuk, in *ÖJh* 62 (1993) 95 ff. s. ENGELMANN, KNIBBE, MUSS.

COTHENET, E., La Tradition Johannique à Éphèse, in *Le Monde de la Bible* 64 (1990) 40 ff.

DAVESNE, A., Les Monnaies Ptolémaiques d'Ephèse, in *E. Atalay Memorial* (1991) 21 ff.

ENGELMANN, Helmut: Degustation von Götterwein, in *ZPE* 63 (1986) 107 ff.

DERS., Notizen zum ephesischen Repertorium, in *EA* 8 (1986) 33 ff.

DERS., Notizen zum ephesischen Repertorium, in *ZPE* 67 (1987) 151 ff.

DERS., Der Berg Pion auf ephesischen Münzen, in *l.c.* 149 ff.

DERS., Inschriften aus Ephesos, in *ZPE* 84 (1990) 89 ff.

DERS., Aelius Aristides und eine ephesische Prägung, in *l.c.* 89 (1991) 273 ff.

DERS., Beiträge zur ephesischen Topographie, in *l.c.* 89 (1991) 275 ff.

DERS., Celsusbibliothek und Auditorium in Ephesos, in *ÖJh* 62 (1993) 105 ff.

DERS., Konzilsakten und Grabungsbericht, *ZPE* 102 (1994) 185 ff.

DERS., Zum Opisthodom des ephesischen Artemisions, *l. c.* 188 ff.

DERS., – M. BÜYÜKKOLANCI, Inschriften aus Ephesos, in *ZPE* 86 (1991) 137 ff.

DERS., – D. KNIBBE, Das Monumentum Ephesenum, in *EA* 8 (1986) 19 ff.

DERS., Das Zollgesetz der Provinz Asia, in *EA* 14 (1989).

DERS., – M. BÜYÜKKOLANCI – D. KNIBBE, Neue Inschriften aus Ephesos XII, in *ÖJh* 62 (1993) 113 ff. s. auch KNIBBE.

FORSTENPOINTNER, G., Artemision-Tierknochenmaterial, in *ÖJh* 62 (1993) Grabungen 1992, 10 f.

FRENCH, D. C., C. Atinius C. f. on a Coin of Epheus, in *Recent Turk. Coin Hoards. & Numismatics Stud.* 7 (1991) 201 ff.

FRIESEN, S. J., Twice Neokoros, Ephesus, Asia and the Cult of the Flavian Imperial Family = *EPRO* 116 (1993).

GANSCHOW, T.: Überlegungen zum Partherdenkmal in Ephesos, in *AA* 1986, 209 ff.

GASSER, A., Die korinthische und attische Importkeramik vom Artemision in Ephesos = *FiE* XII/1 (1990).

GASSNER, V., Kleine Krüge mit Artemisstempeln aus Ephesos, in *Akt. 3. Österr. Arch. Symp. 1987* (1989) 69 ff. s. auch KARWIESE.

HABICHT, Chr., Ein neues Bürgerrechtsdekret aus Ephesos, in *ZPE* 77 (1989) 88 ff.

HARTSWICK, K. J., The socalled ‚Ephesos-Amazon'. A new Identification, in *JdI* 101 (1986) 126 ff.

HARVEY, S. A., *Asceticism and Society in Crisis: John of Ephesus and the Lifes of the Eastern Saints* (1990). s. auch TOMPKINS.

HEROLD, K., Die Konservierung von Wandmalereien und Mosaiken in den Wohneinheiten 1 und 2 des Hanghauses 2, Ephesos, in *AnzWien* 124 (1987) 139 ff

DERS., *Konservierung von archäologischen Bodenfunden: Wandmalerei, Mosaik* (1994).

HUEBER, F., Gestaltungsfeinheiten und Quaderbautechnik an Bauten der frühen Kaiserzeit, in *Munus non ingratum (Babesch Suppl.* 2 [1989]) 217 ff.

İPLİKÇİOĞLU, B., Eine neue Ehrung für Kaiser Caracalla in Ephesos, in *EA* 9 (1987) 111 ff.

JENKINS, K. G., Hellenistic Gold Coins of Ephesos, in *Anadolu* 21 (1978–80 [1987]) 183 ff.

JENNY-KAPPERS, Th., *Muttergöttin und Gottesmutter in Ephesos* (1986).

JOBST, W., Ein spätantiker Straßenbrunnen in Ephesos, in *Stud. z. spätant. u. byz. Kunst presented to F. W. Deichmann* 1986, 47 ff.

DERS., Ein spätantikes Säulenmonument in Ephesos, in *IM* 39 (1989) [Festschr. W. Müller-Wiener] 245 ff.

JONES, C. P., The Olympieion and the Hadrianeion in Ephesus, in *JHS* 93 (1993) 149 ff.

JUNG, U. – PETZL, G.: Brief eines englischen Levante-Kaufmannes aus dem Jahr 1678 – Epigraphisches (Ephesos), Landeskundliches, Alltägliches, in *EA* 9 (1987) 97 ff.

KARWIESE, St., Vorausliste der ephesischen Fundmünzen 1983–1985, in *AnzWien* 123 (1987) 110 ff.

DERS., Arbeitsbericht Agora-Oststoa, Nekropole Hanghausstraße, Olympieion, Marienkirche 1984–85, bei H. VETTERS, in *AnzWien* 123 (1987) 80 ff.

DERS., Arbeitsbericht Marienkirche 1986/7, bei H. VETTERS, in *AnzWien* 125 (1989) 89 ff.

DERS., Fundmünzen Ephesos 1986, in *AnzWien* 125 (1989) 105 ff.

DERS., Die Marienkirche in Ephesos. Erster vorläufiger Gesamtbericht über die Wiederaufnahme der archäologischen Untersuchung 1984–1986 = DSchrWien 200 (1989). (s. dazu W. MÜLLER-WIENER).

DERS., Gedanken zur ältesten Geschichte von Ephesos, in *Acts Xth Congr. of Turk. Hist. 1986* (1990) 637 ff.

DERS., Keine Kaiserhochzeit in Ephesos, in *Echo* 27 (1990) 171 ff.

DERS., The Artemisium Coin Hoard and the First Coins of Ephesos, in *Rev. Belge Num.* 137 (1991) 1 ff.

DERS., Herostratos. Versuch einer Ehrenrettung, in *E. Atalay Memorial* (1991) 87 ff.

DERS., Metrologische Fragen der kaiserzeitlichen autonomen Münzprägung von Ephesos, in *Litt. Num. Vindob.* 4 (1992) 127 ff.

DERS., Marienkirche (Bericht 91), in *ÖJh* 61 (1992) Grabungen 1991/2, 8 f.

DERS., Marienkirche (Bericht 92), in *ÖJh* 62 (1993) Grabungen 1992, 16 f.

DERS., Hanghaus 2 (Bericht 92), in *ÖJh* 62 (1993) Grabungen 1992, 21 f.

DERS., Münzprägung von Ephesos I: Die Anfänge Die ältesten Prägungen und der Beginn der Münzprägung überhaupt, *FiE* (in Druck).

DERS., Pion, in *LIMC*.

DERS., Synthysia, in *LIMC*.

DERS., 1992 Ephesos'da yapılan Kazı ve Onarım Çalışmaları, in *Kazı Sonuçları Sempoziyumu* (in Druck).

DERS., Ephesos, in *Eczacıbaşı Türkiye Ansiklopedisi* (in Druck).

DERS., Marienkirche, Stadion, Theater (Berichte 93), in *ÖJh* 63 (1994) Grabungen 1993, 9 ff.

DERS., Ephesos 1994 f. Grabungen (in Druck).

DERS., Gesamtbericht über die Grabungen am Südtor der Agora von Ephesos (keramisches Material: V. Gassner) (Manuskript vorgelegt).

DERS., Fundmünzen Ephesos 1990–93, *BuM* (Manuskript in Vorbereitung).

DERS., *Concise Ephesian Dictionary* (Manuskript in Vorbereitung).

KNIBBE, D., Zeigt das Fragment IvE 13 das steuertechnische Inventar des fiscus Asiaticus?, in *Tyche* 2 (1987) 75 ff.

DERS., Legum dicendarum in locandis vectigalibus omnis potestas, in *ÖJh* 58 (1988) 129 ff.

DERS., Der (Parthersieg)Altar der Artemis und Kenotaph des L. Verus an der Triodos, in *BuM* 1 (1991) 5 ff.

DERS., Via Sacra – Damianosstoa (Bericht 92), in *ÖJh* 62 (1993) Beibl., Grabungen 1992, 19 f.

DERS., Die zweite Kaiserneokorie und der Wandel des Erscheinungsbildes der Artemis Ephesia: Die Via Sacra in der Bildersprache ihres Polos, in *BuM* 7 (1994).

DERS., Der Kaiserpriester (Ti. Claudius) Piso (Diophantes, „Christus geboren aus Maria" und Johannes der „Theologe", in *BuM* 7 (1994).

DERS. – THÜR, H. Via Sacra Ephesiaca I = *BuM* 3 (1993) et al.,

DERS., Via Sacra Ephesiaca II = *BuM* 7 (1994).

DERS. – BÜYÜKKOLANCI, Mustafa, Zur Bauinschrift der Basilica auf dem sog. Staatsmarkt von Ephesos, in *l.c.* Beibl. 43 ff.

DERS., – ENGELMANN, H. – İPLİKÇİOĞLU, B., Neue Inschriften aus Ephesos XI, in *ÖJh* 59 (1989) Beibl. 161 ff. s. auch ENGELMANN.

LANG-AUINGER, Cl., Opus sectile-Böden aus den Hanghäusern I und II in Ephesos, in *ÖJh* 59 (1989) 47 ff.

DIES., Hanghaus 1 (Bericht 92), in *ÖJh* 62 (1993) Beibl., Grabungen 1992, 21

DIES., Ephesos/Hanghaus 1. Vorläufiger Bericht 1992, in *AnzWien* 130 (1994) 1 ff.

DIES., – OUTSCHAR, U., Ephesos/Hanghaus 1, Vorläufiger Grabungsbericht 1990/91, in *AnzWien* 128 (1992) 129 ff.

LANGMANN, G., Ephesos 1987, in *ÖJh* 58 (1988) Grabungen 6 f.

DERS., Ephesos 1988, in *ÖJh* 59 (1989) Grabungen 5 f.

DERS., Gutachterverfahren: Schutzdächer für Ephesos (Hanghaus II), in *ÖJh* 60 (1990) Beibl., Grabungen 1989, 1 ff.

DERS., Ephesos 1989, in *l.c.* 26 f.

DERS., Ephesos 1990–1991, in *ÖJh* 61 (1991/2) Beibl., Grabungen 1990/1991, 4 f.

LERIDER, G., Éphèse et Arados au IIe siecle avant notre ère, in *NumAntcl* 20 (1991) 193 ff.

LIDONNICI, L. R., The Images of Artemis Ephesia and GrecoRoman Worship. A Reconsideration, in *Harvard Theol. Rev.* 85/4 (1992) 389 ff.

MARTINI, R. – WINSEMANN FALGHERA, E., Emissione di homonoia tra Ephesus e Smyrna di Antoninus Pius, in *AnnNum* 5 (1992) 87 ff.

MASSON, O., Remarques sur l'onomastique d'Ephèse, in *ZPE* 64 (1986) 173 ff.

MASTROCINQUE, A., Nel Segno di Artemide, in *Archeol.Nova* 27 (1992) 10 ff.

MITSOPOULOS-LEON, V., Die Basilika am Staatsmarkt in Ephesos, Kleinfunde 1.Teil: Keramik hellenistischer und römischer Zeit, in *FiE* IX 2/2 (1991).

MOGELONSKY, M. K., The Dates of the Earliest Coinage. Some Archaeological Considerations, in *Syneisphora McGill 1. Papers in memoir of C. D. Gordon* (1987) 51 ff.

MOSER von Filseck, K., Noch einmal zum Strigilisreiniger Ephesos-Wien, in *JÖAI* 60 (1990) 1 ff.

MÜLLER-WIENER, W., Rezension v. Karwiese, Marienkirche (1989), in *Gnomon* 63 (1991) 374 ff.

MUSS, U., Silen und Gigant auf dem ephesischen Simenfries, in *ÖJh* 57 (1986/7) 29 ff.

DIES., Das Wiener Amazonenrelief, in *Jahrb. Kunsthist. Samm. Wien 80 (1984) 7 ff.*

DIES., Rezension zu A. Rügler, Die Columnae Cellatae des Jüngeren Artemisions von Ephesos (*IM* Beih. 34), in *Gnomon* 62 (1990) 61 ff.

DIES., Die Göttin auf dem Panther, in *BonnJb* Beih. 47 (1989) 53 ff.

DIES., The Goddess on a Panther, in *BritMus Occ. Pap.* 85 (1992) 205 ff.

DIES., Altar des Artemisions (Bericht 92), in *ÖJh* 62 (1993) Grabungen 29.

DIES., Sculpture from Ephesus, in *Dict. of Art* (in Druck).

DIES., The Temple of Artemis at Ephesos, in *Dict. of Art* (in Druck).

DIES., Der Altar des Artemisions von Ephesos, *FiE* XII/3 (Manuskript in Vorbereitung).

DIES., – BÜYÜKKOLANCI, M., Archaische Freiplastik aus Ephesos, in *ÖJh* 58 (1988) Beibl. 32 ff. (Manuskript in Vorbereitung).

DIES., – MÜLLER-KASPAR, U., Beobachtungen an einem Fragment aus dem Artemision, in *ÖJh* 59 (1989) 39 ff.

NIVAILLE, J., Une drachme fourrée à Ephèse vers 300 av. J. C., in *BullCercleÉtNum* 27 (1990) 81 ff.

DERS., Drachmes fourrées à Ephèse vers 300 av. J. C., in *BullCercleÉtNum* 28 (1991) 67 ff.

NOLLÉ, J., Zwei unveröffentlichte Kopien von Inschriften aus dem Kaystertal, in *EA* 8 (1986) 36 ff.

ÖLÇER, C., *Coinage of the Emirates of Aıdın. Emirates of Theologues/Ephesus (1985).*

ÖZYİĞİT, Ö., Spätarchaische Funde im Museum von Ephesos und die Lage von Alt-Ephesos, in *IM* 38 (1988 [1989]) 83 ff.

DERS., On the Dating of the City Walls of Ephesos, in *E. Atalay Mem.* (1991) 137 ff.

OUTSCHAR, U., Zum Monument des C. Memmius, in *ÖJh* 60 (1990) 57 ff.

DIES., Produkte aus Ephesos in alle Welt?, in *BuM* 5 (1993) 47 ff. s. auch LANG.

PEEK, W., Epigramme aus den „IvE", ergänzende Bemerkungen und Kommentare, in *ÖJh* 57 (1986/7) 103 ff.

PERA, R., Commodo Olympios su alcune moneta della città di Efeso, in *Studi per L. Breglia* 2 (1987) 125 ff.

PETZL, G. s. U. JUNG.

PICON, C. A., The Sculptures of the Archaic Temple of Artemis at Ephesos, in *Prakt. XII. Int. Congr. Class. Arch.* 1988, 221 ff.

QUESNEL, M., L'épître aux Éphésiens, in *Le Monde de la Bible* 64 (1990) 39 ff.

REBUFFAT, F., De la Cité Grecque à la Métropole Romaine, in *Le Monde de la Bible* 64 (1990) 4 ff.

ROGERS, Guy M., *The Sacred Identity of Ephesos. Foundation Myth of a Roman City* (1991).

ROTTLÄNDER, R. C. A. Zweierlei Maßeinheiten an einem Bau? in *ÖJh* 60 (1990) 19 ff.

RUDOLF, E., Attische Sarkophage aus Ephesos = *DSchrWien* 209 (1989).

DERS., Der Sarkophag des Q. Aemilius Aristides = *DSchrWien* 230 (1992) 34 ff.

DERS., Die Columnae Cellatae des jüngeren Artemisions von Ephesos, *IM* Beih. 34 (1988).

RUNIA, D. T., Philosophical Heresiography: Evidence in two Ephesian Inscriptions, in *ZPE* 72 (1988) 241 ff.

SAFFREY, H. D., Le Culte d'Artemis, in *Le Monde de la Bible* 64 (1990) 34 ff.

SCHÄDLER, U., Die Säulenhöhe des archaischen Artemisions bei Plinius und Vitruv, in *AA* (1991) 107 ff.

SCHEERS, S., Ephèse, Remi et Meldi: emprunt ou hasard? in *Bull SocFrançNum* 47 (1992) 387 ff.

SCHERRER, Peter, Augustus, die Mission des Vedius Pollio und die Artemis Ephesia, in *ÖJh* 60 (1990) 87 ff.

DERS., Agora & Serapeion (Bericht 92), in *ÖJh* 62 (1993) Grabungen 1992, 12 f.

SCHULTE, Cl., Die Grammateis von Ephesos. Schreiberamt und Sozialstruktur in einer Provinzhauptstadt des röm. Kaiserreiches (= *Heidbg. Althist. Beitr. u. epigr. Stud.* 15) 1994.

SHERK, R. K., in: The Eponymous Officials of Greek Cities III (*ZPE* 88 [1991] 249 ff.)

SODINI, J.-P., L'église de Marie et le martyrium de Jean, in *Le Monde de la Bible* 64 (1990) 42 ff.

SOYKAL, F., Eine spätklassische Kybelestatuette aus Ephesos, in *BuM* 5 (1993) 53 ff.

STROCKA, V. M., Zeus, Marnas und Klaseas – ephesische Brunnenfiguren von 93 n. Chr., in *Festschr. Jale Inan* (1989) 77 ff.

SUPPAN, A., Der sterbende Krieger von Ephesos aus dem Pollionymphaeum. Eine Darstellung von Wundstarrkrampf aus der Antike unter Berücksichtigung kriegschirurigischer Aspekte, in *Antike Welt* 17/2 (1986) 38 ff.

THÜR, H., Das Hadrianstor in Ephesos = *FiE* XI/1 (1989).

DIES., Arsinoë IV, eine Schwester Kleopatras VII, Grabinhaberin des Oktogons von Ephesos? Ein Vorschlag, in *ÖJh* 60 (1990) 43 ff.

DIES., Heroon (Bericht 92), in *ÖJh* 62 (1993) Grabungen 1992, 27 f.

TOMPKINS, I. G., Rezension v. S. A. Harvey, Asceticism ..., in *JHS* 91 (1991) 239 ff.

TORELLI, M., Il Monumento Efesino di Memmius, in *Science dell'Antiquità* 2 (1988) 403 ff.

TRELL, B., *The Seven Wonders of the World. The Artemis of Ephesus* (1988).

TRINKL, E., Nachtrag zu Via Sacra Ephesiaca I = *BuM* 7 (1994).

VESCO, J.-L., Flâneries dans Éphèse, in *Le Monde de la Bible* 64 (1990) 17 ff.

VETTERS, H., Ephesos I and Ephesos II, in *LIMC* 3/1 (1986) 799 f.

DERS., Ephesos 1985/86, in *ÖJh* 57 (1986/7) Grabungen 7 ff.

DERS., Ephesos. Vorläufiger Grabungsbericht für die Jahre 1984 und 1985, in *AnzWien* 123 (1987) 75 ff.

DERS., Ephesos. Vorläufiger Grabungsbericht für die Jahre 1986/1987, in *AnzWien* 124 (1989) 85 ff.

DERS., Ein weiterer Schlangengott in Ephesos, in *Echo* (Festschr. J. B. Trentini 1990) 315 ff.

DERS., Das Baugesetz Zenos für Konstantinopel, in *IM* 39 (1989) 575 ff.

VETTERS, W., Ancient Quarries around Ephesus and Examples of Ancient Stone-Technologies, in *Engin. Geol. of Anc. Works, Mon. & Hist. Sites* (1990) 2067 f.

WANKEL, H., Zu den Chitonen für die ephesische Artemis: I. K. 11, 1 Nr. 2, in *EA* 9 (1987) 79 ff.

WIPLINGER, G., Restaurierungsprojekte in Ephesos, in *Echo* (Festschr. J. B. Trentini 1990) 329 ff.

WINSEMANN FALGHERA E., Un émissione di homonoia tra Ephesus e Tralles di Lucius Verus, in *AnnNum* 2 (1991) 18 ff. s. auch MARTINI

WOLINSKI, J., Le Concile d'Éphèse, in *Le Monde de la Bible* 64 (1990) 46 ff.

ZABELIHCKY, H., Ein spätantiker Bau im südlichen Hafenbereich von Ephesos, in *E. Atalay Mem.* (1991) 197 ff.

Zeittafel von Ephesos

vor Chr. Geb.

3./2. Jtsd.	An der Mündung des Flusses Kaystros bildet sich ein sicherer Ankerplatz aus, das Ur-Asyl, über dem die Göttin „Ephesia" wacht.
nach 1500	Das Land *Arzawa* mit der Hauptstadt Apaša (= Ephesos ?) entsteht.
2.H.14.Jh.	Der Hethiterkönig Muršilis II. zieht gegen den Arzawa-König Uḫḫazitis und Apaša, das er zerstört. Auf dem Burghügel von Selçuk bezeugt ein einzelnes Grab einen *mykenischen Handelsposten.*
um 1200	Im „Seevölkersturm" gehen die alten Herrschaften zugrunde.
11. Jh.	Während der Jonischen Wanderung führt der Kodride Androklos Siedler in den Kaystros-Golf, wo ein von Karern bewohnter Platz okkupiert wird, der als *Koressos* neu benannt wird.
nach 1000	Die Nachfolger des Androklos sind die *Basiliden*, kleine Fürsten, die keine Spuren hinterlassen haben. Spätestens damals wurde das Heiligtum an seinen jetzigen Platz verlegt; zur selben Zeit dürften die Prozessionen um den Panayır dağı auf genommen worden sein.
9. Jh.	Älteste Funde vom *Artemision.*
8. Jh.	Die koressischen Könige weichen den *Oligarchen*, die von *lydischen* Emigranten gestützt worden sein dürften. Unter der späteren Agora entwickelt sich ein Dorf (*Smyrna*?).
645	Die Kimmerier unter ihrem Häuptling Lygdamis drohen, das Artemison zu plündern, das jedoch offensichtlich verschont bleibt.
7. Jh.	Der Dichter Kallinos, der älteste bekannte Elegiker, wirkt in Ephesos (= Koressos).
2. H. 7. Jh.	Pythagoras, der erste *Tyrann* von Koressos, stiftet der Artemis einen Tempel.
um 600	Mit dem zweiten Tyrannen, Melas, Schwiegersohn des Lyderkönigs Alyattes, wird Koressos ein lydischer Außenposten. Beginn der lokalen *Münzprägung* (kleine Elektronstücke mit *Löwenpranke*).
um 560	Pindaros, der Sohn des Melas, ergibt sich seinem Onkel Kroisos nicht und verbindet Koressos durch ein langes *Seil* mit dem Heiligtum. Aber die Akropolis muß aufgegeben werden, und die Stadt Ephesos wird neben dem Artemision begründet; dieses wandelt sich durch die Bestiftung des Kroisos in ein *Weltwunder.*
um 550	Ein gewisser Aristarchos aus Athen führt die *Demokratie* in Ephesos ein, wo die bürgerliche Ordnung fixiert wird.
6. Jh.	Zwischen den Bergen Panayır dağı und Bülbül dağı breitet sich ein *Friedhof* von Tonsarkophagen aus.
546	Der medische General Harpagos nimmt Ephesos ein.
2. H. 6. Jh.	Neue *Tyrannen* (wie Komas und Athenagoras) werden durch die persische Okkupationsmacht eingesetzt, deren Einfluß bald auch den Tempel erreicht, wodurch das bekannte Bild der Artemis Ephesia vorgeprägt wird. Der „Hink-Dichter" Hipponax ist der erste Sarkast der Weltgeschichte.
5. Jh.	Im *Meterheiligtum* wird ein Altar für Zeus Patroos aufgestellt.
499–97	Ephesos nimmt am *Jonischen Aufstand* gegen die Perser nicht teil.
494	Infolge eines Mißverständnisses massakrieren die Ephesier schiffbrüchige *Chier*, die durch ihr Territorium ziehen.
um 480	Xerxes verschont von den griechischen Tempeln in Kleinasien nur das Artemision. Herakleitos der Dunkle, Ephesos' einziger Philosoph von Rang, stirbt. Vertreibung des Hermodoros (eines der Väter des römischen Urgesetzes).
479	Nach der Schlacht von Plataiai werden des Xerxes Söhne von der Karerkönigin Artemisia in Ephesos betreut.
467	Der des Verrats bezichtigte Themistokles flieht von Athen nach Ephesos, um den Perserkönig Artaxerxes zu kontaktieren.

466 Als Konsequenz der Erfolge des Kimon wird auch Ephesos vom persischen „Joch" befreit und muß dem *Attischen Seebund* beitreten.

um 425 Der spartanische Admiral Alkidas ankert in Ephesos, das zu einer diplomatischen Börse wird.

413 Der athenische Deserteur Alkibiades stachelt in Ephesos den persischen Satrapen Tissaphernes gegen Athen auf.

411 Tissaphernes richtet der Artemis ein offizielles Opfer aus.

409 Die Athener unter Thrasyllos und Pasion attackieren Ephesos vom Meer aus und werden von den Ephesiern unter Timarchos und Possikrates besiegt.

407 Der spartanische Admiral Lysandros erwählt Ephesos als sein Hauptquartier und läßt dessen Hafen ausbauen, was durch gewaltige Subventionen durch den Satrapen Kyros ermöglicht wird. Einrichtung von oligarchischen Dekarchen unter Führung eines *Harmostes* (Ordners).

406 Kallikrates als neuer Admiral scheitert an der Lobby des Lysandros, der wiederkehrt.

405 Eine ephesische Flotte unter Kimmerios hat in den Dardanellen Teil am endgültigen Sieg gegen Athen.

404 Ephesos ist Mitglied einer Allianz von mehreren Küstenstädten, die in einer Bundesprägung entgegentritt, die den Lysandros als Halbgott feiert.

gegen 400 Gründung des *„Felsspalttempels"* auf dem Koressos-Kap (zu Ehren Apollos?). Beginn der langen Tetradrachmenserie.

400 Das *Heer der Zehntausend* bricht von Ephesos aus auf und wird schließlich von Xenophon dem Harmosten Thibron übergeben.

399/8 Dessen Nachfolger Derkylidas erficht zahlreiche Siege gegen die Perser in Kleinasien.

396/5 Der spartanische König Agesilaos macht Ephesos zu seiner Operationsbasis und veranstaltet hier ein großes *Militär-Spektakel.*

394 Xenophon *deponiert* sein Geld im Artemision. Nach dem Sieg des Konon bei Knidos werden die Harmosten vom Satrapen Pharnabazos vertrieben, der in Ephesos landet.

389/8 Rückkehr des Thibron.

387/6 Sparta delegiert Ant(i)alkidas und Gorgopas (beides Namen, die auf ephesischen Münzen auftreten). Durch den Friedensplan des Artaxerxes II. wird Ephesos wieder persisch und erhält neue *Tyrannen.*

2. ⅓ 4. Jh. Ein gewisser Revolutionär namens Herophytos befreit die Stadt von diesen.

356 Der (diensthabende Priester?) Herostratos wird für den Brand des Artemistempels verantwortlich gemacht, dessen Ruine Aristoteles besichtigt. Für die Restaurierung wird eine *Zwangkollekte* durchgeführt, so daß bald ein neues Weltwunder entsteht (unter Mithilfe von Praxiteles und Apelles).

Mitte 4. Jh. Der ephesische Plato-Jünger Delios (oder Dias) fordert den Makedonenkönig zur Befreiung Kleinasiens auf.

336 Memnon, der Söldnergeneral des Darius II., wird von den antimakedonischen Lobbyisten (darunter einem Amyntas), die die Statue des Philippos im Artemision umstürzen, nach Ephesos gerufen.

335/4 Der Satrap Autophradates erobert Epphesos und richtet eine neue Tyrannis mit Syrphax und Pelagon ein, die bald gesteinigt werden.

334 Alexander der Grosse in Ephesos: Sein Heer paradiert vor der Artemis, aber die Ephesier lehnen sein Hilfsangebot beim Tempelwiederaufbau diplomatisch ab. Installierung eines makedonischen Gouverneurs, welches Amt bald verwildert.

323 Ein gewisser Hegesias, letzter Tyrann von Ephesos, wird von 3 Ephesiern ermordet.

Ende 4. Jh. Im Heiligtum der *Meter Oreie* („Mutter vom Berg") werden zahlreiche Votivreliefs angebracht.

319 Der Diadoch ANTIGONOS nimmt Ephesos ein und erbeutet ein rhodisches Schiff mit 15.5 t Silber.

302 PREPELAOS, General des Königs LYSIMMACHOS, nimmt nach Eroberung der Stadt *Verfassungsänderungen* vor und zerstört die ephesische Flotte.

301 DEMETRIOS POLIORKETES, Sohn des Antigonos, gewinnt Ephesos zurück, wo ihm ein *Gratulationsopfer* dargebracht wird. Einsetzung des *Festungskommandanten* DIODOROS.

294 Dieser verkauft die Stadt um 1.3 t Silber an Lysimachos.

289/8 Erste Nennung der lysimachischen Neugründung *Arsinoeia* (nach Arsinoë, der Frau des Lysimachos) zwischen Panayır dağı und Bülbül dağı; außer dem Mauerring (schon 294 begonnen?) werden Agora, vielleicht auch Stadion und Theater(?) begründet. Bronzemünzen mit dem Kopf der Arsinoë werden geprägt.

287 Demetrios holt sich Ephesos mittels einer *Kriegslist* zurück und setzt seinen General AINETOS ein, gestützt auf Seeräuber wie einen (M)ANDRON, der es aber an LYKOS, General des Lysimachos, verrät.

284 Der Gouverneur von Ephesos-Arsinoeia, AGATHOKLES, Sohn des Lysimachos, wird von diesem zum Tode verurteilt.

281 Lysimachos fällt in der Schlacht auf dem Kouropedion. Die Ephesier bewillkommnen den Sieger SELEUKOS NIKATOR, Arsinoeia wird verlassen, und Arsinoë flieht. Ephesos wird Seleukos' Sohn ANTIOCHOS SOTER unterstellt.

279 *Kelten* (Galater) unter BRENNOS dringen angeblich bis Ephesos vor, wo (die Priesterin?) DEMODIKE das Artemision mittels einer *Schmuck-Kollekte* gerettet haben dürfte.

um 260 PTOLEMAIOS PHILADELPHOS nimmt Ephesos und setzt seinen Adoptivsohn PTOLEMAIOS als Kommandanten ein, der nach einer verlorenen Seeschlacht mit seiner Frau EIRENE im Artemision erschlagen wird. ANTIOCHOS THEOS ist neuer Herr in Ephesos, wo er mit seiner Frau LAODIKE residiert, die gegen den Kommandanten SOPHRON intrigiert.

246 Antiochos stirbt angeblich an Gift und könnte im Mausoleum von *Belevi* bestattet worden sein. Sein Sohn SELEUKOS KALLINIKOS verliert das Reich an PTOLEMAIOS EUERGETES.

197 Der mächtige Seleukide ANTIOCHOS III. beendet die lange ptolemäische Herrschaft und schlägt sein Hauptquartier in Ephesos auf.

195–190 HANNIBAL flieht zu Antiochos nach Ephesos.

193 Die ersten *Römer*, unter ihnen P. Corn. SCIPIO Africanus, besuchen Ephesos.

191 Der Gouverneur des Antiochos, POLYXENIDAS, erleidet zur See eine Schlappe, wonach der römische Admiral C. LIVIUS den ephesischen Hafen blockiert. Der Makedone ANDRONIKOS blamiert die Römer am Koressos. Von einer Auffüllung des Hafens rät der pergamenische König EUMENES den Römern ab.

188/7 Nach dem Abzug des Antiochos überwintert Scipio ASIAGENUS in Ephesos, das als Militärbezirk an das Reich von Pergamon angegliedert wird. Einführung des Reichskurants der *Kistophoren.*

Mitte 2. Jh. ATTALOS II. läßt im Hafen einen *Damm* gegen den Kaystros aufschütten. Die Pergamener beanspruchen die Einnahmen aus den *Selinusischen Seen.*

133 Das *Testament* des ATTALOS III. vermacht das Pergamenerreich den Römern, wogegen sich Aristonikos erhebt. Einrichtung der *Provinz Asia* (unter einem Praetor) und Beginn einer eigenen Ära. Übergriffe der Steuerpächter.

126 Vervollständigung der Einrichtung der Provinz; die *Meilensteine* werden von Ephesos aus gezählt.

121/20 Ephesos emittiert eine Goldserie, z.T. unter dem Praetor C. ATINIUS.

gegen 100 Der ephesische Geograph ARTEMIDOROS führt wegen der selinusischen Einkünfte eine erfolgreiche Delegation nach Rom. In Ephesos wirkt der Traumdeuter ARTEMIDOROS.

um 100 In die Theaterfront wird ein kleines *Brunnenhaus* eingebaut. In der späteren Oberstadt werden zwei Hallen, und an der alten Prozessionstraße (d. i. im *Embolos*) werden Grabbauten (wie das „*Androkloneion*") errichtet.

97 Beginn der *Agonotheten*-Listen.

89/8 Die Ephesier bewillkommnen den pontischen König Mithridates Eupator als Befreier und werfen römische Bildnisse um. Schließlich nehmen sie auch an dem antirömischen Pogrom („*Ephesische Vesper*") teil. Mithridates erweitert den Heiligen Bezirk.

86 Ephesos versucht seine Schuld gutzumachen und ermordet Zenobios, den General des Mithridates.

84 L. Corn. Sulla hält in Ephesos *Strafgericht* über die Schuldigen von 88 und verfügt *Reparationskosten.*

74 Erster Besuch des M. Tull. Cicero in Ephesos, das er als römisches Versorgungs-Hauptquartier sieht.

73 Der berühmte L. Lic. Lucullus als Statthalter in Ephesos.

um 66 Der Marktaufseher Timon läßt auf der *Agora* Bauten errichten.

63–61 Nach Vernichtung der Piraten ist Cn. Pompeius Magnus Herr des Ostens.

57 Übergriff des Praetors M. Aur. Scaurus gegen das Artemision, das ein Perikles verteidigt. Asia wird eine *proconsularische* Provinz.

54 T. Pompon. Atticus schreibt von Ephesos aus an Cicero.

51 Auf dem Weg in seine Provinz Cilicia zieht Cicero pompös in Ephesos ein, wo er berühmte Römer antrifft.

nach 50 Errichtung des *Rundbaus* am unteren Embolos.

49 Q. Caec. Metellus versucht, die Depositen im Artemision zu beschlagnahmen.

48 C. Iul. Caesar geht in Ephesos an Land und verhindert eine Beraubung der Artemis durch den ehemaligen Proconsul T. Amp. Balbus. Neuregelung des Steuersystems.

47/6 Dem Proconsul P. Servil. Vatia Isauricus wird in Ephesos ein *Heroenkult* eingerichtet.

44 Die Caesarmörder M. Iun. Brutus und C. Cassius Longinus finden Aufnahme in Ephesos.

43/2 Ephesische Münzen mit den Köpfen der *Triumviren* M. Antonius, Octavianus und M. Aemil. Lepidus.

41 M. Antonius zieht als Neuer Dionysos mit großem Pomp in Ephesos ein, opfert der Artemis, aber läßt die Anhänger der Caesarmörder aus dem Asyl des Artemisions herauszerren. Erweiterung des Heiligen Bezirks um das doppelte. Kleopatras Anwesenheit ergibt sich aus der Kabale um ihre Schwester Arsinoë IV., die im *Oktogon* bestattet sein dürfte. Möglicherweise Baubeginn am „Staatsmarkt".

34 Antonius schickt Kleopatra ephesische Kunstwerke, darunter eine Apollostatue des Myron.

vor 31 Der Consul Cn. Domitius Ahenobarbus wird geehrt.

30/29 Der Sieger des Bürgerkriegs, Octavianus hält sich mehrere Monate in Ephesos auf und organisiert den Osten neu. Errichtung des „Staatsaltares" (für Dea Roma und Divus Iulius?) am „Staatsmarkt".

29 Strabon reist durch Ephesos.

vor 6/5 Im Artemision wird ein *Sebasteon* errichtet.

4/3 Die beiden Freigelassenen Mazeus und Mithridates erbauen das *Südtor* der Agora zu Ehren des Kaiserhauses des Augustus und des Demos von Ephesos.

nach Chr. Geb.

um 0	Dem Consular C. MEMMIUS wird am oberen Embolos ein Grabbau errichtet.
nach 0	In der Oberstadt wird das *Prytaneion* (als Stadttempel der Artemis) errichtet, und das Kollegium der Kureten übersiedelt hierher. Ausbau des „*Staatsmarktes*" in der Oberstadt im Sinne eines Forums? Damit kann das *neue Ephesos* zwischen Panayır und Bülbül dağı entstehen.
4–14	Anlage des Marnas-*Aquäduktes* durch C. Sext. POLLIO. Der Ausbau des Tonrohr-*Wasserleitungsnetzes* verrät das stürmische Wachstum der Stadt.
11–13	Errichtung der großen *Basilica* am Staatsmarkt durch die Familie des Pollio für Artemis, das Kaiserhaus und den Demos.
14?	Pollio erhält von der Stadt ein *Grabmal* neben der Basilica.
(14–37)	Eine ephesische Delegation versucht vergeblich, den Senat in Rom dazu zu überreden, der Einrichtung eines Kultes für Kaiser Tiberius zuzustimmen.
1. H. 1. Jh.	Errichtung des westlichen *Hafentores.*
23–47	Mehrere *Erdbeben* erschüttern die Stadt und verursachen Zerstörungen; Wiederaufbau z.T. mit kaiserlicher Hilfe.
49	Beginn der ephesischen *Schmeichelprägungen* an die kaiserliche Adresse.
52	PAULUS kommt am Ende seiner 2. Reise mit AQUILA und PRISCILLA nach Ephesos. Nach seiner Abreise(?) erscheint der Prediger APOLLOS.
53–55	Rückkehr des PAULUS, der ein christliches Zentrum in der „Schule" eines TYRANNOS einrichtet. Der Silberschmied DEMETRIOS zettelt einen Aufruhr gegen Paulus an. LOUKAS (Evang.) in Ephesos.
54–59	Errichtung der oberen *Oststoa* der Agora für Artemis, Kaiser und Demos.
(54-68)	C. Stert. ORPEX renoviert das *Stadion.*
60	ONESIPHOROS und MARCUS (Evang.) besuchen Paulus im Gefängnis in Rom.
62	Fixierung des *Zollgesetzes* für die Provinz Asia. Der Proconsul Q.? Marc. SORANUS läßt die Hafenzufahrt ausbaggern.
65	Nach L. Ann. SENECA geht Ephesos von Häusern über.
65/6	Der Titel *Neokoros* erscheint zum ersten Mal auf den ephesischen Münzen.
(69–79)	Kaiser Vespasianus gestattet den Ephesiern die Einrichtung des Wettkampffestes der *Barbilleia.*
79/80	M. ULPIUS, Vater des Kaisers Trajan, als Proconsul in Ephesos.
80/1	Der Proconsul C. Laec. BASSUS stiftet ein „*Wasserschloß*" am „Staatsmarkt".
82	Errichtung des ersten *Kaisertempels* zu Ehren des Domitian.
87–92	Bautätigkeit im *Theater.*
ab 88	Wirken des Tib. Cl. ARISTION.
92/3	Der große Komplex der *Hafenthermen*, z.T. finanziert durch C. Cl. VERULANUS, wird unter dem Proconsul P. Calv. RUSO weitgehend fertig.
93	Neben dem Polliograb wird ein *Nymphaion* errichtet. Zwei vereinigte Wasserleitungen werden zur „Fontäne" am „Staatsmarkt" geführt.
93/4	Die Prytanin TROPHIME dichtet zwei Verse auf den Peion (Panayır dağı).
ca. 94/5	Neupflasterung der „Kuretenstraße".
vor 96	Bau der *Palästra* der Hafenthermen unter Aristion. Errichtung eines *Brunnens* neben dem Memmiusgrab, Erweiterung des Westtores der Agora und Erbauung des *Paidiskeions.* TIMOTHEOS, der erste *Bischof* von Ephesos, erleidet sein Martyrium auf der „Kuretenstraße".
18. 9. 96	APOLLONIOS v. Tyana sieht in einer *Vision* auf einem Felsen bei/in Ephesos (Peion?) die Ermordung des Domitian. Dessen Tempel wird geschlossen, doch eine Delegation nach Rom erreicht die Umwidmung auf Vespasian. JOHANNES, der Autor der *Apokalypse*, kehrt aus seinem Exil in Patmos nach Ephesos zurück, von wo aus er die Kirchen der Umgebung betreut. Der Sektierer KERINTHOS agiert in Ephesos.

um 100	Aristion wird vor Kaiser Trajan nach Centumcellae zitiert. Tod des Johannes: Grab auf dem Burgberg?
1. H. 2. Jh.	Erbauung des „*Serapeions*".
102	Aristion und seine Frau LATERANE stiften das *Nymphaeum Traiani* sowie neue Wasserleitungen.
104	C. Vib. SALUTARIS stiftet ein Vermögen für die Artemis-Prozessionen.
107	Bischof ONESIMOS und Diakon BOURROS bei Ignatios.
um 110	PLINIUS d. J. reist über Ephesos nach Bithynia.
113/4	Besuch des Trajan in Ephesos.
113–18	Bau des *Hadrianstores.*
114/5	Stiftung des *Propylons* neben dem Nymphaeum Traiani.
117–9/24	Errichtung des „*Hadriantempels*" für Artemis, Hadrian und Demos durch P. Quint. Valens VARIUS.
vor 123	Fertigstellung der *Bibliothek* als Grabmonument für Tib. Iul. CELSUS Polemaeanus durch seinen Sohn Tib. Iul. AQUILA.
ab 124	Zunehmende Tätigkeit der Stifterfamilie der VEDII.
29. 8. 124	Kaiser HADRIAN's 1. Besuch in Ephesos.
129	Kaiser HADRIAN's 2. Besuch in Ephesos zusammen mit ANTINOOS.
130	Baubegin des Olympieion, des hadrianischen Kaisertempels.
132/3	Erste Nennung der 2. ephesischen *Neokorie.*
135/6	ANTONINUS PIUS als Proconsul in Ephesos.
vor 138	Wirken des Sophisten T. Cl. Flavianus DIONYSIOS, der neben der Agora bestattet wird.
um 140	M. Cl. P. Vedius Anton. PHAEDRUS finanziert das *Bouleuterion.*
140/44	Kaiser Antoninus Pius richtet ein Mahnschreiben an die Ephesier wegen ihrer Titelsucht.
146/7	M. Cl. P. Ved. Ant. PHAEDRUS stiftet das *Vediusgymnasium.* Der Proconsul L. Ant. BALBUS verbietet die mißbräuchliche Nutzung der Hafen-Kais.
Mitte 2. Jh.	Errichtung des *Gymnasiums* hinter der Basilica am „Staatsmarkt". Besuch des Sophisten Ail. ARISTEIDES im Vediusgymnasium.
2. H. 2. Jh.	Der Dionysospriester C. Fl. Furius APTUS richtet sich einen „*Palast*" am Embolos ein.
um 160	Errichtung eines Altares mit *Waffenreliefs* vor dem Domitianstempel.
ab 161	Bau des *Ostgymnasiums.*
162	Ved. CAIUS empfängt Kaiser L. VERUS.
162/3	M. Aurel und Verus lehnen das Einschmelzen alter Bildnisse im Theater ab.
162/4	Proconsularisches Edikt, wonach während des Monats *Artemision* Feiertagsruhe herrschen soll.
163	Verus holt seine Frau LUCILLA in Ephesos ab.
166/7	Die heimkehrenden Truppen des Verus warten in Ephesos auf ihre Einschiffung und schleppen die Pest ein. Beginn des Mäzenatentum des Sophisten T. Fl. DAMIANUS.
ab 167	Errichtung des *Parthermonumentes.*
170	Errichtung der *Palästra* des Ostgymnasiums durch die Frau des Damian, die Prytanin Ved. PHAEDRINA.
(180–92)	Der Platz zwischen Bibliothek und *Audeitorion* wird neu gepflastert. Neubelebung des Festes der *Artemis Soteira.*
vor 185	Ein zum Tode verurteilter ALEXANDER wird falscher Märtyrer.
Ende 2. Jh.	Damianus läßt eine z.T. *gedeckte Verbindungsstraße* zwischen Tempel und Magnesischem Tor errichten.
(189–99)	Der ephesische Bischof POLYKRATES schreibt an seinen römischen Kollegen bezüglich des *Osterfestdatums.*

200	Der Ephesier Tib. Cl. SEVERUS wird *Consul.*
nach 200	Errichtung des *Theatergymnasiums.*
204	Grabbau der Cl. Ant. TATIANE.
205	Reparatur des *Sonnensegels* im Theater.
208	Ein ephesischer Anwalt wird um einen neuen Kaiserkult zu S. SEVERUS nach Rom gesandt.
210/11	Einrichtung der 3. *Neokorie* für die Kaiser CARACALLA und GETA.
211/2	Umbau der *Agora-Hallen.*
ab 212/3	Einrichtung der letzten ephesischen Phyle.
213	Neufassung des *Neokorientitels.*
213–17	Der Anwalt folgt Caracalla nach Gallia, dann über den Balkan und Kleinasien bis Parthia.
217/8	Schließlich scheint er von Kaiser MACRINUS die *Zustimmung* zu einer neuen Neokorie erhalten zu haben.
219	Der Kaiser ELAGABALUS könnte über Ephesos nach Rom gereist sein. Einrichtung der 4. Neokorie.
um 220	Goldene Statuen des Eros werden im *Macellum* auf der Agora aufgestellt.
(222–35)	Erbauung des 2. *Hafentores.*
235	Mit der damnatio memoriae des Kaisers S. ALEXANDER geht die 4. Neokorie verloren.
238–44	Unter Kaiser GORDIANUS III. erreicht die Homonoia-Münzprägung einen Höhepunkt. Reparaturen und Zubauten im Theater.
(244–49)	Auf den Münzen wird das alte ephesische Recht der *„Primären Anladung"* gefeiert.
vor 250?	Erbauung des nördlichen Hafentores.
vor 259	Wiedereinführung der 4. *Neokorie* unter den Kaisern VALERIANUS und GALLIENUS.
262	Ein schweres *Erdbeben* trifft Ephesos: auch das *Artemision* wird zerstört, was eine plündernde *Gotenbande* anlockt. Ende der Münzprägung und der Neokorien.
nach 262	Allgemeiner Wiederaufbau setzt ein.
275/6	Das numen des Kaisers TACITUS wird gefeiert.
Ende 3. Jh.	Die Embolos-Straße ist wieder *„schönster Boulevard".*
um 300	Der „Hadriantempel" wird neu errichtet als Hintergrund für *Tetrarchen-Basen.* Der Proconsul L. ARTORTIUS wird als großer Stifter geehrt.
325	CONSTANTINUS d. Gr. läßt eine *„Stele der Artemis"* im Hippodrom von Konstantinopolis aufstellen.
vor 350	Der Proconsul L. Cael. MONTIUS finanziert in den Hafenthermen das *Atrium Thermarum* u. a.
351/2	Der Prinz Fl. Cl. IULIANUS wird in Ephesos vom Theurgen MAXIMOS in die chaldäischen Mysterien eingeführt.
359–66	Eine Serie schwerer *Erdbeben* richtet neue Verheerungen an.
362	Maximos macht in Illyria eine glänzende Karriere bei Kaiser Iulian.
370/1	In einem Schreiben des Kaisers Valens an den Proconsul EUTROPIUS wird am Muster Ephesos das *Wiederaufbauprogramm* vorgelegt.
372	Maximos wird von Valens zum Tode verurteilt.
381	Der ephesische Erzbischof wird *Patriarch.*
gegen 400	Verstärkter *Wiederaufbau* setzt ein: Der Proconsul MESSALINUS wird als Gründer vor Androklos gereiht. Die reiche Christin SCHOLASTIKIA läßt das Varius-Bad wiederherstellen. Ein anonymer *Alytarches* stiftet den *Mosaikboden* in einer der Hallen des Embolos.

ab 391 Durch das Edikt des Kaisers THEODOSIUS wird das Christentum Staatsreligion, und die Christen beginnen, heidnische Gebäude zu zerstören: in Ephesos das *Olympieion*, den Tempel auf dem „Staatsmarkt", der als *Theodosius-Forum* neu gestaltet wird, und den Domitianstempel. Im Prytaneion werden die Artemis-Statuen vor den *Bilderstürmern* vergraben. Ein gewisser DEMEAS ersetzt eine Artemis-Statue durch das *Kreuz*. Im „Serapeion" und im Ostgymnasium werden *Kirchen* eingebaut.

um 392 St. Hieroynmos kommentiert die „Brüste" der Artemis.

um 400 Der christliche(?) Proconsul STEPHANOS, der das ephesische *Ptelea* z. B. mit den *Partherplatten* schmückt, ist noch Anhänger des *Bakchos*. Die Hafenstraße wird als *Arkadiane* neu adaptiert. Die „Kuretenstraße" im Embolos wird durch Einbau eines schmalen Herakliden-Tores für den Schwerverkehr gesperrt.

(408–50) Unter Kaiser THEODOSIUS II. wird die Legende der *Siebenschläfer* ausgebildet.

431 Das 3. *ökumenische Konzil* findet in Ephesos unter Mitwirkung des hiesigen Patriarchen MEMNON statt: Maria wird als „Theotokos" dogmatisiert.

441 Die Ephesier setzen sich beim Proconsul PHLEGETOS für ihre alte Rivalin Smyrna ein.

449 Eine weitere Synode tagt in Ephesos und wird wegen der üblen Vorkommnisse *„Latrocinium"* genannt.

451 Der orthodoxe JOHANNES wird unter dem neuen Titel eines *Exarchen* Erzbischof von Ephesos.

467/8 Weitere Erdbeben.

gegen 500 Erweiterung des *Siebenschläfer-Bezirkes.*

um 511? Nach der vermutlichen Aufgabe der alten Metropolitankirche wird die *Johanneskirche* auf dem Burgberg errichtet. Gleichzeitig dürften in der Südhalle des Olympieionbezirkes (die Tempelfundamente wurden damals abgetragen) die *Marienkirche* als neue „Kathedrale" und daneben der *Bischofspalast* begründet worden sein. Gegenüber wird der *Statthalter-Palast*(?) angelegt. Anlage der verkleinerten *Stadtmauer. Nächtliche Beleuchtung* der Arkadiane, wo der Stifter PHRONTINOS vier Säulen der Evangelisten aufstellen läßt.

um 530 Im Pilgerführer des Theodosius wird das Siebenschläfer-Heiligtum bezeugt.

vor 555 Der Erzbischof JOHANNES III. verlegt Teile der Verwaltung in die Johanneskirche.

557 Neues *Erdbeben*: Zerstörung der Kirche im Ostgymnasium(?) und der Johanneskirche, die monumental neu aufgeführt wird. Beginn der Befestigung des Burgberges? 2 Edikte des Kaisers JUSTINIANUS I. ermahnen die Ephesier zu Harmonie. Der Erzbischof HYPATIOS verfaßt zwei *Hirtenbriefe* bezüglich des Verhältnisses der ephesischen Kirchen zueinander.

2. H. 6. Jh. Errichtung einer kleinen *Kirche* in der Nord-Galerie des Stadions.

um 600 Im Siebenschläfer-Bezirk wird von Fl. ABRADAS und LEON ein Kuppel-*Mausoleum* errichtet.

(610–41) Ephesos wird Hauptstadt von *Thrakesion*, dem neuen Militärbezirk.

654/5 1. Angriff der Araber unter Mu'āwija, danach Aufgabe des Bischofspalastes und *Übersiedlung* des Bischofssitzes in die Johanneskirche.

7./8. Jh.? Neubau der Marienkirche als *Kuppel-* und *Pfeilerkirche.*

Index der Begriffe und Eigennamen

Legenden zu den Abbildungen

1 Blick vom Panayır dağı über die Ebene, die in vorgeschichtlicher Zeit ein **Meeresgolf** war. Das Schilfgras im linken Vordergrund zeigt den späteren Hafen an; in der Mitte verläuft die moderne Straße nach Selçuk (rechts); links die ehemalige Insel *Syrie.*

2 **Kap Koressos**, ein Promontorium, das einst ins Meer ragte, gesehen vom ehemaligen Golf aus, der heute eine fruchtbare Ebene ist. Das Kap erstreckt sich vom Panayır dağı (links) aus. Im Hintergrund der Bülbül dağı („Nachtigallenberg").

3 **Mykenische Gefäße** (*Rhyton* und *Krater*) von einem Grab hinter dem sog. „Tor der Verfolgung" auf dem Selçuker Burgberg, 14. Jh. v. Chr. (Museum Selçuk)

4 Die Ostseite des Panayır dağı mit ihren Schründen und Kliffs (**Tracheia**), von denen einige wirklich unheimliche Abgründe sind.

5 Ansicht der tiefen Ausgrabung unter der Westseite der **Agora** im Jahr 1990. Zwischen den untersten Strukturen befindet sich ein Ovalhaus (ähnlich jenen von Alt-Smyrna?). Die hiesige Siedlung wird mit dem ephesischen *Smyrna* identifiziert, es könnte aber ebensogut auch *Ptelea* in Frage kommen, zu dem die nahe Bibliothek gehört haben dürfte (s. S. 130).

6 Teil des berühmten Artemision-Hortes – eine Auswahl der kleinen **Elektron** (Gold-Silber)-„Münzen" mit einer *Löwenpranke* auf der Vorderseite und einer scharfen Punze auf der Rückseite. Anstelle der ephesischen Biene scheint die Löwenpranke das Emblem der (lydischen) Herren von Koressos gewesen zu sein. (Archäologisches Museum Istanbul).

7 Schwach goldene Elektron-Münze mit der von oben gesehenen **Biene**, offenbar die erste echte ephesische Münzserie (möglicherweise unter Kroisos emittiert) (KHM Wien).

8 Die älteste Struktur des heiligen **Schreins der Artemis** (während der Kampagne 1990).

9 Kleine **Elfenbein-Statuette** aus dem Artemision-Hort, anscheinend einen Eunuchen-Priester(?) darstellend, gewöhnlich als „Megabyzos" bezeichnet; frühes 6. Jh. v. Chr. (British Museum)

10 Die vielen „Brüste" der ephesischen **Artemis** – ein immer noch ungelöstes Phänomen, dessen Interpretation von *Eiern* und *Datteln* bis zu *Stierhoden* und jüngst *vergrößerten Bernsteintropfen* reicht. Möglicherweise handelte es sich um keines davon, sondern eine spezifische Behängung, wie solche auch von den Kultstatuen anderer Götter bekannt sind: etwa irgendeine Form von (Fruchtbarkeits?)-Zauber, der bald mißverstanden wurde. (Museum Selçuk)

11 Grabstein des 6. Jh. s v. Chr. mit der Inschrift *„Ich bin das Mal des Preychos, Sohnes des ...",* vom unteren Embolos. (Inschriftengalerie unter dem Domitianstempel)

12 Fragmente einer Inschrift, die **Kroisos** als Stifter an Artemis erweisen. (British Museum)

13 Basis einer Säule vom älteren **Artemision** mit Hochrelief, das archaische Figuren wie im Umlauf zeigt. (British Museum)

14 Fundamente von Industriebauten, die zu Lysanders **Kriegshafen** von 407 v. Chr. gehören? Ihre Orientierung ist die selbe wie die von älteren Gebäuden darunter (s. 5), was zeigt, daß das geometrische Stadtplan-System, das später für die lysimachische Stadt angewendet wurde, auf frühe Landvermessung zurückgeht (offenbar durch Tempelbeamte ausgeführt, da die Achse ungefähr mit jener des Tempels zusammenfällt).

15 Der **Felsspalttempel** an der Kapspitze des Koressos, mit aus dem Felsen gehauenen Fundamenten; die Cella wird von einem tiefen natürlichen Spalt gequert, der für Orakel genutzt worden sein dürfte (die wieder auf Apollo weisen, dem von den Joniern ein Heiligtum über dem Hafen errichtet wurde). Um 400 v. Chr.

16 Ephesische **Tridrachme** von 405/4 v. Chr., geprägt zugleich mit anderen Städten, um die Überwindung Athens durch den Herakliden Lysandros zu feiern. Auf der Vorderseite erwürgt das Herakleskind Schlangen, die Athen meinen; auf der Rückseite das Stadtwappen.

17 Ephesische **Tetradrachme** des 4. Jh. s v. Chr. Auf der Vorderseite die klassische Biene, auf der Rückseite Hirschvorderteil vor Palme, davor der Name des emittierenden „Beamten": GORGOPAS, der mit dem spartanischen *Harmosten* von 387/6 v. Chr. identisch sein könnte.

18 Die traurigen Reste des einstigen 7. **Weltwunders**. Eine der Säulen wurde 1974 wieder aufzurichten versucht, aber die obersten Trommeln konnten – anders als in der Antike – trotz der modernen Technik nicht mehr aufgesetzt werden.

19 Skulpierte Basis einer Säule des jüngeren **Artemisions**. Das fast vollplastische Relief zeigt Hermes, Alkestis und Thanatos (Tod), die zusammen mit anderen Fragmenten (Hades) wohl auf eine Unterweltsszene deuten. (British Museum)

20 Bronzemünze für Hadrian, auf der Rückseite die Front des **Artemistempels** mit reduzierter Säulenanzahl; die übrigen Details jedoch dürften exakt sein, da die Münzstätte vermutlich im Heiligtum lag: So sind die skulpierten Säulenbasen (19) deutlich erkennbar, obwohl auch die oberen Enden der Säulen reliefiert zu sein scheinen.

21 Der Kultbezirk der **Meter** an der Nordost-Seite des Panayır dağı, mit in den Felsen gehauenen Reliefnischen (s. 22).

22 Relief vom **Meterheiligtum** (21), das die Göttin Kybele-Meter mit ihren Löwen (vgl. 63) in Begleitung eines alten Gottes (Zeus Patroos) und eines jungen *Parhedros* (Attis-Kadmillos) zeigt; 4. Jh. v. Chr. (Museum Selçuk)

23 Porträt des Königs **LYSIMACHOS**, mit dem pathetisch-heroischen Ausdruck eines hellenistischen halbgöttlichen Potentaten. Gefunden im unteren Embolos, was auf ein Grab oder ein Memorial für den angeblich unbeliebten König an der Heiligen Straße deuten könnte(?). (Selçuk Museum)

24 Das westlichste Fort der lysimachischen **Stadtmauer** auf dem Astyages-Hügel, das die Einfahrt in den Golf überblickt, später als „Paulus-Gefängnis" bezeichnet.

25 Das östliche **Stadttor**, wo die Landstraße von Magnesia am Mäander einmündete.

26 Das Halbrund des **Theaters**, das in den Westhang des Panayır dağı gebaut ist. Nach einer modernen Kalkulation hatte es eine Kapazität von bis zu 30.000 Zuschauern.

27 Bronzemünze für die Frau des Lysimachos, **ARSINOË**, mit ihrem verschleierten Kopf; auf der Rückseite der knieende Hirsch und der abgekürzte Stadtname *Arsi*[noeia].

28 Silbermünze mit Büste der **Jägerin Artemis**; auf der Rückseite Bogen und Köcher, mit dem Namen des ECHEANAX, der auch Prägungen desselben Typs für Arsinoeia signierte.

29 Die Hinterseite des **Stadions**, das in das lysimachische Verteidigungssystem einbezogen wurde.

30 **Keltische** Tetradrachme aus Ephesos. Die Vorderseite zeigt einen Reiter (dem makedonischen König Philipp II. nachempfunden) im typischen abstrakten Stil. Die Münze ist subärat, d. h. sie besteht aus silberplattierter Bronze.

31 **Kistophore** von Ephesos aus der Zeit, als dieses noch zum Reich von Pergamon gehörte. Die Vorderseite dieser imperialen Münzprägung zeigt stets einen Schlangenkorb, die Rückseite einen Köcher, von Schlangen umwunden; zum ersten Mal ist hier die Kultstatue der Artemis dargestellt (wenn auch nur als Beizeichen).

32 Kistophore (vor 133 v. Chr.) mit dem Beizeichen der **Artemis Jägerin**, die den Hirsch bezwingt, ein Motiv, das auf den ephesischen Münzen erst in der römischen Zeit (ab Hadrian) populär wurde.

33 **Kistophore** vom Jahr 45 (*ME* = 88 v. Chr.) der Ära von Asia mit Äskulapstab, dem pergamenischen Staatsgott; rechts Fackel.

34 Ephesische **Goldmünze** vom späten 2. Jh. v. Chr. (um 121), auf der Vorderseite Büste der Jägerin Artemis (vgl. 28), auf der Rückseite die Kultstatue.

35 **Kistophore** vom Jahr 13 (*IΓ* = 121/20 v. Chr.), emittiert unter dem römischen Praetor C. Atinius, der auch eine Ausgabe der Goldserie (s. 34) signierte.

36 **Kistophore** vom Jahre 77 (*OZ* = 58/7 v. Chr.), emittiert unter dem Proconsul T. Ampius Balbus, der 10 Jahre später versuchte, die Göttin zu berauben. Der Köcher auf der Rückseite ist durch ein Dreibein ersetzt, auf dem eine Staute des Apollo steht. Der Name Dionysios präsentiert den lokalen Münzbeamten.

37 Bronzemünze vom Jahr 43 v. Chr. mit den Köpfen der **Triumvirn**; auf der Rückseite Kultstatue und die Namen des emittierenden Erzpriesters Glaukon und des leitenden Beamten Euthykrates.

38 **Bronzemünze** der augusteischen Zeit, die auf der Vorderseite das Porträt des Kaisers zusammen mit dem seiner Frau Livia zeigt; auf der Rückseite der Hirsch mit den Namen des emittierenden leitenden Beamten Memnon und eines zweiten Beamten Zopyrion.

39 Hastig erbaute **Verteidigungsmauer** auf der Südschulter der Akropolis. Die archäologische Evidenz weist auf einen Zusammenhang mit dem ersten römischen Angriff i. J. 191 v. Chr. Im Vordergrund die Reste eines spätrömischen Peristylhauses.

40 **Brunnenhaus**, das in die Frontfassade des Theaters um 100 v. Chr. eingebaut wurde.

41 Sogenannte **Pollio-Gruppe** (s. 58), die gemäß der Rekonstruktion durch B. Andreae eine statuarische Giebeldarstellung der Blendung des Polyphem war. Das Bild zeigt eine Gips-Rekonstruktion der Szene im Museumsgarten von Selçuk.

42 Fundamente des angeblichen **„Isis-Tempels“** in der Mitte des „Staatsmarktes“. Das Gebäude wurde in frühchristlicher Zeit nicht nur niedergerissen, sondern es wurde auch ein Teil der betonartigen Fundamentfüllung herausgebrochen.

43 Generalansicht der Oberstadt mit dem großen **„Staatsmarkt“** (s. auch 55) am Fuße des Panayır dağı.

44 Fundament einer langen einschiffigen **Halle** in der Oberstadt, erbaut um 100 v. Chr. Das Westende dieser Stoa war wie eine Terrasse konstruiert, die wie ein Bollwerk vorkragte.

45 Architekturprobe des **Oktogon**, wiedererrichtet im Wiener Ephesos-Museum.

46 **Rundbau** im unteren Embolos aus der 2. Hälfte des 1. Jh. s v. Chr., meist als Grabbau-Sockel gedeutet.

47 Sockel eines **Heroons** im dorischen Stil im unteren Embolos, um 100 v. Chr. zur Erinnerung an Androklos (?) errichtet.

48 Monument des **C. Memmius** auf der Anhöhe des Embolos an der damals und heute gleich bevölkerten Hauptstraße („Kuretenstrasse“), die nicht dem geometrischen Stadtraster, sondern der alten heiligen Route folgt. Nach der Ausgrabung wurde der Memmiusbau nicht nach den Regeln der *Anastylose* aufgebaut (wie die Fassade der Celsusbibliothek im Hintergrund), sondern es wurden nur einige Proben übereinandergestellt.

49 Das **Südtor der Agora** vom Jahre 4/3 v. Chr., das kürzlich wiedererrichtet wurde.

50 Die **Basilica** = „Stattliche Halle“ von 11–13 n. Chr. mit drei Schiffen, deren mittleres einen Oberstock aufwies.

51 Das Mittelschiff der **Basilica** hatte ungewöhnlich weite Interkolumnien; um diese leichter zu überspannen, wurden jonische Kapitelle mit vorkragenden Stierköpfen verwendet (aber der Hauptgrund für diese muß die kultische Verwendung der Halle gewesen sein [s. 52 u. 53]).

52. 53 Überlebensgroße **Sitzstatuen** von Augustus und Livia, die in der Basilica aufgestellt waren. Der Kaiser ist in heroischer Nacktheit dargestellt, was auf den Kaiserkult oder aber seinen Tod hindeutet. In frühchristlicher Zeit wurden die Statuen zerschlagen und unter dem Boden der Basilica ver-

graben, nachdem man ihre Stirnen stigmatisiert hatte, um sie gänzlich unschädlich zu machen. (Museum Selçuk)

54 Das **Prytaneion** hinter der Basilica. Die wiedererrichteten dorischen Säulen der Vorhalle tragen zahlreiche Inschriften betreffend die Kureten (die meisten der Trommeln wurden in das Bad der Scholastikia [s. 104] eingebaut gefunden).

55 Der „**Staatsmarkt**" vom Panayır dağı (Norden) aus. Im Vordergrund die lange Basilica, in der Südwestecke der Wasserspeicher, von dem aus zahllose Tonrohrleitungen in die Stadt liefen (s. auch 43). Der Hang des Bülbül dağı dahinter war bis zur Felskante hinauf mit Gebäuden bedeckt.

56 Die gepflasterte „**Kuretenstraße**", die an beiden Seiten von Portiken eingesäumt war, hinter denen Läden lagen. Die vielen Ehrenpostamente tragen Kureten-Inschriften (s. 54).

57 Der sogenannte **Clivus Sacer**, der den Prytaneion-Bezirk mit der „Kuretenstraße" verbindet.

58 Sogenannter **Domitiansplatz** vor dem Westende der Basilica (Rustica-Mauer im Hintergrund), mit Nymphäum des POLLIO (rechts) und Pollio-Grab (Mitte). Die Pollio-Gruppe (s. 41) wurde im Nymphäum aufgestellt gefunden.

59 Bronzemünze für Antoninus Pius. Auf der Rückseite der Berggott **Peion**, über dem der Regengott Zeus zwischen Türmen der (lysimachischen) Stadtmauer thront. Dies reflektiert die ephesische Topographie mit dem niedrigeren Panayır dağı und dem höheren Bülbül dağı. Der Tempel neben einer Zypresse scheint sich auf den Hain von Ortygia zu beziehen, der jedoch hinter dem Bülbül dağı liegt.

60 Bronzemünze für Macrinus. Auf der Rückseite liegt der **Peion** innerhalb seines Berges, über dessen Kimme der gespeerte Eber der Gründungslegende zu einem Tempel (Athenaion) läuft. Peion hält in der Hand eine Statue der Artemis als Hinweis auf die heiligen Prozessionen, die ihn vom Artemision aus umzogen, aber auch, da das Prytaneion, der Stadttempel der Göttin, an seiner Flanke liegt.

61 Kistophore von CLAUDIUS und AGRIPPINA. Auf der Rückseite eine sehr detaillierte Darstellung der **Kultstatue**.

62 Bronzemünze für Nero. Auf der Rückseite ist ein Tempel über Eck zu sehen, ringsum zum ersten Mal auf ephesischen Münzen die Anführung des Titels ***Neokoros*** („Tempelfeger" = Tempelwächter).

63 Die sogenannte **Schöne Artemis**, ein unterlebensgroßes Kultbild, das im Prytaneionbezirk bestattet gefunden wurde. Die steife Gestalt der Göttin verrät den prähistorischen Ursprung eines primitiven pfahlartigen Idols (*Xoanon*), das immer mehr geschmückt wurde. Das ehemals vergoldete Gesicht der Göttin ist eingerahmt von einem Kopfschmuck aus Greifen, ihre Brust ist mit einer Girlande und dem Zodiac geschmückt; auf ihren Schultern sitzen Löwen, die auf eine Verbindung zur Meter-Kybele weisen (s. 22). Die „Brüste" zwischen ihren angewinkelten Armen bedecken sogar Teile des Rückens (s. 10). Der hülsenförmige Unterteil zeigt Löwen und Greifen an der Vorderseite and Bienen an den Seiten. Die Statue wird von zwei Hirschen begleitet, die teilweise von Wollbinden verdeckt waren, die von den Händen der Göttin herabhingen. (Museum Selçuk)

64 Die künstlich angelegte Terrasse, die einst Ephesos' Stolz, ihren ersten Neokorie-Tempel trug, der dem Kaiser **Domitian** geweiht war, aber später auf Vespasian übertragen wurde.

65 Sogenannte **Marmorstraße** in Richtung auf das Theater. Links die obere **Osthalle der Agora** aus neronischer Zeit. In spätrömischer Zeit wurde eine Grabkammer in das Südende der Halle eingebaut (die neben der Prozessionsstraße lag).

66 Der riesige Komplex der **Hafenthermen**, heute eine massive Ruine mit noch immer hoch aufragenden Blockmauern, die eine wuchernde Vegetation wieder zu überwachsen sucht.

67 Die geräumige öffentliche **Latrine** im unteren Embolos, die von einer Menge Leute gleichzeitig benutzt werden konnte.

68 Die Reste der gigantischen Statue des **Domitian**, die nach seinem Tod zerschlagen und in der Kryptoporticus seines Tempels verborgen wurde. Andere deuten das Porträt als Titus.

69 Das **Trajans-Nymphäum** an der „Kuretenstraße". Seine Architektur wurde entsprechend deren Ordnung wieder zusammengesetzt, allerdings ohne Rücksicht auf die Höhen, da keine Säulen oder Pfeiler aufgefunden wurden.

70 Die dreitorige Sockelzone des **Hadrianstores** im unteren Embolos, von oben gesehen (vor Beginn der Anastylose). Durch dieses Tor führte der Weg nach Ortygia.

71 Porträt des Kaisers **Trajan** aus Ephesos. (Selçuk Museum)

72 Die wiedererrichtete Fassade der **Bibliothek**, die von Tib. Iul. CELSUS Polemaeanus gestiftet worden war. Die horizontalen Bauteile dieser bühnenartigen Front sind (wie auch an anderen ähnlichen Bauten) leicht nach oben gewölbt, um die optische Täuschung einer Unterwölbung zu verhindern.

73 Bronzemünze für Trajan. Auf der Rückseite sitzt die Personifikation der gefangenen **Parthia** unter einer Palme; die ungewöhnliche Legende *„das (bloß) einfach Neokoros (betitelte) Volk von Ephesos hat (dies glorreiche Bild) geprägt"* klingt vorwurfsvoll.

74 Der sogenannten **Hadriantempel**, das erste antike Gebäude von Ephesos, das von den Österreichern wiederaufgebaut wurde. Die Statuensockel vor den Säulen trugen Statuen der Tetrarchen (um 300 n. Chr.), aus welcher Zeit auch die Reliefs im Vestibül datieren dürften (s. 100); da der kleine Bau schon wegen dieser ein 2. Mal aufgebaut worden sein muß, könnte dies sehr wohl zur Ehrung von Diocletian und seiner Kollegen geschehen sein (s. auch 77).

75 Eine Besonderheit des **„Hadriantempels"** ist der gebogene Front-Architrav („syrischer Bogen"), dessen Schlußstein die Büste der Tyche (Stadtgöttin) ziert. Das Tympanon über dem Eingang zur Cella ist mit einem sehr feinen Relief dekoriert, das einen aus Pflanzen herauswachsenden nackten Heros zeigt; da dies eine Anspielung auf den Tod bedeutet, der wiederum die Tragödie des Antinoos reflektieren könnte (s. 78), mag das propylonartige Bauwerk an der alten Gräberstraße ursprünglich sogar als Memorial gedient haben.

76 Die armseligen, aber immer noch imposanten Reste des großen **Olympieion**. Für seine Fundamente wurden große Kalkquader in zwei „Ringen" aufgeschichtet, um Säulen und Cella zu tragen; die Zwischenräume wurden mit betonhartem opus caementitium gefüllt, das nach Herausbrechen der Blöcke um 500 n. Chr. stehen geblieben ist.

77 Das von Val. VARIUS gegründete **Bad**, das später von Scholastikia erneuert wurde (s. 104). Der „Hadriantempel" wird von diesem Bau eingefaßt.

78 Bronzemünze für Hadrian. Auf der Vorderseite Porträt des **ANTINOOS** mit dem charakteristischen langen Haar; auf der Rückseite **ANDROKLOS** als heroischer Jäger, der hier zum ersten Male auf ephesischen Münzen erscheint: Der Grund lag offensichtlich darin, den tragischen Tod des kaiserlichen Jagdbegleiters Antinoos i. J. 130 zu kommemorieren.

79 Bronzemünze für Antoninus Pius. Auf der Rückseite die Personifikationen der Flüsse **Kaystros** und **Kenchrios** vor dem Kultbild: Hier scheint die ephesische Topographie reflektiert zu sein, da das Artemision ja zwischen den beiden lag. (British Museum)

80 Das theaterähnliche **Bouleuterion** (Rathaus), fälschlich als Odeon bezeichnet. Nach modernen Kalkulationen konnten auf seinen Stufen bis zu 1.500 Leute Platz finden.

81 Das **Vedius-Gymnasium**. Wie die anderen Bäder-Ruinen in Ephesos wurde auch dieser Komplex nie komplett ausgegraben.

82 Das westliche *Caldarium* (Warmraum) der **Badeanlage** am „Staatsmarkt". Die großen Fenster-Öffnungen waren einst verglast. Das Gebäude wird gewöhnlich als „Variusbad" bezeichnet, doch da dieser Name zu einem anderen Bau gehört (s. 77), muß es sich entweder um das *„Oberbad"* oder das *„Kaiserbad"* der Inschriften handeln.

83 Büste des Kaisers **MARCUS AURELIUS** aus Hanghaus 2. Dies ist eines der feinsten Porträts des „Philosophen auf dem Kaiserthron".

84 Ehreninschrift für **T. Fl. Damianus** (*IvE* 3080) wegen seiner vielen Wohltaten für die Stadt, besonders in Hinblick auf seine Verpflegung der siegreichen Armee des L. Verus mit 7.000 t Gerste.

85 **Waffenrelief** vom Altar vor dem Domitian (Vespasian)-Tempel, deutlich aus jüngerer Zeit. (Selçuk Museum)

86 Die mächtigen Pfeiler des *„Ostbades"*, aufgetürmt aus großen Kalksteinblöcken. Der Oberteil bestand aus massivem Ziegelwerk. Manche identifizieren diese Anlage mit dem *„Oberbad"* (s. 82).

87 Teil des **Monumentalreliefs** mit der Darstellung des Sieges über die Parther, den Aufstieg der Antoninen-Dynastie und – vermutlich – der „Himmelfahrt" des L. Verus, aufgestellt im Wiener Ephesos-Museum. Der Ausschnitt zeigt jedenfalls eine *Apotheosis*-Szene, wo der Kaiser die von Nike geleitete Helios-Quadriga besteigt.

88 Die **Hanghäuser** vom Panayır dağı aus. Von den zahllosen Wohnquartieren, die die Hänge beider Stadtberge bedeckten, wurden nur zwei Hauskomplexe (*insulae*) im unteren Embolos vollständig freigelegt. Diese „Inseln" erstrecken sich über mehrere Terrassen, auf denen sich Einzelhäuser (Haushalt-Einheiten) befanden. Da die Räume um zentrale Peristyle vor allem in Hanghaus 2 luxuriös ausgestattet sind, wurde zum Schutz der Fresken und Mosaiken ein modernes Schutzdach notwendig: 1985 war die Überdachung der ersten beiden Einheiten vollendet, aber die angewandte Methode von modernen roten Falzziegeln auf Dächern, die dem vorhandenen Grundriß folgen und von einer möglichst erdbebensicheren Betonkonstruktion getragen werden, wurde kontroversiell. So müssen die restlichen 5 Einheiten unter (praktischen, aber unschönen) provisorischen Notdächern solange verborgen bleiben, bis eine vernünftige Fortsetzung möglich wird – ohne allzu viel Experimente, wie zu hoffen ist.

89 Zu Aptus' privatem „Thronsaal" gehört eine Seitenkammer (*Triklinion*), deren gewölbte Decke vollkommen mit **Stuckfiguren** aus dem Reich des Dionysos geschmückt ist; in der Lunette sind noch die Spuren einer lebensgroßen Szene mit Orpheus und Eurydike erhalten.

90 Der offene Zentralhof der **Wohneinheit 2** in Hanghaus 2. Während eines Erdbebens (i. J. 262 ?) stürzte der Südteil ein und wurde unter Verwendung von Architektur-Bruchstücken wiedererrichtet, in welchem Zustand er ausgegraben wurde.

91 Vor der großen ***basilica privata*** des C. Furius Aptus, Priesters des *Außerstädtischen Berg-Dionysos*, liegt ein ehemals kreuzgewölbter Raum, der komplett mit Marmor ausgestattet war; aus dem Zentrum eines Bodenbeckens stieg eine Wasserfontäne empor, die den geschlossenen Raum einigermaßen kühl gehalten haben muß.

92 Bronzemünze für Caracalla und Geta, die als *Neue Sonnen* betitelt sind. Auf der Rückseite das Kultbild zwischen den beiden Kaisern zu Pferd, die eine Schwurhand zur Göttin erheben; die Legende *„dreifach Neokoros (der Kaiser) und (einfach) der Artemis"* zeigt stolz, daß Ephesos vierfach Neokoros war.

93 Das **Bad** neben dem Theater. Vor der großen Freitreppe liegt die Palästra, der architektonisch gestaltete obligatorische Sportplatz.

94 Cella des **„Serapistempels"**, eines relativ kleinen Bauwerks mit auffallend kolossaler Frontarchitektur, deren Blöcke in den Vorhof gestürzt sind, wo sie – mehr oder minder vollständig – auf moderne Ingenieurkunst warten.

95 Ansicht des quadratischen Marktplatzes (***Agora***) mit umgebenden Hallen und Gewölben. Links die Celsus-Bibliothek, im Hintergrund die Sturzmasse des „Serapeions".

96 Bronzemünze für Kaiser Macrinus. Auf der Rückseite die Fassade eines **Kaisertempels**, vor dem 5 Ephesier dabei sind, einen Stier zu opfern; sie alle erheben einen Arm zu der Kaiserstatue im Tempel: Diese Schwurgeste and die Inschrift *ΒΩΤΑ* (Gelübde) im Giebel legen nahe, daß Ephesos dabei war, eine neue Neokorie zu gewinnen, als es diese Münze emittierte.

97 Bronzemünze für Elagabal. Auf der Rückseite die **vier Neokorie-Tempel** (oben links das Artemision) mit der zentralen Legende *„(Gepräge) der Ephesier, der ersten von Asia und vierfachen Tempelpfleger"*.

98 Unter Gordian III. erreichten die ***Homonoia*** = Allianz-Münzen (die unter Domitian begonnen hatten) einen Höhepunkt. Auf diesen erscheinen die Personifikationen anderer, oft sehr ferner Städte neben dem ephesischen Kultbild, wie um zu zeigen, daß solche Münzen etwas mit Ephesos und darum seiner Tempel-Bank zu tun hätten; aber die meisten dieser Gepräge wurden nicht in Ephesos erzeugt. Das Beispiel zeigt eine Münze aus Alexandreia (Ägypten): Auf der Rückseite stehen auf einer Galeere die Kultstatuen von Artemis Ephesia und Serapis, der die ephesische Göttin grüßt.

99 Bronzemünze der Zeit der Kaiser Philippus I. und II. Auf der Rückseite eine **Galeere** unter Segel mit der Legende *„Primäre Anlandung"*, wodurch gezeigt wurde, daß Ephesos das Recht hatte, darauf zu bestehen, daß alle offiziellen Personen auf ihrem Weg in den Osten über Ephesos reisten.

100 Als der „Hadriantempel" (um 300 n. Chr.?) wiederaufgebaut wurde, wurde sein Vestibül mit einem neuen Relieffries dekoriert (s. 74 u. 75). Der erste Block (der Zyklus läuft im Uhrzeigersinn) zeigt den ephesischen **Gründungsmythos**, wo Androklos dem gespeerten Eber nachsetzt und über einen besiegten Karer hinweggaloppiert.

101 Ein Beispiel zur Gewalt eines **Erdbebens**, zu sehen in Wohneinheit 7 von Hanghaus 2. Die bemalte Wand riß und brach, aber stürzte nicht ein wie das zugehörige Obergeschoß, als Ephesos i. J. 262 n. Chr. erschüttert wurde; wie viele andere betroffene Häuser wurde auch dieses nachher nicht wieder aufgebaut, sondern aufgegeben und später mit Schutt angefüllt. Das Detail zeigt, daß es mehrere Lagen Fresken übereinander gab, deren Dekor stets wiederholt wurde.

102 Das **Peristyl** eines Hauses auf dem Südhang der ehemaligen Akropolis gegenüber dem Olympieion, wo (nach 262 n. Chr.) neue Wohnquartiere errichtet wurden.

103 Die ursprünglich leeren Frontplatten der Nordseite des Oktogons wurden mit zwei **Sendschreiben** des Kaisers Valens (*IvE* 42 und 43) beschriftet; eines davon regulierte die kaiserliche Hilfe nach den schweren Erdbeben der Mitte des 4. Jh. s n. Chr.

104 Die reiche Christin SCHOLASTIKIA restaurierte das Variusbad (S. 77) und ließ – in guter alter „heidnischer" Tradition – ihre Statue (tatsächlich ein wiederverwendetes älteres Stück) in der Eingangshalle aufstellen.

105 Ein unbekannter *Alytarch* (Wettkampfleiter) veranlaßte um 400 n. Chr. die Reparatur der Straßenhalle vor Hanghaus 1 und 2 und ließ einen langen **Mosaikteppich** legen (der vor wenigen Jahren neu gebettet wurde).

106 Um 400 n. Chr. wurde das obere Ende der „Kuretenstraße" für den Schwerverkehr gesperrt, indem ein Bogen mit nur schmalem Durchgang, flankiert von zwei mit **Herakles-Figuren** reliefierten Pfeilern, errichtet wurde. Der alte Gott des Überwältigens, nun interpretiert als einer, der sich am Scheideweg für den mühseligen Pfad der Tugend entschied, wurde so zum Wächter einer „Fußgängerzone".

107 Nach ihrem endgültigen Sieg i. J. 391 n. Chr. wandte sich der **Zorn der Christen** gegen die Relikte des ehemaligen Kaiserkultes. So wurde auch der Koloss des Olympieions niedergerissen, und sein Marmor zu Kalk gebrannt. Etwa 100 Jahre später wurden die Blockfundamente herausgebrochen, um Eisenklammern, Bleidübel und Baumaterial zu gewinnen.

108 Unter Kaiser ARCADIUS wurde die wichtige Straße zwischen Hafen und Theater repariert und als ***Arkadiusstraße*** neu benannt.

109 Um 500 n. Chr. baute jemand ein kleines **Peristylhaus** in das Ostende der augusteischen Basilica (50) unter Verwendung der vom Obergeschoß herabgestürzten Teile. Im späten 6. Jh. wurden hier noch Umbauten vorgenommen.

110 Die Grotte der **Siebenschläfer**, ein in den Fels des Panayır dağı (der hier *„Kliffs"* hieß [Tracheia: s. 4]) eingebetteter und z.T. daraus ausgehöhlter frühchristlicher Friedhof. So wurde der Platz, wo einst der Eber zu Tode gejagt worden war (100), eine Stätte, wo die Christen sich vor Verfolgung verstecken und ihre Toten begraben konnten.

111 Das Innere der **Siebenschläfer-Grotte** ist wie ein Labyrinth, voll von Wand-Kolumbarien, Grabgewölben unter den Böden und Sarkophagen in Nischen.

112 In der Mitte der Arcadiusstraße wurden vier Säulen auf geschmückten Postamenten errichtet, um die Statuen der vier **Evangelisten** zu tragen, so daß allen, die die Stadt über den Hafen betraten, ein christlicher Willkomm geboten wurde.

113 Das Ostende der **Marienkirche** mit Apsis und Presbyterium, das von einem türkischen Team unter Prof. Dr. E. Akurgal aufgebaut wurde (die Restaurierungsarbeiten hier und an der Johanneskirche wurden von der J. Quatman-Stiftung, Lima/ Ohio, initiiert). Der hohe Pfeiler rechts stammt von der Südhalle des Olympieions, in die die Kirche um 500 n. Chr. gebaut wurde.

114 Östlich des Episkopeions liegt ein anderer Palast, der wegen seiner Baderäume als Therme angesprochen wurde. Doch war das Gebäude, zu dem eine Kapelle und eine Art von Thronsaal gehören, viel wahrscheinlicher die **Residenz** des byzantinischen *Strategos* = Gouverneurs.

115 Teil der (früh)byzantinischen **Stadtmauer** auf dem Gipfel des Panayır dağı, der nur teilweise einbezogen war.

116 Das teilweise wiederaufgebaute *Synthronon* = Priesterchor in der **Johanneskirche** (türkische Rekonstruktion).

117 Das *Episkopeion* = **Erzbischof-Palast**, das wie die Marienkirche in die Südhalle des längst untergegangenen Olympieions eingebaut wurde, ähnelt dem üblichen ephesischen Haus mit zentralem offenen Hof.

118 Der Mittelteil der **Marienkirche** war eine große einschiffige tonnengewölbte Kuppel-Halle aus Ziegeln. Im Vordergrund die Spolienmauer, die in die römische Halle eingebaut wurde, die hier ursprünglich eine offene Front besaß.

119 Das Mittelschiff der **Johanneskirche** hatte ein Obergeschoß; zwischen den starken Pfeilern, die das gewölbte Kuppeldach trugen, standen von Ziegelbögen überspannte Säulen (österreichische Rekonstruktion).

120 Das massive Außentor der byzantinischen Burg, das wegen der Darstellung der Schleifung Hektors auf einem der hier eingebauten Sarkophagreliefs (in Woburn Abbey) **„Tor der Verfolgung"** genannt wurde.

121 Der Selçuker **Burghügel** von den Siebenschläfern aus. Zwischen der (mittelalterlich rekonstruierten) Burg und dem „Tor der Verfolgung" (rechts) die Ruine der Johanneskirche.

bb. 1

bb. 2

Abb. 3

Abb. 4

Abb. 5

b. 6

Abb. 7

b. 8

Abb. 9

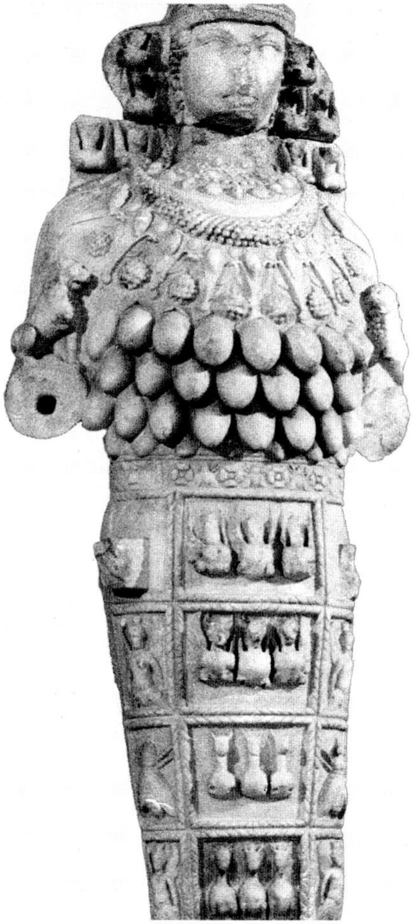

Abb. 10

Abb. 11

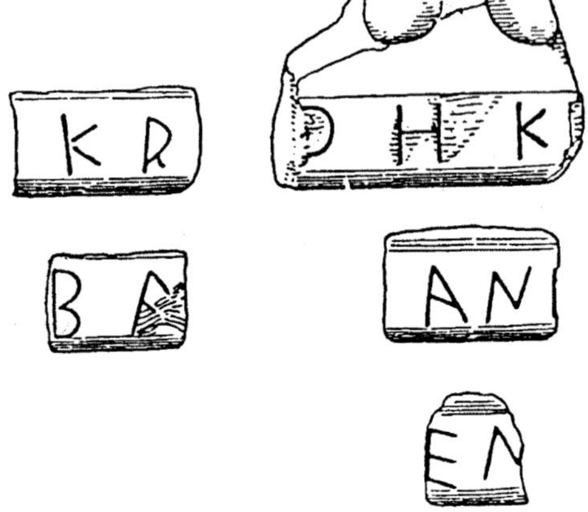

Abb. 12

Abb. 13

[A]bb. 14

Abb. 15

Abb. 16

Abb. 17

Abb. 18

Abb. 19

Abb. 20

Abb. 21

Abb. 22

Abb. 23

Abb. 24

bb. 25

bb. 26

Abb. 27

Abb. 28

Abb. 29

Abb. 30

Abb. 31

Abb. 32

Abb. 33

Abb. 34

Abb. 35

Abb. 36

Abb. 37

Abb. 38

Abb. 39

Abb. 40

Abb. 41

Abb. 42

Abb. 43

bb. 44

Abb. 45

bb. 46

Abb. 47

Abb. 48

Abb. 49

b. 50

Abb. 51

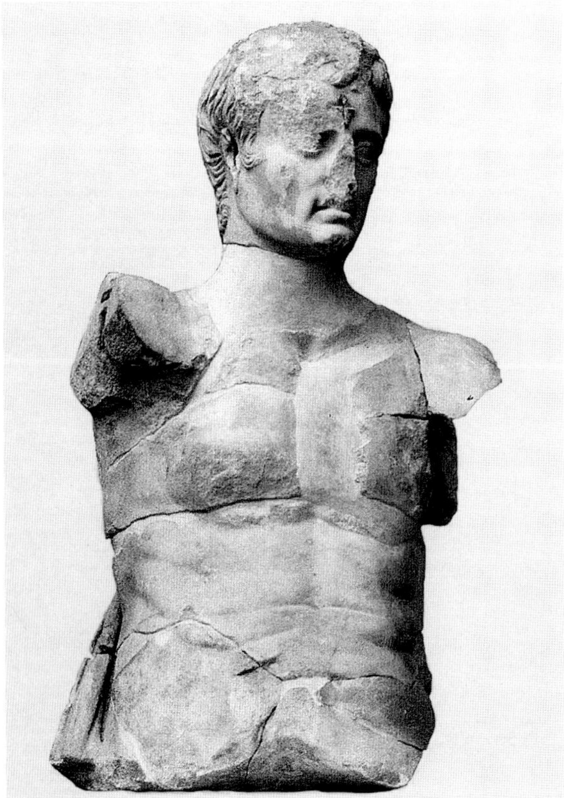

Abb. 52

Abb. 53

bb. 54

bb. 55

Abb. 56

Abb. 57

Abb. 58

bb. 59

Abb. 60

Abb. 61

Abb. 62

Abb. 63

bb. 64

Abb. 65

b. 66

Abb. 67

Abb. 68

Abb. 69

bb. 70

Abb. 71

bb. 72

Abb. 73

Abb. 74

Abb. 75

Abb. 76

bb. 77

Abb. 78

Abb. 79

Abb. 80

bb. 81

bb. 82

Abb. 83

Abb. 84

Abb. 85

Abb. 86

Abb. 87

Abb. 88

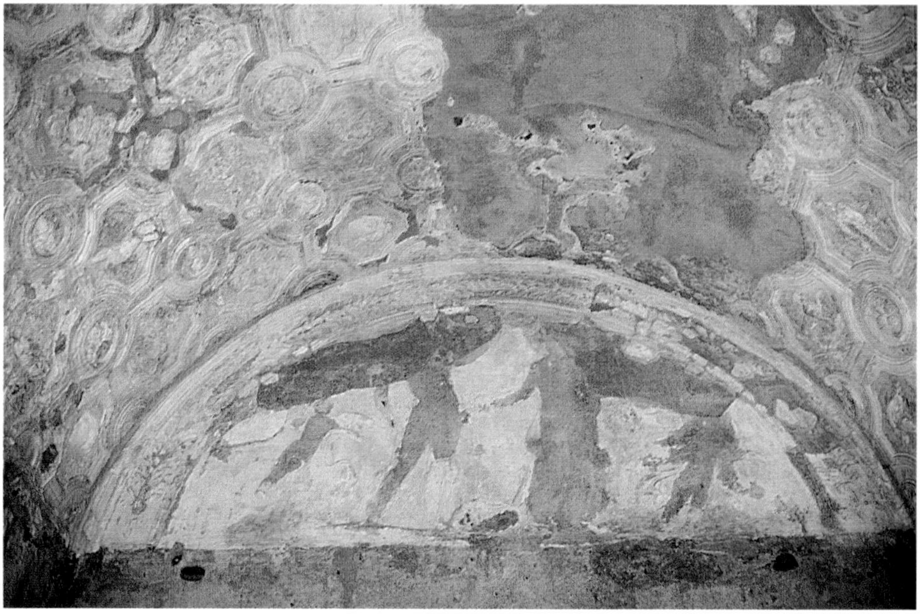

Abb. 89

Abb. 90

Abb. 91

Abb. 92

Abb. 93

Abb. 94

Abb. 95

Abb. 96

Abb. 97

Abb. 98

Abb. 99

Abb. 100

Abb. 101

Abb. 102

Abb. 103

Abb. 104

Abb. 105

Abb. 106

Abb. 107

Abb. 108

Abb. 109

Abb. 110

bb. 111

Abb. 112

bb. 113

Abb. 114

Abb. 115

Abb. 116

Abb. 117

Abb. 118

Abb. 119

Abb. 120

Abb. 121